未读 | 艺术家

AL PACINO
SONNY BOY
侥幸求生

[美] 阿尔·帕西诺 —— 著　陈磊 —— 译

侥幸求生

[美] 阿尔·帕西诺 著
陈磊 译

图书在版编目（CIP）数据

侥幸求生 /（美）阿尔·帕西诺著；陈磊译. --
北京：北京联合出版公司, 2025. 5. -- ISBN 978-7
-5596-8400-4
Ⅰ. K837.125.78
中国国家版本馆 CIP 数据核字第 20259SR965 号

Sonny Boy

By Al Pacino

Copyright © 2024 by Al Pacino
All rights reserved including the right of
reproduction in whole or in part in any form.
This edition published by arrangement with
Penguin Press, an imprint of Penguin Publishing
Group, a division of Penguin Random House LLC.
Simplified Chinese translation © 2025 by United
Sky (Beijing) New Media Co., Ltd.
All rights reserved.

北京市版权局著作权合同登记号 图字：01-2025-1667 号

出品人	赵红仕
选题策划	联合天际·文艺生活工作室
责任编辑	周 杨
特约编辑	马 博
美术编辑	程 阁
封面设计	孙晓彤

出 版	北京联合出版公司
	北京市西城区德外大街 83 号楼 9 层 100088
发 行	未读（天津）文化传媒有限公司
印 刷	北京联兴盛业印刷股份有限公司
经 销	新华书店
字 数	240 千字
开 本	889 毫米 × 1194 毫米 1/32 10.5 印张
版 次	2025 年 5 月第 1 版 2025 年 5 月第 1 次印刷
ISBN	978-7-5596-8400-4
定 价	98.00 元

关注未读好书

客服咨询

本书若有质量问题，请与本公司图书销售中心联系调换
电话：(010) 52435752

未经书面许可，不得以任何方式
转载、复制、翻印本书部分或全部内容
版权所有，侵权必究

目录

1	一片草叶 *A Blade of Grass*
33	一个改变 *A Change*
63	一只老虎和一个印度人 *A Tiger and an Indian*
91	新世界 *The New World*
119	成年人不做这种事 *Grown-ups Don't Do Things Like This*
145	我们所选的事业 *The Business We've Chosen*
161	最大速度 *Maximum Velocity*
183	人生在世的每一天都是好日子 *Every Day Above Ground Is a Good Day*
205	结束了 *It's Over*
225	正当自觉出局时 *Just When I Thought I Was Out*
241	日薪四十美元（甜甜圈管饱）*Forty Dollars a Day (and All the Donuts You Can Eat)*

259	你总能交到新朋友 *You Can Always Buy New Friends*
281	神秘之国 *The Undiscovered Country*
297	哪有胜利可言？挺住就是一切 *Who Speaks of Triumph? To Endure Is Everything*

321	致谢 *Acknowledgments*
322	附录1：阿尔·帕西诺出演的电影作品
325	附录2：图片版权

献给查理,献给我的外公
并献给我的妈妈

一片草叶

A Blade of Grass

我很小就开始表演了。在我还只有三四岁时，母亲经常带我去看电影。她白天做粗活、在工厂当杂工，回家后，唯一的陪伴就是她的儿子，所以她会带我一同去看电影。她那时并不知道，她是在为我提供一种未来。我立刻爱上了观看银幕上的演员。我在我们的公寓里从来就没有玩伴，那时我们也还没有电视，所以我等于什么也没有，只有可供回味上次所看电影的时间。我会在脑海中过一遍那些角色，然后在公寓里，一个个地将他们都演活。我在很小的时候就学会了跟我的想象力做朋友。有的时候满足于自身的独处可能是一把双刃剑，尤其是对和你一起生活的人而言。

电影是这样的一种世界，看电影时我的母亲可以躲藏在黑暗中，不必与其他任何人分享她的桑尼小子。那是她给我取的昵称，她是第一个这样叫我的人，后来别的人也都开始叫我桑尼。那是她从电影里学来的叫法，她听到艾尔·乔森在一首后来非常流行的歌里唱过。歌词是这样的：

　　爬上我的膝头吧，桑尼小子

虽然你只有三岁，桑尼小子
你没有办法明白
我没有办法证明
你对于我的意义，桑尼小子

这首歌在我母亲的脑海中萦绕了十几年，到1940年我出生时，对她来说依然无比生动，所以她便唱给我听。我是父母的第一个孩子，祖父母的第一个孙子。他们为我的到来感到异常激动。

我出生时，父亲满打满算十八岁，母亲只比他大几岁。简言之，他们都很年轻，即便按当时的标准。他们分开时，我可能还不到两岁。在我人生的头几年，母亲和我一直搬来搬去，生活不稳定，也无法确定任何事。我们一起住过几套哈莱姆区配家具的房间，接着搬去了外祖父母在南布朗克斯的公寓。我们几乎不曾获得我父亲的任何支持。最后，法院指定他每个月给我们五美元，这只够我们在外祖父母家的食宿费用。

许多年后，在我十四岁的时候，母亲再次将父亲告上法庭，提出要他给我们更多的钱，父亲却说他没有钱，因此我们没能如愿。我认为那位法官对我母亲非常不公。要再过几十年的时间，法院才能对单身母亲的需求有少许的理解。

若要寻找与父母二人在一起的最早记忆，我必须追溯到自己三四岁的时候。当时我和母亲在多佛剧院的楼座上看一部电影。故事属于某类给成年人看的情节剧，我的母亲完全被迷住了。我知道我看的是货真价实的面向成年人的电影，作为一个小孩，待在母亲的身边，和她共享这段时光，我自觉这个行为之中蕴含着某种激动人心的东西。但我不太能跟上情节的发展，我的注意力游离了。我从楼座往下看，看向我们下方的一排排座位。我看到有个男人在那里来回走动，寻找着什么东西。他穿的是宪兵服，也即军事警察的军礼服——我的父亲在"二战"期间曾在宪兵队服役。

他看起来一定很面熟，因为我本能地叫道："爸爸！"母亲嘘了我一声。我不明白为什么。怎么能嘘人呢？我又叫了他一遍："爸爸！"她一直小声说："嘘——安静！"这是因为他在找我的母亲。他们闹了矛盾，母亲不希望他找到她，但这下子她被找到了。

电影结束后，我记得我和父母一起走在夜晚黑暗的街道上，多佛剧院的广告牌在我们身后渐渐消失。父母各牵着我的一只手，我走在他们两个中间。我的右眼看到父亲腰间挂着一个枪套，一把大枪从中露了出来，枪柄是珍珠白的颜色。多年以后，我在电影《盗火线》中扮演一名警察，那个角色也佩一把有类似枪柄的枪。即便当时还是一个小孩，我也能理解：那很强大，那很危险。后来我父亲离开了。他上了战场又回来了，但没有回到我们身边。

后来，当我第一次在百老汇演出时，我父亲那边的亲人来看我。我那时是一个年轻的先锋派演员，人生的大部分时间都在格林威治村度过，然后一步步走进了百老汇。那次演出结束后，两个姑姑带着她们的一个还是两个孩子出人意料地来到设在走廊的后台看我。她们不停地亲吻我，拥抱我，祝贺我。她们是帕西诺家族的成员，虽然我偶尔去探望祖母的时候已经认识了她们，但我还是有些害羞。

但就在我们闲聊的时候，谈话中提到的某件事深深地击中了我。

她们说起一些"你和我们在一起的那段时间"的事。我说："什么意思，我和你们在一起？"她们说："就是你和我们一起的时候啊，记得吗？哦，是的，桑尼小子，那时你差不多还是个婴儿，还不到一岁半，你跟你的奶奶爷爷——也就是你爸爸的母亲和父亲一块儿住。"

我说："我在那边住了多久？"

"大概八个月吧，"她们说，"快一年。"

突然之间，一些东西开始在我的脑海中汇聚成形。我父亲参战期间，我被带离母亲身边八个月。但我没被送去孤儿院或是寄养家庭，我被仁慈地交给了一位血亲——我父亲的母亲，我的祖母，她绝对是神赐予我的礼物。在我的一生中，我遇到过许多救命恩人，而她或许是第一位。

这一认识让我大吃一惊。在我二十八岁的时候，我突然清晰地明白了迄今为止的人生中我做过的那些令人费解之事——我无常多变的生活方式，我所做的选择，以及我处理事情的方式。得知我在十六个月大的时候曾经被送走，至少是暂时被送走，这揭露了真相。当时的我还只能完全依赖母亲，其余的事一概不知，却被送走去过一种完全不同的生活——那是一种影响深远的断裂。那之后不久，我接受了心理治疗。毫无疑问，我有一些问题需要解决。

我爸爸的母亲叫约瑟芬，她可能是我这辈子认识的最棒的人。她是一位女神。她真有着天使般的容颜。从前，她是那种会前往埃利斯岛等待新移民的女人，她等待意大利人和其他不懂英语的人，好去帮助他们。她非常关心我，不停为我抗争，以至我父母的离婚协议也赋予了她探望我的权利。她的丈夫,我的祖父和我名字的来源者,阿尔弗雷德·帕西诺,于20世纪初期从意大利来到纽约。他们是包办婚姻,我的祖父是一名房屋刷漆工。他是个酒鬼,因此脾气喜怒无常、难以捉摸。

我对在他们家中度过的那段远离母亲的时光毫无记忆。我想母亲对这一安排是心怀歉疚的。她肯定有。诚然,我和母亲分开的时间并不太长,但对于那么小年纪的我来说,八个月已经够长了。

在我的儿子安东不到两岁时,我记得有一次我们在79街和百老汇大道的交叉路口,而他的母亲不在。他当时的表情像是完全迷失了。我心想,这是因为他不知道自己的母亲在哪里。他其实是在找她——越过街上的其他人,想看看能不能找到她。他当时的年纪与我和我父亲的父母同住时接近。在那之前和之后,我都从没见过我的儿子如此失魂落魄过。我抱起他,告诉他:"妈妈就来,别担心。"他当时需要这句安慰。

我母亲的父母住在南布朗克斯区,在布赖恩特大道上一栋六层廉租公寓楼的顶楼,那一层的房租最便宜。那里就是个不断有人活动的蜂巢,只有三个房间,全用作卧室。都是些小房间,但对我来说并不小。有时会有六七个人同时住在那里。我们轮流住在那里。没有人独享一个房间,在很长的一段时间里,我都睡在外祖父母中间。其他时候,当我睡在本该是客厅的房间里的沙发床上时,我永远都不知道谁最后会在我旁边扎营——是进城来的亲戚,还是我母亲那个在战场上服完兵役回来的兄弟。他参加过太平洋战争,跟其他很多参加过战争的人一样,他不愿谈论自己的战争经历。他会把木制的火柴棍塞进耳朵里，用以阻挡耳畔不肯停歇的爆炸声。

我母亲的父亲本名叫温琴佐·乔瓦尼·杰拉尔迪，来自西西里岛的一个古老小镇，我后来才知道，那个小镇名叫柯里昂。他四岁时来到美国，可能是非法移民，之后更名为詹姆斯·杰拉尔德。那时，他已经没了母亲；他的父亲颇为专横，再婚后带着孩子和新婚妻子搬去了哈莱姆。我的外祖父有着狄更斯式的野蛮成长经历，但对我来说，他是我所拥有的第一个真正意义上的父亲般的人。

六岁时，上学第一天我回到家里，发现我的外祖父正在浴室里刮胡子。他站在镜子前面，身穿一件B.V.D.的衬衫，裤子的两条背带垂在两侧。我站在敞开的浴室门口。我想和他分享一个故事。

"外公，学校里有个小孩做了一件非常坏的事。所以我去告诉了老师，她惩罚了那个孩子。"

我的外祖父继续刮着胡子，动作没有丝毫停顿，轻描淡写地对我说："这么说，你是只告密老鼠咯？"他说得很随意，仿佛在说，"你喜欢弹钢琴？我都不知道"。但他的话语直击我的心口。我能感觉到自己正顺着浴室的门框往下溜。我沮丧极了。我无法呼吸。他没再说话。但我从此以后再未告发过任何人。只不过此刻书写这些故事时，我等于在揭露自己的秘密。

他的妻子凯特，也就是我的外婆，有着演员梅·韦斯特式的金发碧眼，这在意大利人中很少见，也使她不同于我的其他亲戚。她的娘家可能有一些德国血统。我记得，在我大概两岁的时候，她会将我放在她的厨房餐桌上，一边用勺子喂我婴儿食品，一边给我讲她以我为主角虚构的幻想故事。那一定对我产生了影响。等我再大一些,看到她在厨房里做饭削土豆皮,我就会生吃土豆。土豆没什么营养价值,但我喜欢它的味道。有时她给我狗饼干,我也会吃掉。

我的外祖母以厨艺闻名。她做的是意大利食物,这是自然,但我们并不住在意大利裔社区。事实上,我们是社区里仅有的意大利人家庭。街对面好像还有个意大利人,一个叫多米尼克的家伙,很讨人喜欢,长着兔唇。我要出门时,外婆总会拿着湿布拦住我的去路,她似乎总有一只手拿着湿布,她会说:"把你脸上的肉汁擦干净。不然人家会认为你是意大利人。"我的同胞刚来美国时,人们似乎对意大利人有成见,"二战"开始后这种成见越来越深。美国刚刚花了四年时间与意大利作战,尽管许多意裔美国人当时也奔赴海外反抗自己的同族,并且出力打倒了墨索里尼,但其余的意裔却被贴上敌国侨民的标签,被关进了拘留营。意裔美国人从战场上回来后,与其他族群通婚的比率极高。

我们所住公寓楼的其他家庭来自东欧和世界其他各地。你能听到各种混杂的方言。你能听到每个人的说话声。我们的这个小世界位于朗费罗大道和布赖恩特大道之间,从171街一直延伸到174街,是一个民族和种族的混居之地。夏季里,因为没有空调,我们会到公寓楼顶纳凉,你会听见人们轻声讲着各种不同语言,口音也不尽相同。那是一段极其愉快的岁月,许多来自不同贫民区的穷人搬了进来,我们在布朗克斯的困境中努力生活着。越往北走,当地的住家就越富裕。我们并不富裕,只能维持生计而已。我的外祖父是个粉刷工,每天都必须工作。在那个年代,粉刷工非常抢手。他练就出专业的手艺,工作受人赞赏。他在巷子里为房东砌了一堵墙,房东非常喜爱他砌的那堵墙，只要我们住在那里，他就把我们家的房租一直保持在每月38.8美元。

我要等再长大一些，才能被允许一个人走出公寓楼——我们住在街区后面，而那个街区有些不安全——我没有兄弟姐妹。我们没有电视，没有什么娱乐设施，只有几张艾尔·乔森的唱片，我三四岁时经常跟着模仿，以供家人欣赏。除开外祖父母、母亲和一条名叫特丽克西的小狗之外，我仅有的伙伴就是我扮演过的母亲带我去看的电影里的人物。我一定是唯一曾被带去观看《失去的周末》的五岁小孩。雷·米兰德在片中扮演一个自暴自弃的酗酒者，他的表演让我着迷，他也因此获得了奥斯卡奖。在努力戒酒并饱受酒精中毒所致的震颤性谵妄的折磨时，他产生了幻觉，看到有只蝙蝠从病房的角落猛扑下来，朝正在爬墙的老鼠发起攻击。米兰德能让你相信，他真的被这一恐怖的幻觉困住了。我忘不了他在戒酒期间疯狂找酒的那个场景，那酒是他喝醉后藏起来的，但他想不起来藏在了哪里。我会尝试自己表演那一幕，假装在搜刮一间看不见的公寓，在无形的柜子、抽屉和脏衣篓之间东翻西找。我对这一出戏非常在行，甚至会应亲戚的要求表演。他们会哄堂大笑。我猜，看到一个五岁大的孩子以一种事关生死的架势在幻想中的厨房里翻箱倒柜，他们一定觉得很有趣。我已经发现，我能够引导自己体内的这种能量。即便是在五岁的时候，我也会想，他们笑什么呢？这个人可是在为他的生命而战斗啊。

我的母亲对这些事情很敏感，我想这也正是她会被这类电影吸引的原因所在。她是个美丽的女人，但她很细腻，情感脆弱。她偶尔会去看心理医生，当外公有钱为她支付治疗费用的时候。我一直到六岁才意识到我的母亲出了问题。那天我正打算出门到街上玩，坐在厨房的一把椅子上，我的母亲帮我系好了鞋带，还给我穿了毛衣保暖。我注意到她在哭，想知道发生了什么，但又不知道该怎么询问。她前前后后地把我亲了个遍，就在我离开公寓之前，她给了我一个大大的拥抱。这很少见，但我急着下楼去跟其他孩子会合，也就没多想。

我们在外面玩了大概一小时后，看到街上出现了骚乱。有人向我外祖父母的公寓冲去。有人对我说："我想是你的母亲。"我不相信。我心想，他们怎么能这么说呢？我的母亲？这不是真的。我开始跟着他们跑。楼前停着一辆救护车，而我的母亲，被抬在担架上，从前门运了出来。她刚刚试图自杀。

没有人告诉我这个事实，我全靠自己拼凑出发生了什么。事后我知道她被送去贝尔维尤医院疗养，有过那种行为的人都会被送去那里待一段时间。那段时间对我来说几乎像是一片空白，不过我还记得我坐在外祖父母公寓的厨房餐桌旁，大人们在讨论该做什么。我不太能听懂，但还是装作和他们一样的大人模样。多年后，我拍了电影《热天午后》，结尾有一个画面，是约翰·卡扎莱扮演的角色被担架抬走，他已经死了，这让我想起看到母亲被抬上救护车带走的那一刻。但我认为她不是真的想死，至少那时还不是。她活着回到了我们家，而我却走上了街头。

小时候，是街头好友的交情支撑着我，给了我希望。我们一帮人到处跑，其中包括我最好的三个朋友，克里夫、布鲁斯和皮蒂。每一天都是全新的冒险。我们四处游荡，对生活体验充满渴望。事后回想我才意识到，我所获得的家庭之爱要多于其他三人。我想这一点可能非常重要。我活着走了出来，而他们却没有。

直到今天，我最爱的回忆之一，依然是春日里的周六早上，我下楼出门来到公寓楼前大街上的那一刻。那时我不过十岁。街上空无一人，天色明亮。我记得我向街区前方张望，看到了布鲁斯，差不多就在五十码*开外。我内心充满了喜悦，而那种喜悦一直陪伴着我。那是一个清新的晴日，万事万物都静谧悠然。他转身微笑，我也笑着回应，因为我知道我们正活着。这一天有无限的可能性。有些事情将要发生。

每隔几个街区就有一些空地，在"二战"形势最严峻的时候，那些地块曾是胜利菜园**。自从埃莉诺·罗斯福在白宫开辟胜利菜园以来，这种菜园就遍地开花，甚至连南布朗克斯也能看到。不过，战争结束后，当我们找到这些地方时，菜园都已荒废，遍地是残骸——花儿都已去了天堂。这些地块的边缘是人行道。时不时地，当你低头看人行道时，你会看到水泥地里钻出一片草叶来。我的朋友李·斯特拉斯伯格曾经表示，天才就是混凝土块中钻出的一片草叶。

这些满是垃圾的胜利菜园成了我们的集会大厅和操场。如果把

---

* 1码等于3英尺，约合0.9144米。——译注，后同
** 战时菜园，"一战"期间，由于农场工人入伍导致粮食危机，美国政府为保证粮食供应，鼓励民众开辟自己的菜园种菜。

垃圾收集起来做垒的话，它们就是相当好的棒球场。

我经常在其中一个地块打棒球，到了下午五点钟前后，就能远远地看见外公，他下班回家路过。不管我在那个地块的哪个角落，只要一瞥见他，我就会嗖的一下跑到人行道上，赶在他走过之前迎到他，向他讨要足够去买一个冰激凌的零钱。

他会低头看着我，手伸进口袋，一路向下，感觉像是要够到裤腿底部了，最后重新伸出来时手里拿着我的大礼：一枚闪亮的五分硬币。我赶紧喊声"谢谢外公"然后就跑开。

如果注意到他走过时我正在击球，我会大声叫喊吸引他的注意，希望他能看见我击球和上垒。他会停下脚步看上一分钟，而每次他站在那里的时候，我都被三振出局。每一次都是这样。等回到家，我会告诉他，他离开后，我击中了一个三垒安打，他便点头微笑。

在那个街区，我似乎有过多次幸免于死的经历。我就像一只拥有超过九条命的猫。我经历过的灾祸和意外多到数不清，我就从中挑几件最突出、影响最大的来讲吧。一个冬日，我在布朗克斯河的冰面上滑冰。我们那时没有冰鞋，所以我就穿着一双运动鞋，做着单脚尖旋转的动作，向站在岸边的朋友热苏斯·迪亚兹炫耀。上一秒钟我还在大笑，他还在为我欢呼，接着突然之间我就踩破冰面，坠入了冰冷的河水。每一次我试图爬起来，冰层都不堪重负，我总是重新掉进冰冷的水中。我想那天如果不是有热苏斯·迪亚兹在，我可能就淹死了。他找来一根长度是他身高两倍的棍子，尽最大努力将身体探到离岸边最远的地方，然后用那根棍子将我拉回了安全的岸边。我浑身都湿透了，冻得瑟瑟发抖，他把我从寒冷中救了出来，带去他和家人合住的公寓，他爸爸是那栋公寓的管理员。他还把他的衣服拿给我穿。

也是在差不多同样的年纪，我遭遇了人生中最尴尬的经历之一。现在说起来我甚至都还感到后怕，但为什么不讲呢？我们聚在这里就是为了讲述。当时我应该不超过十岁，走在一座细铁栅栏上，表演我的走钢丝才艺。那天整个上午都在下雨，果不其然，我滑倒了，铁棍直接打在我的两腿之间。我疼到几乎无法走路回家。一个年纪比我大些的家伙看到我在街上呻吟，于是把我扶起来，搀到了玛丽姨妈的公寓。玛丽是我母亲的妹妹，住在我外祖父母那栋楼的三楼。那个好心人把我放在床上，说："保重啊，伙计。"

在那个年代，医生习惯上门看诊，哪怕他们的诊所就在路边。家人们等待塔嫩鲍姆医生上门期间，我躺在床上，裤子直褪到脚踝，我生命中的三个女人——我的母亲、我的姨妈、我的外祖母——戳弄着我的阴茎，有点像是吓坏了。我心想，神哪，现在就带走我吧，我听到她们一边检查一边小声讨论。我的阴茎还在，连同创伤一起。时至今日，我一想起这段经历依然心有余悸。

我们的南布朗克斯街区有许多极端人物，但他们大多数都没有恶行。当时有个看起来三十多或四十出头的伙计，发色红黑混杂，穿一身西装，带领衬衫上扎一条破破烂烂的松垮领带。看着就像去参加了周日的礼拜仪式，撒了一身的灰。他一个人安安静静地走在街上，几乎从不说话；如果张口，也只会说一句"不是你杀时间——是时间杀死你"，仅此而已。如果他走到我们面前，哪怕只说一句"你们怎么样"，我们都会感到震惊。当然，我对他有些好奇，正如所有人。我们就像一群野生动物，知道他不同于我们的族群。直觉告诉我们，他是不一样的，所以我们不曾查究。我们只是接受了他。跟现在的世界相比，那个年代更注重隐私，人与人之间会保留一定的礼节与距离。小城镇也许如今还是这样，我在生活中也一直保留着这样的习惯。

但转错一个街角，就可能有黑暗潜伏。在我八九岁时，有一次，我独自在布赖恩特大道，往我住的公寓楼墙壁上扔球。我认识的一个小孩，就叫他史蒂夫吧，正从高架列车站旁的一个大公交车库往回走，我们经常在那里的空车上面玩耍，收集彩色的换乘车票，假装它们是钱。史蒂夫一脸怪异、茫然的表情，像是被吓坏了。我说："嘿，史蒂夫，你怎么了？"

他的目光直视前方，穿透了我，说："有人在我嘴里撒尿。"

我说："为什么会有人在你嘴里撒尿？"

他说："我不知道。"

"他在你嘴里撒尿。"

"是，就在公交车库里。"

史蒂夫不明白发生了什么，当时年幼的我也不明白。我还不具备足够细微的感受力或是经验。后来的人生中，我才逐渐明白，大概想到他究竟经历了什么事。那种事可能发生在任意城镇的任意一条街道，而当时它就发生在我们那里。我在大脑里找到了一种摆脱它的方法。我们在成长过程中都会遇到一些事情，虽然它们会给我们造成打击，但我们并不能完全理解，也没办法完全记清，除非让我们进入催眠状态。不管怎样我们还是会消化这些事。当时我只知道，发生了很严重的事，史蒂夫似乎因此而崩溃了，十分无助。

我知道的是，有克里夫、布鲁斯和皮蒂这些朋友在，我从来不会感到无助。等我们再大一些，到了十一二岁的时候，我们结成帮派，探索附近的地盘，越过我们街区的尽头，寻找新的地平线。你到一个地方，某个帮派把你一顿痛揍；你到另一个地方，又被另一个帮派痛揍。很快，你就会明白自己的地盘有多大，然后尽可能地待在里面。

我们在能负担的范围内找遍了各种乐子。我们会一连数小时地趴在街区尽头的下水道盖板上捞东西，希望能在那下面的污泥中寻到闪闪发光的东西，那可能就是一枚失落的硬币。这可不是打发时间而已——五十美分就足以改变游戏规则。我们会攀上公寓楼顶，从一栋楼跳到另一栋楼。周六的夜晚，我们能看到一些仅比我们大几岁的男孩，他们已经毕业，开始和女孩约会，当他们带约会对象去看电影或乘坐地铁时，我们就爬上商店的屋顶，朝他们连续不断地扔垃圾。有时我们会撕开一棵生菜，用叶子扔向他们。哪怕是一粒青豆，从二十英尺[*]外的地方扔过去，也能砸得人非常痛。夏季里我们会打开消防龙头，这使我们成了所有允许小孩玩水的年轻母亲眼中的英雄，因为7月中旬的南布朗克斯非常热。我们会扒公交车的车尾，跳地铁站的闸口逃票。如果想要食物，我们就偷。我们从来不为任何东西花钱。

惹是生非和逃避权威是我们的消遣。我们试过加入男童军，但

---

[*] 1英尺等于0.3048米。

自知买不起制服也没钱去参加夏令营。不过他们的集会在当地公立学校举行，所以我们就跟他们一起聚在体育馆，那里的童子军领袖试图教我们规矩。我们一味地笑个不停，笑到他们赶我们离开。我们永远都不可能成为童子军，因为我们做不来。

我们沉浸在古老的街头游戏中，比如踢罐子、打棍球、抓俘虏。玩抓俘虏时，需要分成两队，然后追捕对手，想办法将其捕获，用双臂将其抱住，大喊"抓住俘虏咯，一、二、三"，连续喊三遍。接着那个俘虏就会被投进监狱，也就是学校操场中央标记的一个圆圈里。但是，如果你能一只脚踏入自己队友的监狱，并且大喊"全部释放"，那么所有俘虏都会获得自由。如果你能设法做到，那将是全世界最棒的体验。据说有些孩子甚至愿意从建筑物上跳下来，就为了一只脚踏入那个圈然后高喊"全部释放"。

在我住的街区，我们不是在被追就是在追人。每当看到警察，我们就冲彼此喊："嘿，一分硬币是什么做的？"然后所有人一起大叫："废铜！"* 那些警察不是打哈欠就是哈哈大笑，要么就追着我们跑，具体取决于他们当时的心情。不过我们都认识辖区的社区警察，他会走在我们旁边，关注着我们，鼓励我们玩得开心。我不知道他阻止过多少暴力事件，但我们越来越爱他，他也从我们身上找到了乐趣。我一直觉得那个警察暗恋我的母亲。他曾向我问起过关于她的问题，即便是在十一岁的时候，我也明白个中原委。

在我那个小帮派里，除了我、布鲁斯、皮蒂和克里夫外还有其

---

* 原文为 dirty copper，在非正式语境中，也指腐败的警察。

他几个伙伴——热苏斯·迪亚兹、毕比、约翰尼·里维拉、斯莫基、索提，还有肯尼·利佩尔，后来他会成为埃德·科赫领导下的纽约市副市长。（后来我和约翰·库萨克合作，出演了一部名为《市政大厅》的电影，这部电影由哈罗德·贝克尔执导，就是根据肯尼的经历改编而来的。）

我们团伙里还有个叫海米的小孩，按照今天的说法，他是个有特殊需求的孩子。他比我们大，而且非常强壮。其他帮派看到他都会三思而行。晚上我会和他一起走路回家，我们会一起唱《我想知道现在是谁在吻她》。这是一首"二战"时期的老歌，唱的是士兵对家乡女孩的思念之情。海米会跟随我爬完我公寓楼的所有楼梯，然后等他离开时，他会边下楼边唱"我想知道现在是谁——"，而我回应"在吻她"。海米年满十六岁后，变得非常暴力，他开始攻击他的母亲，于是他们将他送去了收容机构。我们再也没见过他。我们很想他。

我们街区还有个叫菲利的男孩，当时他被另一个孩子欺负。那时有句俚语：把衣领竖起来的行为被视为很酷，称作很"摇滚"。那个男孩一直管菲利叫摇滚哥，问他："你觉得自己很摇滚是吗？"欺凌者挑衅次数太多，菲利就失控了。他开始用脑袋撞砖墙，一下又一下地撞，喊着："我很摇滚，我很摇滚。"在那之后，菲利被带离学校，送进了一家康复中心。之后他就变了。他坐在椅子上，茫然地发呆，再不和任何人说话。他的母亲就坐在他身边。

克里夫、布鲁斯、皮蒂，还有我——我们是帮派里的四大核心主角。他们管我叫桑尼，也会叫帕基，这是他们对帕西诺这个姓氏的爱称。他们还叫我开心果,因为我喜欢开心果口味的冰激凌。如果必须选一个人当头儿,那当选的一定是克里夫或者皮蒂。皮蒂是个个性强硬的爱尔兰小孩。但克里夫是个博学之人,真正地特立独行,无所畏惧,哪怕是在十三岁时,裤子后袋里也从不忘插一本陀思妥耶夫斯基的书。

　　这个孩子有潜力成为任何他想成为的人。他天赋异禀,相貌堂堂,智商高得可以冲破屋顶,经常以此来自夸。不过他也有四个每天把他揍得屁滚尿流的兄长。他诡计多端。你从来都无须问他"我们今天干什么?"他总是计划万全。

　　每当我们想一起玩时,我们都会爬上公寓楼顶,之所以会选那里,还有个原因是如果被人追,那里有逃跑路线。楼顶有电视天线,排满了楼顶四周延伸出去的一个十二英寸*宽的平台边缘。我们有时会爬上那个平台,像在表演高空走钢丝一般沿着它走。我们像猫一样在五层楼高的平台上移动,碰到一根天线就停下来稳定身体,然后再往前走。克里夫的动作透出一种愉快的放纵之情,高喊着:"看见我了吗?"他像发狂的鸟儿一般快速移动。我也试过几次,但做不到克里夫那样。

　　我们会路过布朗克斯动物园,去一个人们以前叫作猴子岛的地方,到了那里我们就钻进一块僻静之地,攀爬巨大的绳索,它们是我们的某些远祖绑在树枝上的。我们会扒着绳索荡到池塘上空,松手,然后落入水中嬉闹。有一次,布鲁斯钻出池塘时身上黏着一条

---

* 1英寸等于2.54厘米。

蚂蟥，正在吸他的血。一些比我们大的孩子会站在一块露出水面的平整大石块上，比赛打飞机看谁射得最远。对他们来说，万事都是比赛："我赌五分钱，你不敢吃地上的那个烟屁股，还有旁边的橘子皮。"当然咯，有人会接受这个赌注。我都是置身事外，随他们玩。不知为何，我似乎总在旁观，只是偶尔参与其中。

有一次，克里夫看到有松鼠爬上了一棵树，于是就扔石头去砸。那可怜的松鼠砰的一声摔在地上，死了，克里夫哭了起来。他没想到会砸死它。我们埋了那只松鼠，为它念了祷文。还有一次，我发现一只麻雀受了伤，就带着它回到家交给我的母亲，我们细心地照料它。一段时间过后，麻雀适应了我们。它会在公寓里盘旋，在我们的肩膀上落脚。我们只需确保狗离它远远的。全家都很喜欢它。妈妈经常亲它，我们还为它做了一个小鸟笼。她给它喂食，好让它恢复体力，她养育它、抚摸它、宠爱它。最后我们不得不放它走了，因为我们觉得，它需要自由。我们把它送回其他麻雀所在的地方，放了手。它比周围的麻雀要小，后来我们才知道，麻雀通常都不喜欢已经被驯化的鸟。想到我们的那个朋友很有可能因为曾和我们一起生活而被它的同类杀死，我们的心都碎了。我后来读了田纳西·威廉斯的《奥菲的沉沦》，他写到有一些小小的鸟儿"根本没有脚，一生都在飞呀飞呀，累了就在风里睡觉"，这些句子让我想起了那只麻雀。

外祖母擦洗厨房窗户的方法和公寓楼里的大多数居民一样，都是把窗户打开，坐在窗台上，从外面擦洗，而这期间她的后背则危险地悬在离地五层楼高的窗框外面。当我站在厨房中向窗外望时，能一路看到巷子里的情况——外祖父在这条巷子里砌了一堵墙，将我们的巷子与隔壁楼的巷子分隔开。如果你翻过那堵墙，就会来到一条走廊，通往一整套的出口和入口网络，那里是一个独立的世界，到处都是连接着庭院和圆形空间的廊道。等我到了十岁与十一岁之间的某个时间，开始抽烟时，我会确保自己待在一条没有人能看见的小巷里，因为我知道抽烟不被允许。我想象着那里面发生过一些俗艳之事，总之是被禁止的事。那里就是给人那样一种感觉，但并不吓人，而是诱人的。我第一次亲吻女孩就是在那些小巷里。我当时并不知道自己在做什么，但我觉得发生了惊天动地的事。我以为我失去了我的童贞。可惜并没有。

当我从公寓窗口往那条小巷张望时，经常能看见我的朋友们——一群青春期的野狼，笑容狡黠——正抬头看着我，高喊："快下来，桑尼小子！我们有东西给你！"有天早上，克里夫带着一头巨大的德国牧羊犬出现在那里。他大喊："嘿，桑尼，想看看我的狗吗？是我的新朋友，叫汉斯！"我恨不得从窗口直接跳下去，好看一看这头堪称物种标本的巨型犬，可惜我身处顶楼。

克里夫并不喜欢偷狗，他更喜欢偷车。十四岁前后，他偷了一辆城市公交车。有一次，他还偷了一辆垃圾车。他偷车时也会随身揣一本陀思妥耶夫斯基的书。他还经常入室行窃——他没法儿再去新泽西了，因为那边的警察在通缉他。他会取笑我，因为我从来不沾他喜欢的毒品。他会说："桑尼不需要毒品——他对着自个儿就能嗨！"

体育运动是将我与帮派其他伙伴区分开来的一个领域。外祖父向我灌输了对于体育的爱：他一辈子都是棒球迷和拳击迷。他从小就支持纽约洋基队，那时甚至还不叫洋基队——他们一开始被叫作高地人，身为穷人家的小孩，外祖父会跑到山顶球场或波罗球场透过围挡上的孔洞观看比赛，波罗球场是纽约巨人队的比赛场地。后来洋基队有了自己的体育场，被称作"鲁斯建造的房子"。那座体育场也出现在西德尼·吕美特拍摄的《冲突》的一幕场景之中：以这座美丽建筑为背景，男主角塞尔皮科和一群腐败的警察见了面，那班人聚在一起，就像一窝贼。拍那场戏的那个早上，塔丝黛·韦尔德和我分了手，如果你注意看我脸上的表情，能看出戏中那个家伙非常伤心。

外祖父总会为比赛中不被看好的一方加油，而那似乎也是我的誓约。我总是支持败者，直至他们开始赢，那时我就会对自己说，天哪，我不会再为他们加油了。

只要买得起票，外祖父就会带我去看棒球赛，我们坐在看台高处——那里的票价便宜。当然，我们知道有更贵的包厢座位，离球场更近。那完全是另一个世界——我们不属于那个阶层。我不会自视为弱势群体——包厢只不过像是社区里的另一个街区，另一个部落，或者说像是另一个国家。克里夫与我的区别在于，克里夫看到那些包厢座位就会想下去坐坐。如果看电影要排队，他不会等——他会插到别人前面，直接进场。他就是那么大胆。就好像除了他，其余人都不存在，如果说我曾见过唯我论者，那么他就是。仔细想想，我可能也是这样的人。

在那个年纪，我也是一名运动员。我速度快，身手敏捷，脚步像弹跳。我为街区的警察体育联盟球队打棒球。克里夫和其他伙伴都对运动不感兴趣，所以我有点像是过着两种生活：帮派生活，以及棒球生活。有一段时间，我觉得自己长大后或许能当职业棒球运动员，直至我看到有些职业队员去洋基队的农场队[*]争取机会，结果甚至得不到正眼相看，而且我实话告诉你，他们的水平都比我强多了。我很敬畏职业运动员。你得翻山越岭才能实现目标，在我看来，他们全登上了珠穆朗玛峰。

帮派里的伙伴是我生活的根基，但我也会离开他们，独自去参加比赛。有一天，我去一个治安不好的街区打完比赛回来，我的手套被劫了。四五个比我大不了几岁的家伙拦住了我，他们有刀，天知道还有什么武器，他们说："把手套交出来。"他们知道我没有钱，我也知道我会失去那只手套。这是外祖父买给我的，我哭着回到家，告诉他手套被劫了，我不知该怎么办。我知道他没有钱给我再买一只新的手套，而寻找那群抢我手套的家伙又无异于要对他们宣战。如果当时有克里夫、皮蒂和布鲁斯陪着我就好了，那样手套根本就不会失去。对我们来说，大家伙儿在一起不只意味着舒服——这还是一种必要，如若不然我们就会很脆弱，缺少防备力量。

在布朗克斯河边，离我们家园大概四个街区远的地方，坐落着荷兰人之家。那是荷兰人在这个国家定居时修建的古老建筑，已经破败不堪，但尚未完全荒废。赫尔曼·沃克在他的小说《少年赫比》

---

[*] 大联盟球队会有一些附属的小联盟球队，当球员在那里表现出色时就会被大联盟球队签约，那些小联盟球队培养队员就像种植作物一样，因此被称为农场队。

中将那片地区描绘为"臭气熏天的垃圾堆"。实在觉得自己胆大无比时，我们就会去荷兰人之家探险。那片废墟里住满了迷路的小孩和离家出走的人——我们管他们叫博纳人，因为他们住在博纳大道。他们住在那里的棚屋中，身上都有病，还有传言说他们自制的武器末端有毒。

河床上长着未驯化的野生植物，茂密的杂草高度没过头顶，孩子们会把竹子砍倒，劈开，雕刻成刀和弓箭。布朗克斯河上有筏子来往穿梭，运送商店里无法售卖的商品。我们会监视那些悄悄进出从事神秘交易的黑心商人，以及那些天知道会跟带来的女人做什么的男人。

偶尔能听到闷响的枪声，通常是来自用木头和橡皮带自制的手枪。那是弹弓的一种变体：如果加一颗点22口径的子弹，点燃弹壳，它一般会向侧飞；如果你运气不佳，它会往上飞向你的脑袋。一般用它们来射击罐子、瓶子和石头，但它们也有伤人的威力。如果你携带一把，它会为你带来你所需要的额外力量，但也会给你造成麻烦。这整个地方都布满了危险，但那正是我们的乐趣所在。

有一天，我在布赖恩特大道上看见帮派的其余伙伴从荷兰人之家一瘸一拐地往回走，一副落败的模样。克里夫浑身是血。看到我脸上的震惊表情，他大喊："不是我的！是皮蒂的血！"在他身后的皮蒂，手腕的伤口正像喷泉一般往外涌血。他们去了荷兰人的地盘深处，正下山时，克里夫突然喊道："当心，那边有个博纳人！"他喊出了一个在那片地区臭名昭著的名字。即便是现在我也不敢说那个名字。克里夫只是在开玩笑，但其余的孩子争抢着四散逃开。皮蒂知道自己必须快速行动，但不幸的是，他一个踉跄摔倒了，重重地砸在地上。他摔在一个有锯齿的尖利物体上，左手腕被划破了。伤口非常深，一直割到神经。情况非常吓人。

医生最后还是把他治好了，但伤口缝合得一团糟，他无法正常活动。我在想，如果事情发生在今天，那种伤口是能够得到妥当处理的——需要花钱，但会处理得很好。但当时他的那只手就再也动不了了。黑暗的贫穷世界让他成了残疾。皮蒂和我们玩球时，不得不先摘掉接球那只手上的手套，然后再用同一只手将球投回去。克里夫总是为皮蒂的遭遇自责，觉得一切都是因为他那个愚蠢的恶作剧。

晚上，我在外祖父母家的公寓里洗澡，突然听到楼下小巷里传来一阵喧闹。那声音从五层楼下直抵我的浴室窗户：

"桑尼！"

"嘿，帕基！"

"桑——尼——！"

是我的朋友们在小巷里呼唤我。他们聚在一起是为了新一轮的恶作剧——晚间的一轮。我那时十岁或者十一岁，但他们希望我加入。他们像野猫一样号叫。他们没有门铃能按，也没有电话能打给我，所以这就是他们传递信息的方法。他们谋划要做一件事——一件激动人心的事——而我想跟他们一起。

但有别的事在阻拦我跳出浴缸，穿上衣服与他们团聚。不是我的良心，而是我的母亲。她不允许。她说太晚了，明天还要上学，这个时间还在巷子里大喊大叫的男孩不是我该结交的对象，总之，答案是不行。

我为此而恨她，她在切断我与世界的联系。这些朋友是我的身份来源。他们是我生活中的一切，在那个时候对我意义重大，但我的母亲不允许我和他们在一起。我为此而憎恶她。然后，五十二岁的一天，我看着梳妆镜里自己的脸，肥胖、涂满剃须膏，我绞尽脑汁地想着在即将发表的获奖感言中该感谢谁。我想起了那一刻，我意识到，我之所以还在这里，正是因为我的母亲。她当然是我一定要感谢的人，而我从未因此感谢过她。是她阻止了一切的发生，是她让我远离了犯罪、危险和暴力的道路，远离了针头，远离了名为海洛因的那种致命毒品，它害死了我三个最亲密的朋友。皮蒂、克里夫、布鲁斯——他们都死于毒品。我并未生活在严格监控之下，但我的母亲会关注我的行踪，我朋友的家人却没有做到，我们都知道这一点。我相信是她拯救了我的生命。

我能分辨得出，母亲的家人对我父亲的印象并不算好，但我的外祖父母都很小心，不会当我的面说任何关于父亲的坏话。但是，我的母亲时不时地会说漏嘴，表明她对他并无敬意，也不觉得他关心我。那种话会伤害孩子。当你来自一个破裂的家庭时，你会觉得自己已经是孤儿了。成年人的那种观点会导致持久的偏见——它会造成永久的毒害，我们对此应该十分谨慎。我确定，听到她的那些言论对我造成了一定的影响。但即便是在那个年纪，我也决定不让她影响我对爸爸的感情。我想自己来塑造他的形象。

九岁那年,爸爸带我去他在东哈莱姆生活的街区转了一圈。他和我母亲离婚已经好几年了,从战场回来以后,他开始了自己的新生活。他快三十岁了,靠《退伍军人教育援助法案》念完了大学。根据我的了解,他那时做了会计,生活过得很不错。我偶尔能见到他,在节假日和生日的时候。他有了新公寓、新妻子以及一个新的孩子,但他还是希望我能以某种方式出现在他的生活之中。所以他带我在他生活的街区转悠,造访各个店铺和当地人的聚会场所,把我介绍给他的朋友们。"这是我儿子。"他对他们说。"嘿,小子。"他们这样回应。但我不认识他们之中的任何一个。他们属于不同的种类。是意大利人没错,而且看起来就像我见过的亲戚,但他们的举止中有一种我所不熟悉的气度。他们年纪更大,在咖啡馆里用浓缩咖啡的小杯子小口地抿茴香酒。他们很酷,也都喜欢我,但我只想回布朗克斯的家,和我自己的朋友们待在一起。我觉得爸爸像是在拿我做展览。

我原以为这只是一次白日拜访,但在街头散步和前往父亲家之间的某一刻,我才知道要在那里过夜。我要在他家睡觉,那是一间狭长的车厢式公寓,我被安排睡在其中一端。半夜醒来后,我完全迷失了方向。一切都不对劲。我看不清他们安排我住的房间。他们让我睡的不是我的床。街上传来的声音完全陌生。我听到墙里面有抓挠的声音,觉得肯定是老鼠。

我开始在黑暗中摸索着前进,寻找我的父亲。经过的每一扇门背后都可能潜藏着危险。我进入的每一个房间都充满障碍。等我到达那间车厢式公寓的后部时,发现父亲正和他的新妻子一起在床上熟睡。床架抵到了我的腹部，黑暗中我只能模糊看见被子下面掩盖着不同大小的团块。我分不清哪个是爸爸，哪个是他的新妻子，但我知道我不想惊动这个女人，根据她白天看我的眼神以及对我说话的语气，她似乎把我当作某种离群的鸽子，而且肯定携带着致死病菌。

于是我摇了摇床单，这当然把他俩吵醒了。我最想要的是离开那里，但不知道该怎么办。我结结巴巴地说："我能——我能回家吗？"大半夜的，那个疲惫的男人还是爬了起来，把我弄上了他的车。他有车，这对我来说就像拥有一架飞机。他开车送我回了家，汽车走的路相对较远。如果坐地铁会更快。

车子停在我家公寓楼前，父亲熄了引擎，我们坐在车上，他跟我说话。他试图从他的视角告诉我故事的另一部分。他说："我一直在尽力而为，但你的外祖母总在阻拦。"他是在试着向我伸出手，用他那笨拙的、临时起意的方式。但他交谈的对象只有九岁，根本无法领会。等我上楼去找我的外祖父母时，我真是松了一大口气。我心想，我的爸爸并不是个多坏的人。我的意思是，看看他的所作所为——他在根本没必要的情况下把我一路送回了家。但说实在话，我只想逃离。他对我来说是个陌生人。

在学校里，老师经常对我母亲说："你儿子也需要一个父亲。"母亲被激怒了：你的意思是我们得绑在一起受苦、打架、争吵，让我的孩子听个够？

在我的一生中，有些朋友喜爱他们的父亲，甚至和他们的父母都有着深厚的感情。但也有一些和父亲的关系并不好。有些人从小就看到酗酒的父亲把母亲打得遍体鳞伤。我甚至还认识一些人，他们对父亲的痛恨如此强烈，甚至到了和父亲在一起会生理不适的地步。我只是从来没有父亲而已。他是缺席的。很幸运，我有我的外祖父。但现在细想起来，父亲对于不能和我建立感情这件事一定感到非常痛苦。他是意大利人，我是他的长子，也是他唯一的儿子，所以这件事一定让他很困扰。但与此同时，我也意识到，这个人不在身边，在某种程度上，是免除了我的灾难。如果我是被这个人带大的，那我就不会是现在的我。不过我有三个同父异母的妹妹，也就是他的女儿，我认识她们，而她们都对他赞不绝口。我看得出来她们有多爱他。

在我的人生中，也有其他人在关照我、引领我，虽然我当时并未意识到这一点。我的初中老师，一位名叫布兰奇·罗斯坦的迷人的中年女士，选中我在学校的学生集会上朗读《圣经》中的经文。我并不是来自一个特别虔诚的家庭。母亲送我去上过教义课，我第一次领受圣餐时穿的是白色小套装。但我很害怕，万一我太优秀，圣母马利亚会降临让我成为圣徒。我说不，我不要成为圣徒。我着实被吓坏了，那是真话，所以我再也没有回去受坚信礼。除那以外，我害怕还因为修女会没来由地打人。

但是，当我用洪亮的声音朗读《诗篇》时——"就是行为正直，做事公义，心里说实话的人"——我能够感受到这些文字是多么有力。因为文字能带你飞翔，它们能够拥有生命，就像我的朋友查理常借用《圣经》中的另一句话，"道成肉身"。那就是我所认为的表演本质，表达美丽的话语，并且试着用它们来取悦观众。

很快,我就开始在学校参与演出,剧目包括《熔炉》等。那是一次小型露天演出,内容是赞颂为将美国建设成伟大国家做出贡献的不同民族。我被选中成为站在舞台中央巨大熔炉前方的孩子之一。我和一个黑头发、橄榄色皮肤的十岁女孩一同代表意大利。我看着熔炉对面的她,心想,意大利人就长她那个样子吗?

我们班演出《国王与我》时,我扮演女主角安娜的儿子路易斯。另一个扮演暹罗小王子的孩子和我合唱了一首歌,表达我们对大人行为方式的困惑。

我并没有把演戏当回事——那只是我偷懒耍滑、发泄精力,尤其是逃避上课的一种方式。但不知为何,我出了名,成了学校演出中不可缺少的角色。我猜我在这方面一定表现得还不错,因为有一次演出结束后,一个人走过来对我说:"嘿,孩子,你就是下一个马龙·白兰度!"我看着他,问:"谁是马龙·白兰度?"

那年年末,我们初中举办了一次集会,投票选举各个学生奖项的获得者,我被选为"最有可能成功的人"。我很失望,因为我想成为"最帅气的人"。但得到这个奖的是威利·拉姆斯——他是那种经常做单臂俯卧撑,会用双手倒立走路的人。他是个好孩子。但他们给我的奖,最有可能成功的人,只是一场人气比赛而已。它只意味着,有很多人听说过你。谁在乎被很多人听说过呢?

布兰奇·罗斯坦,我的初中老师,对我有着更远大的计划。有一天,她爬五层楼梯来到我们的公寓,因为她想和我的外祖母谈谈。她来不是为了管教我,而是为了鼓励我。"这个孩子必须继续表演,"她对外婆说,"这是他的未来。"一个如此简单的举动,却也如此罕

29

见。从来没有人做过这样的努力，至少没人为我做过这样的努力。这位敬业而伟大的教师做了一件可敬的事，是所有教师都可能做到的，那就是鼓舞心灵、为自身的岗位而付出。鼓励——这实在是英语中最伟大的词语。我的外祖母并未完全领会这位老师的意图，但我的母亲听懂了，她为此感到非常不安。因为她明白，我们是穷人，而穷人是不可能从事表演工作的。

这并未阻碍我在学校的进步。在我十三岁时，我们班演了话剧《家庭甜蜜谋杀案》，我被选中扮演其中的一个孩子，他帮助寡母查清了隔壁的谋杀案。在我上台前，有人在后台告诉我，我的父母都在观众席。我的母亲和父亲都在观众席。不会吧。这把我吓着了，我的表演没有达到预期效果。直到今天，我依然不希望知道首演当晚或任何一晚的观众席上都有些什么人在。

不过除此之外，表演的感觉是很棒的。我在舞台上总是感觉很自在。我觉得这里就是我的归宿。我的意思是，我也喜欢在棒球场上的感觉，但我打棒球的表现并不如表演好。我就是喜欢表演。我感到自由。我感到快乐。我感觉人们都在关注我，而我也享受和其他演员在一起的感觉。

那次演出结束后，我的母亲和父亲带我去了豪生餐厅，我们为我的成功举杯。豪生当时还只是一家小餐厅，就像丹尼斯餐厅，类似你在《低俗小说》电影开场看到的那种。它丝毫不花哨，去那里的都是普通人。用餐结束后，你也不会拿到一张高额的结账单。但是有一种如此温暖的感觉和归属感涌上我的心头。那可能是我有生以来第一次，看到我的父母坐在一起。我的意思是，你能想象吗？

原来这是我一直以来的愿望,只是自己并没有意识到。每个孩子在成长过程中都希望能和父母在一起。那意味着安全感。那就是家庭的含义。

我发现了我一直以来缺少的东西,那就是情感联结。我能看到,他们在愉快地交谈,没有发生任何争执。一度,我的父亲甚至用他的手碰了碰我母亲的手——他是在和她调情吗?那感觉是如此自然、如此轻松,我在想,他们为什么要分开呢?这部话剧将他们联系在了一起,不管多么短暂。我的心头之前一直笼罩的不管是什么阴霾都消散了,因为在这一刻,这两个人会关照我。出演这部话剧让我的母亲和父亲再一次团聚了,让我再次成了某些东西的一部分。我真正地完整了,我有生以来第一次体会到了那样的感受,然后这种感受又消失了。

一个改变

A Change

多年来，布朗克斯的克罗托纳林荫大道上的老埃尔斯米尔剧院一直是我看电影的地方之一。人们管那些建筑叫电影宫是有原因的：它们的华丽程度超乎想象。人脸雕塑伸出墙壁，枝形吊灯高悬在头顶，帘幕和地毯闪耀着红色和金色的光泽。哪怕只是在这些地方待个几小时，也足以让你远离单调的日常生活。十五岁那年，我在那里看到了从未见识过的东西。一个由演员组成的剧团来到这里，上演了安东·契诃夫的《海鸥》，他们简直像是从过去的某个世纪直接驾临。那个剧院能容纳将近两千人，但来观看这部戏的观众只有大约十五人，如果算多些，可能有二十人吧。但观众席上有两个正是我的朋友布鲁斯和我。

我觉得那出戏很棒。在那个年纪，我没看过任何能与之相提并论的东西。它就像晴天霹雳般击中了我。我不知道自己真正理解了多少：没有回报的爱情，康斯坦丁的悲剧个性，他在艺术和爱情上严重受挫，他对自身作品所收获的声誉如此不满，以至于除了自杀看不到任何出路。但我被剧中的表演深深吸引。在此之前，我以为诗人都是胡子垂到地板的人。现在，我在这里观看这部俄国戏剧，它在我看来如此陌生,但我感受到了它的力量——我感到自己被带入了一个不熟悉的世界,并在这些虚构人物的生活中看到了自己。

康斯坦丁最后的自杀让我感到震惊。其余角色和观众都听到台后传来的一声枪响,而十五岁的我一定是太过震惊,以至于错过了说明女眷被带走因此没有进入康斯坦丁自杀那个房间的台词。他的自杀似乎压根没有引起剧中角色的注意——我以为他们全不在意,其实是他们根本未被告知——这深深地影响了我。

我此前从未问过自己想要成为什么样的人——我从未有过目标。事情要么令我产生兴趣,要么对我无关紧要。而那部作品让我无法忘怀,我听到了某种声音。我开始自己阅读契诃夫的作品,随身携带他的书,并惊喜于只要愿意随时都能读到他的文字。契诃夫成了我的朋友。我那时刚刚通过曼哈顿表演艺术高中的面试,克里夫也通过了。早上我们会一起乘列车,从布朗克斯前往42街和百老汇大道的交叉路口。我们步行四个街区抵达位于46街的艺术高中,一路上所有的人都让我们着迷,游客、看热闹的人、闲逛的人,都想要前往各自的目的地;电影大屏幕上高声播放着最新的影片,广告牌上有个时尚的男人正在抽骆驼牌香烟,并且向我们所有人吐着烟圈。有一天,我们转过一个街角时,我看到了保罗·纽曼,那个电影明星,刚刚与我擦肩而过。我心想,哇哦,他竟然是个真实存在的人。在周围没有摄像机的时候,他真的会走路,而且还会和朋友聊天。克里夫完全没注意到保罗·纽曼,他的心思在别处。

在另一天早晨坐列车时,克里夫的思绪集中在教我们声乐和演讲的那位女士身上。她聪明又时尚,个子不高,但相当漂亮,而且身材很好。她出名的原因是约会过马龙·白兰度。克里夫对我说："我要去摸摸她的胸。"根据他说这话的方式来看，显然不是一时冲动。这事他已经惦记了很久。我说："啊？"他说："瞧着吧。你会看见的。"这是不可能的。人家是老师！你不能那么做！

那天上午的课程像往常一样开始，老师用她浑厚而响亮的声音为我们讲课。没过多久，克里夫就走到了她的面前。他对她说了些什么，应当是挑衅的话语，这引发了他们之间的口角。老师开始在教室里追着克里夫奔走，无奈地冲他挥舞着拳头，但无济于事。克里夫说了什么才引发这种反应，我永远都不可能知道，但我无法相信这一幕竟然就发生在我们所有人眼前，而且他一早就告诉过我要这么干。他们紧抓住对方，像摔跤手一样，就在两个人扭打之时，克里夫伸出双臂从后方搂住了她，把她身体转过来面向全班同学，而他在她的身后，双手都捂在她的胸部。他看着我笑。

这是一个不守礼节、不受制约、没有良知的人才会有的行为。如此奇怪，如此恶毒。他从哪儿学来的？是从他在读的陀思妥耶夫斯基那里吗？大部分学生都沉默了。我突然大笑，另一个同学，一个名叫约翰·威尔逊的男孩也笑了起来。我不确定我们为什么笑。这只是我们看到惊人景象时不由自主的机械反应。我爱克里夫，但也的的确确被这种冒犯行为吓坏了。对我们可怜的老师缺乏尊重，这是<u>堕落</u>的行为。我们震惊的大笑使得那天我和约翰被赶出教室，我被罚在校长办公室待了一天，直至我母亲过来替我道歉。克里夫所受的惩罚更重。他被彻底赶出了学校，接着又被赶出了家门。那之后，他似乎从我的生活中消失了一段时间，不过我偶尔还是能在街区听到他的一些故事,关于他现在所过的反社会生活的片段。

有一天,我上完表演艺术课,拿着母亲给的钱出去吃午饭。我在西46街拐角处的豪生餐厅停下了脚步,柜台后帮人点餐的是我在布朗克斯看过的《海鸥》演出中的一位演员。我有点像是个追星族,说:"我之前看过你的演出!天哪,你实在是太了不起了!"我难以相信自己竟然在跟他说话。而他似乎也很高兴有这么一位迷恋他的粉丝。他看着我,像是在说,这个孩子给了我些许希望。他是我看过在台上演出的演员,我很高兴能和他交谈。我感到自己以某种方式和他联系在了一起。白天,他穿着服务员的制服为人们提供食物和饮品,而到了晚上,他演出戏剧。一个是为他提供收入来源的工作,另一个则是他的艺术使命。

这便是我当时对于演员这个职业的理解。你在演戏的同时,还要做为你提供报酬的工作,如果你能找到途径从演戏中获得报酬,那就更好。他是一个穿梭于角色与角色之间、剧场与剧场之间的演员,就和千百年来所有的演员一样。演员们现在得到社会的拥护和赞誉,出现了声名显赫的演艺世家,演员甚至能当总统。但表演并非一直是一个受人尊敬的职业。法国伟大的剧作家莫里哀就曾被家人抛弃。戏剧人是流浪者,是四处漂泊的吉卜赛人。我们是逃亡者。这一点,也是我们的传统。

母亲与我的关系不同于从前。我不再是她的桑尼小子,我已进入青春期。我总是自然而然地保护着她,看到她受欺负我会发疯。我还记得,在三四岁的时候,我和她走在街上,会冲那些对她吹口哨的建筑工大吼大叫。我的母亲是个美人，这种时候她会一笑了之，但我真的很受不了人们那样对她。那些建筑工只会嘲笑我："哦，真是个硬汉！"我母亲说："没关系，桑尼，一切都会好的。"我就是不喜欢看到母亲被那样物化。不过此时我已经进入了青春期，母亲不知道该怎么面对我。

她继续追随当时所有的银幕偶像，他们从未让她失望。她喜欢蒙迪·克利夫特的脆弱感和马龙·白兰度的男子气概。她是数百万自觉与詹姆斯·迪恩有着紧密联系的观众之一，他去世时，她经历了真正的痛苦。那对她打击深重，也刺痛了我。所有看过他的作品的人都无法释怀他的死所留下的无解追问。如果他没有在那场车祸中丧生，会发生什么？他怀抱着那样伟大的天赋还将抵达哪里？

在我十六岁左右，我的母亲开始约会一个新的追求者，这是她和我的父亲离婚以来所交往的第一个看起来像正式男朋友的人。事实上，他们的关系发展到非常认真，都开始计划结婚了。我很高兴，我看到她比过去许多年里都更有安全感。我一直都对人们的感受非常敏感，能看出她的细枝末节——看出她言行举止的变化。我觉得她说话的方式变得像其他人，比如高中里的老师或校长。

她甚至会对我说："你知道，我们可能会去得克萨斯或佛罗里达生活。"她指的是她和她的新任未婚夫。在某种程度上，我松了口气，但我不知道自己在这个安排中身处何处。这个男人大约五十岁，而她是个漂亮女人，带着一个十几岁的儿子。她是想说，这个人可能不希望你在身边。与此同时，我却和她一起在我们的公寓里，我什么都做不了。这个时候，我的外祖父母已经搬到了上城233街的公寓，他们觉得那个街区的环境更好，所以只剩我和母亲住在布赖恩特大道的老地方。我觉得她最好是跟这个人走。我需要她离开那里，那样我就自由了。

但接着他们的婚约突然取消了，这个人甚至没有当面正式告知说他要取消婚约。他给她拍了一封电报，说他无法履行约定。她收到那封电报时正坐在厨房的餐桌旁，而我则靠在厨房走廊的拱门上。四英尺外就是离开的门，那时我总是时刻瞄准那扇门。我的母亲告诉我婚约取消了。然后她崩溃了。

当时混账的我竟然对她说："我就知道，这事好得不像是真的。"这句话太伤人了。这是我对她说过的最混账的话语之一。我怎么能那么说？首先她的遭遇让我感到沮丧，她的受伤让我很难受。但我也很烦恼，她不会离开这个家把一切都留给我了。

我的母亲面对这次分手的反应并不轻松，她几乎被压垮了。她像是田纳西·威廉斯笔下的角色，脆弱而难以控制。医生诊断她患有所谓的焦虑性神经症。病情不断恶化，需要电击治疗和巴比妥类处方药物。这些都很贵。母亲鼓励我退学去工作，因为我们没有钱。

我在学校又待了一段时间，至少待到了法律允许退学的十六岁。退学看起来似乎是我人生中一个毁灭性的挫折，我却欣然接受了。事实上，我对此欣喜若狂，我意识到这种态度很奇怪，但我从未将学校视作我的归属。当我因为在学校表演课上的出色表现而变得小有名气时，学校选中我代表学生群体拍了一张照片，作为《先驱论坛报》一篇有关学校的新闻报道的配图。你能相信吗？但在最后一刻，我的照片被撤了下来，取代我的是另一个学舞蹈的学生。她个子高挑，一头红发；而我肤色黝黑，有着意大利人的名字。我突然想到，他们之所以会换人，是因为她比我更能代表主流审美观念；当你环顾四周，是不会在洗涤剂广告和肥皂剧中看到我这类人的。失去这个机会并没有困扰我，我并不觉得他们怀有偏见。表演艺术学校想吸引更多的学生入学，当时的情况就是那样。

所以我便离开了学校。我觉得我需要去外面的世界，开始挣钱养活自己。我的妈妈需要帮助。我做过各种工作，但时间都很短。我干过一个夏天的自行车信差，每天要骑着自行车在城里转十一个小时。十七岁那年，我为美国犹太人委员会及其杂志《评论》工作了一段时间，干得还不错。被录用的时候，我对面试我的女士说："我喜欢坐办公室。我喜欢打字机的声音。我喜欢接线总机。"我是在说大话，我确定她看穿了我的鬼话，但她还是录用了我。我每天早上第一件事就是走进别人的办公室，做好能够一跃跳过巨大办公桌的准备*。他们会派我去跑腿，有时我甚至不用回来。我有着充沛的精力。那是一间忙碌的办公室，里面热闹非凡，我和同事们交上了朋友。我学会了如何操作接线总机，还帮他们整理文件。在那里工作的人——比如苏珊·桑塔格和诺曼·波德霍雷茨——都是重量级知识分子，虽然他们对我都很热情，但我从未觉得自己能融入他们。不过当我在办公室派对上手持一杯饮品时，我几乎能够与任何人交谈。

---

* 原文为"ready to jump over huge tables in a single bound"，化用了众所周知的对超人这一角色的形容词"able to leap tall buildings in a single bound"，指展现强大的能力。

十八岁那年，我经常在曼哈顿23街和第六大道交叉路口的马丁烧烤酒吧里花上十五美分买一杯啤酒慢慢喝。为了驱寒，我一直坐在那里。进店的常客都是劳动者，似乎都是矿工和伐木工。酒保名叫曲奇——是个戴眼镜的大块头，看外表你绝对不可能叫他曲奇，但大家都那么叫他。酒吧里有扇能看到第六大道的大窗户，街对面是一个名叫赫伯特·伯格霍夫工作室的地方，我当时正努力考进这所表演工作室。酒吧有时提供免费午餐，所以我会进去吃番茄酱三明治，其实是两块苏打饼干夹番茄酱，我吃得不少。

布朗克斯的一个朋友跟我说起过赫伯特·伯格霍夫工作室，说那里有个很棒的老师，名叫查理·劳顿。我说："演员查尔斯·劳顿？"他说："不，不，不是一个人——他就叫查理·劳顿。他教感官训练。"我心想，我已经迷失了。我一直在远离我的老朋友们，我被拉进了表演的轨道，对待表演比对待真实存在的事物更加认真。我的朋友们都没能将他们拉上另一条路的类似事物。而过了特定的年纪，成为少年犯就变得很可怕了。

在我想事情的时候，曲奇的脸上突然出现愤怒的表情。他从吧台后面走了出来，重重地敲男厕所的门。接下来，他揪着两个衣冠不整的小姑娘皮夹克的衣领，把她们扔了出去。这两个女孩在厕所里干的事让他很不舒服。曲奇回到岗位后，店里所有的工薪族，应该有七八个吧，都围在吧台旁边，而那两个女孩站在那扇宽大的窗户前面，光天化日之下，开始公然地、热情地拥抱和亲吻对方，全然无视刚刚被驱逐的事实。她们沉浸在自己的世界，吧台的每个顾客都能看见。我见证了这两个不同世界之间的裂痕：店外那两个无所顾忌的女孩代表着解放的本质，而坐在吧台旁的男人却被他们一生中从未见过的景象吓呆了。60年代来了，世界正在改变。

后来，也是在那间酒吧里，我经人介绍认识了查理。我看到他戴着棒球帽，在一个包间跟几个人喝酒。看到他的那一刻，我心想，这家伙是我喜欢的类型。他差不多比我大十岁。父亲缺席时，你总会以某种方式寻找替代角色。见到他，我就知道了，这个家伙就是我的老师。我成为赫伯特·伯格霍夫工作室的学员。我没有钱，所以负责打扫走廊以及他们上舞蹈课的教室，他们给了我奖学金。

查理拥有我希望自己能拥有的文学才华。他让我爱上了许多之前不知道的小说家和诗人。他喜欢威廉·卡洛斯·威廉姆斯的诗，这位诗人和查理一样，也来自新泽西州的帕特森。查理自己也是一位了不起的诗人。他的诗歌带有一种宿命论的色彩，对于城市的节奏和质地有着天然的感受。他有首诗叫《不知怎的，我又熬过了一个夜晚》。其中有一部分是：

> 不知怎的，我又熬过了一个夜晚：
> 我踮脚踏上黎明。安全！
> 我向下望。这是怎样的一个世界啊！
> 巨大的灾难宛如一只黑暗的气球
> 在我眼皮正下方逐渐变软——

查理了解这个世界，并有能力从中总结出我能理解且能关联到我的生活的经验教训。他曾经给我讲过一个故事，关于一个名叫

"空中飞人瓦伦达家族"的表演团体,这是一个表演世家,能在没有护网的情况下,在很高的空中进行走钢丝的绝伦表演。他们还会坐在彼此的肩膀上,表演高空钢丝行走。结果,有一次走钢丝途中,有个家伙说:"我走不了了。"整个团体当时就像金字塔一样一个叠坐在另一个肩头,队伍倒塌了。有两个人从高空坠落而死,其余人非伤即残。团队其余成员从这场悲剧中恢复过来后,就又继续表演了。他们问身为领队的父亲瓦伦达,为什么?你们为什么还要这么做?他说:"因为人生只在钢丝上。其余时间只能叫等待。"

我立刻明白了查理为什么要给我讲这个故事。我很长时间都无法忘却。人生只在钢丝上,伙计。那就是我的表演,我的人生。当我工作时,我就是在走钢丝。当我为之努力时。当我冒险尝试时。我想要冒险一试。我想要飞翔和失败。我想要在我冒险时撞到什么东西上,因为那样我才能知道我活着。是这一点让我存活于世。正如多年之后我所说的那样,当其他有抱负的演员时不时地问我:"为什么你能成功,我却没有?我一直都想成功。"我会告诉他们:"你是想要,而我是不得不。"

下课后,查理和我会一同出去逛。我们变成了忠实的酒友。他的妻子彭妮·艾伦也是演员,他们一起住在东20街区的一套公寓里。他们也从来都没有钱。有一次,查理来到《评论》杂志的办公室,问我要五美元,我给了他。

后来,我失去了《评论》杂志的工作,成了一个无业的人。母亲已经搬去233街同她的父母一起生活,我一个人住在原来的公寓。我每个月只需要38.8美元的房租,但我破产了。公寓里四处堆放的啤酒瓶已经都被我拿去换了钱，此刻我一无所有。于是我出门去找查理，他在法洛克威。

时值夏季，从曼哈顿去那里得费一番工夫：我乘公交车转火车，又转另一趟火车，又到另一个火车站转车，最后才到达终点。旅途要花几个小时之久，整个路上我一直在读巴尔扎克、波德莱尔和福楼拜，都是口袋本，上面是你见过的最小字号。那天很热，抵达法洛克威后，查理和彭妮正和他们的宝贝女儿戴尔德丽在海滩上。我看到他们在海水的边界处，我走在沙子上，鞋子、长裤、衬衫、皮夹克都是黑色的，像个游侠。查理给了我五美元，他们都笑了，我说："棒极了，爱你们。"接着我又上了火车，开始了返回曼哈顿的漫长复杂旅程，回去的路上，我也一直在读我的小书。

查理和我一起干过搬运工的工作，我们搬运办公室家具和许多书籍。你有机会也该试试——纯靠体力把东西从一栋楼搬到另一栋，一层搬到另一层。不是自己的东西，而是每天为别人搬运，在没有电梯运送需要步行爬楼的建筑里，不停搬运书籍、书籍、书籍，以及更多的书籍，一箱箱地搬。

我们的朋友马特·克拉克是查理表演课上的同学，负责运营我们的搬运业务。他从小卡车运送小物件起步，在格林威治村运送艺术品，接着开始做搬家业务，还给自己买了辆更大的卡车，以便处理更大的业务。他擅长这个，也擅长演戏。演员做哪些准备工作？他搬运冰箱上楼梯。马特·克拉克看我的眼神就好像我是布朗克斯来的混混，但他还是允许我入伙，一起搜搜刮刮地挣几块钱，这主要是因为有查理为我担保。有一次抬冰箱上五楼时，我把我抬的那一头摔在地上,惹得马特不高兴。还有一次我们在搬一个办公室,我像往常一样走开了。最后我闯进了那层楼的某个圣诞派对。我吃了点东西,喝了几口苏格兰威士忌,还和几个女孩调情。因为我们的工作告一段落了,我觉得我该休息一下。

马特发现后非常生气,当场就把我炒了。我向查理解释了整件事,不知怎的他说服马特重新接受了我。

在我的成长过程中,我们的公寓从来没有电话,但现在终于有了。我接到父亲打来的一个电话,我已经好几个月没收到他的消息了。他的第二段婚姻也和第一段一样失败了,他搬去了洛杉矶,在那里他再一次沉溺于单身生活之中,他希望我也加入。他在这通电话中邀请我,说:"你为什么不过来,从我这里接手几个女孩呢?"

你能想象吗?这个可怜的人想和他的儿子建立联系,他终于觉得可以为我提供一些东西。他可能在想:他是个普通的小孩,他十九岁了,他想要女孩,不是吗?他了解得不够多,不明白他的儿子竟有做诗人、艺术家的抱负,想成为契诃夫。我不在乎女孩——我是说,我喜欢,但我不了解她们,也没发现她们对我感兴趣。我花了一辈子时间才明白,父亲只是想用他以为最好的方式来接近我。但在那个时候,这只让我觉得他不了解我,所以他怎么可能了解我呢?

一个人住的话,我就必须挣房租。我试过在餐馆打杂工,但没能做成。他们抓到我偷吃餐桌上的剩菜——我已经饿到了那种程度。空闲的时候,我四处游荡。我在街上走一整天,然后坐在图书馆里,主要是为取暖,但我也成了一个贪婪的读者。我没有老师,也没有家庭作业,所以我只能追随自己的兴致。查理·劳顿给我推荐了许多作家、读物和去处,比如42街的图书馆可以取暖、自动贩卖式餐厅能买到食物。

在自动贩卖式餐厅,我可以买一杯咖啡喝一个上午,在那里坐上五个小时,阅读那些伟大作家的小书。阅读这份礼物中有某种东西如此迷人,它能够让你的心灵平静下来,让你沉浸在另一个世界。电视机太遥远,书籍更加亲切,就像拥有了朋友,并且享受他们的陪伴。我会在阅读《流动的盛宴》时心想,我不想读完这本书,我太喜欢里面的内容了。

如果时间很晚,你听到巷子里有人用夸张的语调对着夜空朗诵五步抑扬格诗句,那有可能是我,我在训练自己学习莎士比亚的伟大独白。我会在曼哈顿的街道上行走,边走边大声念独白。我会在工厂的边缘、在城市的边缘练习,那里没有人。除此之外我还能去哪里?我还能在哪里抒发情感?沉迷某事的时候你就会这么做。

在这些小巷和廊道里,如果我想扮演普洛斯彼罗、福斯塔夫、夏洛克或者麦克白,我不需要征求任何人的许可。我越来越喜爱哈姆雷特的一段独白,爱到开始在试镜时使用。我会对导演说:"我知道你们有希望我表演的剧本,但如果你们不介意,我也有一点自己准备的节目。"一般情况下,他们会回我一眼,示意他们已经不需要我。接着我就会用这段独白向他们出击:

啊,我是一个多么不中用的蠢材!
这一个伶人不过在一本虚构的故事,

一场激昂的幻梦之中……*

这偶尔能让我得到某人的一个点头,仿佛在说:"哦,行,非常好。来世再见吧你。"于是我就出了门。我学到什么了吗?我很怀疑,但感觉很棒。

哈姆雷特说过的一段话差不多概括了我对于被教导如何表演的感受:"你应该接受自己的常识的指导,把动作和言语互相配合起来;特别要注意到这一点,你不能越过人情的常道……你必须看重这样一个卓识者的批评甚于满场观众盲目的毁誉。"

换句话说就是去上表演课,找一群观众,向你自己证明,你能演好这个角色,但不要听从老师的评价。你必须小心谨慎,记住他们的教导,但只运用你所认同的部分,只运用那些部分。没有规矩可言,因为落实到你自己的表演时,大多数人的想法并不重要。你的直觉不该被观众左右,而应该遵从自己的想象力,以及你深入自己内心去表达所思所想的意愿。

在我十九岁到二十岁的那段时间,有一次我和查理结束谈话漫游之后,回到了我在布朗克斯的公寓。我检查邮箱时,他正在上楼。他在楼梯上停下脚步,回头看向我,停顿片刻,然后说:"阿尔,你会成为一个大明星。"查理以前可从没说过那种话。真的,从来没有。从我认识他以来,他就没说过那种话。那根本不是他的风格,那句话像是凭空冒出来的。

---

* 出自《哈姆雷特》第二幕第二场,书中莎士比亚作品段落均引自朱生豪译本。

我对他说："我知道，查尔。我知道。"我是认真的。我不信教什么的，但我感觉到那里有一位神灵。你甚至不必称之为神。在匿名戒酒互助会，他们称之为更高的力量。不管它是什么吧，不管你认为它是什么，那就是我所感觉到的力量。我相信那会发生，尽管我当时并没有专注于成名这件事，甚至根本没有认真思考过。我只是认定，那就是将要发生的事情，而且我接受它的发生。不管表演艺术到底是什么，我一定能做到。

和我一起上查理表演班的还有一个叫马丁·希恩的年轻演员。在一次课堂上，马蒂[*]演了《送冰的人来了》，他把屋顶都给掀了——我想说，这就是了，我们正在见证一位伟大演员的表演。在我看来，他就是下一个詹姆斯·迪恩。

我和马蒂·希恩成了朋友，有一天他对我说："你知道我真名叫什么吧？我叫埃斯特韦斯。"他有一半的西班牙血统，来自中西部的俄亥俄州，成长岁月过得很艰难。他出身于一个总在为钱而挣扎的工人家庭，家里有十个孩子。他顽强而勇敢，我看得出他是我所认识的最优秀的人之一，优雅又谦逊。我爱他，现在依然如此。

马蒂·希恩搬到了我在南布朗克斯的公寓，这样我们就能分担房租。我们一起在格林威治村的生活剧团工作，打扫厕所，为上演的剧目铺设地毯。生活剧团由朱迪丝·马利纳和朱利安·贝克创建，他们是两位演员，同时也是真正的远见卓识者，生活剧团最早是他

---

* 马丁的昵称。

们于20世纪50年代在家中客厅里创办的，后来搬去了14街和第六大道的交叉路口。他们的演出会让你回家后把自己锁在房间，望着天花板哭上两天。他们的冲击力就有那么强。他们创造了外百老汇剧院，其成功又为外外百老汇剧院铺平了道路。那使得我在外外外外百老汇演出的一些节目成为可能，演员们在格林威治村的咖啡馆演出，观众们则喝着咖啡、吃着糕点。我参演威廉·萨洛扬的《大家好》时，我们每周会在科妮莉亚街的奇诺咖啡馆演十六场，不管现场观众多么稀少，我们都会把帽子递过去，希望能收到几块钱好去吃一顿饭。在那里演出时总要传递帽子，那是你吃饭和负担爱好的工具。那是属于我们的20世纪初的巴黎，我们的20世纪20年代的柏林。我们伟大的城市纽约正上演一次文艺复兴。这幕场景的精髓，是来自萨特、易卜生、贝托尔特·布莱希特、莱昂纳德·梅尔菲、艾伦·金斯伯格、费林盖蒂、凯鲁亚克、山姆·夏普德的活力。我们继承了他们所创造的世界。

当生活剧团上演杰克·盖尔伯的《接头人》时，马蒂和我会先做完自己的工作，然后站在剧场管弦乐队区的后面观看每晚的演出。我们还是十几岁的青少年，仍在为刚搭建演员此刻演出用的布景汗流浃背。我们的工作没有报酬，只是为了看一看表演能把你带去何地，只靠一块木板和一腔热血，你能走多远。有天晚上，马蒂转过身对我说："看到演那个角色的演员了吗？那是个伟大的角色。我以后也要演。"正如世上有天有地那般确凿无疑，我们的马蒂·希恩为自己拿下了那个角色。他如愿了，而且演得棒极了。

有一年夏天，我坐在10街和第二大道交叉路口的一个门廊上。

热浪已经压了我一整天,太阳终于落山后,夜晚的城市凉快下来,我松了口气。我在想着晚上该怎么吃饭。马蒂从街上悠闲地走了过来,就像行走在空中那般,他有话要对我说。"嘿,马蒂!"我向他喊道。他迎上来说:"阿尔,我遇到了想与之共度余生的女孩。她是个画家,她会成为我的妻子。"我说:"保密工作做得够好的啊,马蒂。不过我们还是得先吃饭。"但可以肯定的是,如果你查看日历,看看今年的年份,他如今还是马蒂·希恩,而他的妻子是珍妮特,就是他六十多年前跟我说起的那个女孩。

在我永远地放弃布朗克斯那套公寓之前,还有其他住客曾来了又去。有时马蒂的一个兄弟会来过夜,要么是表演班的萨尔·鲁索,他后来和一个叫桑德拉的女孩在一起。桑德拉最好的朋友是乐手,留一头乌黑的长发,眼神犀利,名叫琼·贝兹,她有时会来我们公寓,盘腿坐在角落里弹吉他。她那时还没和鲍勃·迪伦在一起,但我们当时就知道她会大有作为。我想她和我甚至没有打过招呼。她只是那套公寓里来来往往的人流中的一员,世界围绕着我们旋转。

克里夫又回到了这个街区,他和布鲁斯之前都应征入伍了。布鲁斯在入伍仪式上又犹豫了,假装发疯,威胁要跳窗,他们就放他走了。克里夫却坚持了挺久,服役了几个月,但当然也在部队惹了麻烦,被赶出来前先进了禁闭室。我知道自己没有被征召入伍的风险,因为我要养活我的母亲。但正如查理每天对我说的:"军队不会想要你的,阿尔。"他知道我有多疯狂,他指的是我的怪异和焦虑,所以我才酗酒。你能想象当时的我,那个男孩边四处走边喊"踏步——二——三——四"吗?在演戏时,我倒是可以这么干。

克里夫退伍后情况甚至更糟。他这时已经在注射毒品，做的说的都是各种疯狂的事。他说他待的是猫王之前所在那个排，事实证明他说的是真话。他说他去过加拿大，让一个天主教女孩怀了孕，然后从犹太教改了宗，这样他就能娶她。他每次来我的公寓，都会到浴室去注射毒品，有时是一个人去，有时是和他带来的其他人一起，那些人也一心只想注射。我只能心情沉重地告诉克里夫，他不能再到我的浴室吸毒。

当他吸毒过量死去的时候，大家都不意外。这让我想起他从前给我讲过的一个故事。克里夫说，他被关禁闭期间，有个警卫看守他，是个南方人，带一把点45手枪。那人会掏出手枪，擦拭，或者放在腿上，还会开口说一些关于"犹太人"的不吉利的事，因为克里夫那时还信犹太教。他会用他拉长调子的南方口音告诉克里夫："你知道，我可以一枪爆了你的头，然后告诉大家你试着逃跑。我能这么做吗？"他日复一日地重复这些话，直到克里夫终于转过身来，对他说："嘿，伙计，你知道吗？你最好杀了我。因为如果你不杀，等我出去之后，我肯定会回来杀了你。"我能想象，当这个警卫看着克里夫的眼睛时，他看到的东西足够让他相信，克里夫言出必行。对于这件事，我只能说，克里夫或许不是我所见过的最坚强的人，但他肯定是最无畏的。

二十一岁那年，我刚刚开始做演员，就被叫去为伊利亚·卡赞朗读台词。他几乎是全世界最知名的舞台和银幕导演，当时正在为一部新电影选角。那部电影名叫《美国，美国》，讲一个希腊年轻人的美国之旅。他们想找一个年轻演员来扮演主角,相对来说不那么出名,长相上可能要带些民族特色。我觉得我有机会。我不知道我能否胜任,但我觉得我真的有胜算,因为我符合角色描述。

但我因为迟到而错过了试镜。我去的时候,他们已经离开,一切都结束了。他们选了别人。

那一刻,我最先想到的不是自己。甚至在我去试镜之前,我幻想的都是我将要如何帮助我的母亲。我会带她走出贫穷和绝望,为她提供她一直渴望和需要的东西。不是因为这么做就意味着我成功,不是因为她用那笔钱能够做一些事情,而是让她也能参与其中。这将激发她与生俱来的好奇心,因为她很聪明。这会给她加把劲,我认为她原本是能够坚持下去的。

后来是布鲁斯告诉我,我的母亲就要死了。有天深夜,我在东村游荡后回到布朗克斯的公寓,发现他在我门口留了一张字条,说有急事找我。他住在我们隔壁的公寓楼,所以我爬到屋顶,跳到他那栋楼上,下楼敲开了他的房门。布鲁斯同父母一起住,他将我带进他们公寓的厨房,说:"你妈情况很不好。她病得很重。你最好去看看,伙计。"我说好的,把我能凑的钱都拿出来,跳上出租车去了我外祖父母在233街的公寓。

下车后,我抬头看到他们的公寓里亮着灯。那里比老房子稍大。我走上楼梯,走进房门,看到我的外祖母和外祖父,他们的眼睛都被泪水打湿了。我的母亲已经不在了。你知道,事已太迟。我来得太迟。她是像田纳西·威廉斯那样去世的,被自己的药片噎住了,药片被吞下后回流到喉咙,和许多人的情况一样。

很多人想要离开这个世界，因为想去一个更好的地方，她当时的状态是在通过服药来逃避。有人认为她是自杀的，因为她在差不多十五年前就尝试过。但这一次她没有留下任何字条，什么都没留。她就那样走了。因此我总会在她的死因上面打一个问号。涉及毒品的话，人们经常会在没有自杀之意时死亡。我不知道她是不是如此。我想给我的母亲做无罪推定，给她尊严，为她留下公平的名声。

我永远也忘不了第二天早上我外祖父的样子，他坐在房间中央的折叠椅上，周围空无一物，他双手抱头，身体蜷缩着，脑袋几乎垂到了两腿之间。他的一只脚不住地敲击地板。我从未见过他那个样子。我从未见过我的外祖父如此激动。他没有说话，但我知道他想说什么。不。这么做不对。她太年轻了。她本该获得帮助。实在是太浪费了啊。

或许我本可以阻止这件事的发生。我母亲的悲剧是贫穷。她深陷贫穷的泥潭，无法自拔。我知道她生来就智慧而敏感，能够理解我们的世界，因为她的确有好奇之心。她喜欢看书，年轻时学过钢琴，那时她的家境还能够负担。我们一起去看电影，只要有机会，我们还会去剧院。我母亲带我去曼哈顿的百老汇看过戏。在我十几岁的时候，我上过一个名叫《幸运轮盘》的热门电视游戏节目。这个游戏节目聚焦有人情味的故事，我能上是因为曾经帮助拯救过童年好友布鲁斯，他因为一场荒谬的赌局出了错，最后被吊在二十英尺高的管道上。在那个节目上，我赢了一些奖品和钱，母亲用那笔钱做的第一件事就是带我去百老汇看《热铁皮屋顶上的猫》。就像我三四岁时那样，只不过这时我是十五岁，看完《热铁皮屋顶上的猫》

之后，我和母亲一起去餐厅吃晚饭。她拥有天生的幽默感和与生俱来的品位，那让她不同于我其余的家人，但她是个孤独的女人。心理治疗、保持节制、获得安全感，这些方法原本能够帮助她的。当时我知道，我以后有能力为她提供那些，甚至更多。

我想我从没告诉过她这些。我想我从没对她说过我会成功，会照顾她。我该怎么对她说呢？"妈，再等等，我就快做到了。"听起来就像奥德兹的戏剧，但这是真的。我知道再过几年我就有能力帮忙。想是一回事，但你该怎么告诉别人你注定要成功呢？谁会相信你？

你怎么能告诉别人你知道自己一定能成功，当你穷困潦倒，睡在剧院的走廊和地板上，借朋友的公寓才能休息一晚的时候？我的母亲曾经对我说，她做了一个跟我有关的梦，我站在某座悬崖上，就像《呼啸山庄》里一样，风吹着我的头发，我的脸色苍白，一副营养不良的样子。我瘦得皮包骨，看起来非常憔悴。我的脸上没有血色。那个梦让她很伤心。听到那样的梦，你该怎么说，别担心，我会成功的？

我知道我会成功，那是我的福佑。也许是在外婆喂我婴儿食品，并且讲的所有故事都以我为主角时，我了解了这一点。也许是从我在街上的那些朋友那里，也许是从马蒂·希恩，或者我最好的朋友查理·劳顿那里。到底发生于何时呢？这个精力充沛得能在夜晚照亮校园的孩子，他是谁？有某种东西在驱使着我。我必须成功，因为那是我能在这个世界生存下去的唯一方法。

但先来的是一段艰难的哀悼期，我像僵尸一样四处游荡。我的生活一团糟——我开始在地铁上坐过站,撞东撞西,想着这却忘了那。在那个年纪,失去母亲似乎是不可接受的、无从理解的。

我当时在时代广场的里沃利剧院做引座员。在那里工作的其他同事有的正在逃亡,有的要养家,引座员是他们养活妻儿的三份工作之一。他们会对我说:"嘿,孩子,我得睡会儿——你能帮我打个掩护吗?"我会说"好的",然后他们就去楼座小睡一会儿。

当有新泽西人来剧院时——你知道他们那帮人——一般是在周六夜晚,年轻漂亮的女孩们会走到我面前说"这是给你的",然后往我手掌里塞个什么东西,像是在给小费一样。等我看手里,原来她们塞给我的是一根用过的火柴。我只能笑笑。

剧院里有个糖果柜台,上面安着一块四向镜。我会站在镜子前面,惊叹于自己面庞的各个角度,那是我此前的人生中从未见过的角度。镜子里的这个人是谁?我心想。我看着自己的轮廓,我看到了四分之三的自己,我看到了自己的正面,我想,我长着这样的一张脸,怎么能当演员呢?剧院经理是个大块头的白人老头,有自己的看法。他说:"我不喜欢你的鬓角——把你弄得像个墨西哥人。"我心想,这个评论可真够晦涩的。这话到底是什么意思?最后他因为我频繁照镜子而炒了我。我是在楼梯上被炒的。那是个美妙的场景,像芭蕾舞一样。经理本来在高处的楼座上,当他沿着剧场蜿蜒的巨大楼梯往下走时,这个优雅的建筑结构就像《乱世佳人》中的某个场景,他在二楼绕过我,指着我大吼"现在你被炒了",然后继续往大厅走去。他的脚步从未停歇,多么优雅的解雇方式啊。我几乎要为他鼓掌了。

我做过的另一份工作是给第七大道沿路的报摊送《演艺界》报纸。这是一份周报，业内人士会买来阅读，查看在演的剧目信息，寻找试镜机会。这是些很有价值的信息。我干一天挣十二美元，这对我来说是一笔巨大的收入。拿到报酬后，我会拿着我的那些一元纸币去酒吧。我喜欢把钱揉成一个大球，然后一张一张地剥开，像个大人物一样，接着把它们拍在柜台上，仿佛我还有更多。当你潦倒至此时，你会想方设法地睡到下午四点，就为了抵御饥饿感。如果我能凑够1.19美元，去泰德牛排馆奢侈地吃上一份烤牛排和一份烤土豆，那就算感恩节大餐了。

我有一辆红色的手推小车，我用它送报纸，沿着第七大道，从34街一直送到57街的报摊。在手推车的后面，我会放一瓶基安蒂葡萄酒。下大雨的时候，他们会给我一件从头盖到脚的雨披，虽然不能保护我多少，但至少能护住运送的报纸。上午九点半或十点装好报纸后，我就拉着它走上第七大道，被倾盆大雨浇得浑身湿透时，我编了一首小曲，在街上边走边唱给自己听：

我感觉好——极了
我有一瓶葡萄酒——

和查理与契诃夫一样，我认为喝酒也救了我的命。我能够自我治疗。它帮我熬过痛苦，让我远离贝尔维尤医院的门诊。我会在夜里喝酒，第二天再吃药，让自己平静。我总是想保持平静，因为我的大脑在疯狂运转,而酒精有镇静效果。如果我用可卡因,那我可能会飘浮起来,所以我用酒精来缓解痛苦和空虚,排出我的能量。我只知道,这对我很有效。

我跟查理有过一次分离,我无法告诉你为什么。我不知道是我做了什么还是没做什么,不是因为我们吵了架。他突然告诉我"你必须向前走",这话很奇怪,感觉像是种排斥。我认为查理看出了我的潜力,但他有自己的生活要顾。他当时已经三十多岁了,有妻子和孩子,追求的是别的东西。而我还是个二十出头的孩子,脆弱,尚未完全成熟。我几乎陷入了绝望。或许是我给他打的电话太多,或许是我太过依赖他。或许是他觉得,在失去母亲之后,我需要的是其他东西。但我尚未成熟到他的水平。我落在后面,而他在前方。

我们的别扭没有持续太久。没有和好的举动,不知怎的,我们就又一点一点地走到了一起。但我对他之前那次的疏远很敏感——那对我打击深重。

我在村子里感觉漂泊又孤独,陷在对母亲的思念之中,整个人萎靡不振。我生活中的一切都在消逝。我在酒吧里用投币电话打给住在布朗克斯的外公,告诉他我正在经历的一切,我哭了起来。他只是不停地说:"来吧。来我们这里。和我一起住。和我们一起住。"我号啕大哭。他只是说着:"来吧。来我这里。"我不知所措。但我没有去,留在原地。我那时已经搬出了布朗克斯,在切尔西找了一个每周八块钱的合租房。

还有一次我给外祖父打电话,是在他给我安排了一个建筑工作后。预定开工的前一天晚上,我彻夜失眠,于是早上七点钟我给他打电话。他接通后说:"你不会去上工了,我知道。没关系。"你知道要在建筑工地找一份工有多难吗?我敢肯定他一定为我费了很大的劲,但我仍在做其他琐碎的工作。我只能做那些;我没有文凭,也不想继续上学。我只对一件事感兴趣,我深信我是一个艺术家。

那一年,我的外祖父也去世了,当父母遭受丧子丧女创伤的打击时,这种事的确会发生。我的母亲是他的第一个孩子,他们父女关系很好;他爱她,而她也爱自己的爸爸——这是显而易见的事。那时我仍在送《演艺界》报,我在路上晕了过去。一定是缺乏食物和丧亲之痛所致。

外祖父是个热情的人,有副柔软心肠,虽然他来自一个冷酷无情的世界。他的家人搬到有许多西西里人定居的东哈莱姆后,他们就生活在帮派成员中间,那些帮派在当时虽然不到家喻户晓的程度,但也已经臭名昭著。对我的外祖父来说,那个世界就在身边,轻易就能进入;他虽然很穷,但并不想走那条路。正如他有一次告诉我的那样,他从来没想过进入那个地下世界。

外祖父和他的继母有矛盾,所以九岁那年就辍学了,离家出走去运煤车上工作,直到十五岁才回家。他是个野孩子,和其他顽童一起在曼哈顿上城以及布朗克斯游荡,当时那里还都是农田。一有机会,他就去做学徒工,或者去田地干活,幕天席地。那是20世纪初期,人们还几乎都靠步行或者乘马车出行,而他就生活在这个港口城市的中心。他为自己选择了一条艰苦的道路,但对他来说,这像是一场冒险。

他那西西里的故乡小镇有着精湛的泥瓦匠技艺传承,于是他成了一名粉刷工，就像他的父亲一样，随着年龄增长，手艺也越来越熟练。是他的手艺养活了我们家族，人们经常对他的作品赞不绝口。他的儿子，也就是我的舅舅说过，但凡自己有外祖父的那份才能，那就能拥有整个纽约。外祖父讲过一个故事，有一次他在曼哈顿中城的一栋高级大楼工作，凯瑟琳·赫本碰巧也在，她抬头望着他的梯子，看着他工作，然后对他微笑。我问外祖父："她是什么样的人？"他说："她人很好，脸上有很多雀斑。"小时候，我看着他在我们住的公寓楼工作，我发现他非常专注。他沉浸在那样的一个世界，除此之外再无其他。他双手的动作如此果断，如此干净利落，迅速又精细。单是他的专注力就足以吸引人，其中有一种庄重，就像专注于画布的画家一样。我确定那影响了我，因为有一天我就会这样对待自己的工作。我不会经常谈论他，但我深受他的影响，他的幽默，他的智慧。查理见过他一次，当即就感受到他有多么光彩照人，他的善良是多么打动人心。查理看到的是一个有灵魂的人。我非常爱他。我之所以此刻还在这里，都是因为他，我永远都不会忘记。

我终于在格林威治村结识了一些艺术家和演员。在南布朗克斯和我一起长大的一个朋友汤米·内格龙是个钢琴调音师，我觉得他会成为一名伟大的音乐家。他收留我住他家的地板，他家有一大罐硬币，我时不时地会伸手进去够一够。在那个时候，一把硬币就能让你走很远。亚历克·鲁宾是"演员工作室"的长期成员，他是导演组的一员，偶尔也在其中担任主持人。我喜欢他，他经常在西72

街自家公寓楼下的一个小型表演空间里上演戏剧。有一次，我在他的浴缸里洗了个澡，接着就下楼去参与他制作的《为什么有个字母歪了》，我是主演。由于空间太过狭小，我在剧中抽烟时，有个女观众伸手给我递了个烟灰缸。我也在东方剧院演过儿童剧，就是将童话改编成喜剧版本。其中有部作品，我演一个爱吹牛的猎人，要从大灰狼的手中解救小红帽的外婆。另一部作品里，我演一只青蛙，它变成了王子，但又想变回青蛙，因为它的女朋友还是青蛙。那是一部音乐剧，我要在其中唱歌。周六和周日的下午演出我都会参加，前一晚的宿醉尚未完全清醒，在这些演出中却要载歌载舞，但不知不觉也都演下来了。他们付我实打实的钱，让我能吃上东西，度过周末的剩余时间。

演员艺廊是苏豪区的一个剧场，只有一个小房间，要上一段台阶，能坐二十五到三十名观众。经营者弗兰克·比安卡马诺也是我十六岁做自行车信差时的调度员。我进门找他试镜时，他问："我是不是认识你？"看到他，我有点难为情，此刻我以演员的身份站在他面前，他记得的却是做信差的我。我尴尬地站在那里，把腰弯得低低的，向他展示我侧脸的各个角度，假装很敏感，因为我不希望他认出我。但他喜欢我那次试镜的表现，从我身上看出了某种特质，并且接纳了我。

他开始安排我演出一些戏剧，比如让·季洛杜的《门前之虎》和托马斯·曼的《马里欧与魔术师》，都是些令人陶醉的作品。之后，他让我出演了奥古斯特·斯特林堡的三角色剧作《债权人》。这是一部奇怪的作品，讲述一个女人和两个男人的故事——一个是她的前夫,另一个是她的新婚丈夫——我不确定自己是否完全理解这部作品。不过这时我开始和其他经验丰富的演员一起工作了。他们的演出很精彩,而我也是其中的一员。

接着,有天晚上,在舞台上,事情就那样发生了。表达的力量展现在我的面前,以一种前所未有的方式。我甚至没有刻意寻找,这正是这些事情的魅力所在。你没有刻意寻找。我张开我的嘴巴,不知为何就明白,我能够说话了。话语奔涌而出,虽然是斯特林堡的文辞,但我念诵它们的方式仿佛它们属于我自己。世界是我的,我的感受是我的,而它们超越了南布朗克斯。我仿佛离开了熟悉的世界,变成了某种更为宏大的东西的一部分。我发现那里还有更多的东西在等待我,我感觉我属于一个完整的世界,而不仅仅属于某一个地方。我暗自想,这是怎么回事?我感觉好像在腾空而起。我想,是了,就是它了。它就在那里,我能够伸手触摸到。它就在那里,这一刻我知道它是可能的。突然之间,就在那一刻,我是整个宇宙。

我知道从那以后我不用再有任何担忧。我吃,我不吃;我赚钱,我不赚钱;我出名,我不出名。这些都不再有任何意义。而在这个行当里,当你不在意那些的时候,是一种幸运。一扇门正在打开,不是通往一份职业,不是通向成功和财富,而是通向活生生的能量精神。我被赋予了这样一种对于自我的深刻洞见,在这个世界,我别无他选,只能说出来:我想永远这样表演下去。

一只老虎和一个印度人

A Tiger and an Indian

赫伯特·伯格霍夫并不易怒,却对我大发雷霆。只是因为看了我的表演而已。

他的工作室有个惯例,每隔一段时间,所有的表演班都要在一个研讨室集合,每位老师要挑选一两个学生表演一个场景,伯格霍夫在前面观看。被选中是一件很了不起的事,上演的作品水平一般都相当高。

查理选了我和一个同学,表演截取自电视电影《街头争霸》的一个简短片段,那部作品讲述的是一帮街头小孩的故事。我之前在其他表演课上和查理一起演过那个场景,所以自觉已经驾轻就熟。我穿着一件白色背心,觉得很适合那个角色,我也赋予了我认为那个场景所需的活力。

演出结束后,我回到半黑的研讨室里查理身旁的座位上。查理抓住我的胳膊捏了一下,小声说:"你棒极了,阿尔。你棒极了。"我听到很高兴,但查理的举止在试图传达某种信息,他只能小声言语,因为我们周围坐满了其他同学。我立刻感觉到事情不妙。

伯格霍夫坐在他的座位上,开始讨论这一幕。他是个严厉的奥地利人，战前就逃离了维也纳。我看到他的脸涨得通红，他绝对是在生我的气。"你以为你是谁？"他说，"谁给你权利——那样演戏的？"他说得凶狠又尖刻。与此同时，查理依然紧紧抓着我的胳膊轻言细语："你棒极了。"

作为一个演员，你的表演通常都是你对事物感受的反映。不只是对剧本上的内容，还有你在那一刻的所有感受——按照我们今天的说法，也就是你的心结。而你并非总能知道你的感受，直至你身临其境，说出台词的那一刻。但你所做的始终是对自身的表达。我当时不过是在演一个场景，认为这个场景表达了我内心的某些东西，展现了我曾经认识的一类人，以及我生活过的世界。

我不知道我做了什么让伯格霍夫如此激动。他是个值得信赖的演员，是戏剧界的重要人物——导演过百老汇首版《等待戈多》——他的观点意义重大。或许他发自本能地不喜欢我，不喜欢我这类型的人。我看上去就像是直接从街头走进来的。我之前也遭遇过那一类的偏见。他是觉得我演得太过？我是不是把身体暴露得太多？我该穿件什么斗篷吗？

他一反常态的严厉回应让我很长一段时间都无法释怀——我指的可是几十年。在我七十多岁的时候，查理因为多发性硬化症病得很重，我不时去圣莫尼卡的医院看他，坐在他的床边跟他说话。有一天，我碰巧提及多年前的那天教室里发生的事。

我对他说："嘿，查尔，记得我那次演那场戏，伯格霍夫气得发疯吗？"

查理说："嗯，我记得那天。我也回想过。"

"你觉得当时是怎么回事?"我问他,"到底发生了什么?"

查理说:"我认为他看到了未来。"

当时是20世纪60年代初,表演界正在发生一些事情。我不知道那是否让赫伯特·伯格霍夫这类人感到陌生。或许他不喜欢我所选择的素材,他无法对其产生共鸣,或者不喜欢它的表达方式。不只是我表演的那场戏,那天观看的其他学生的表演也同样超出了他的理解范围。又或许,那对他也并未造成太大的冲击。像他那样的人也许早就看到了这列火车正从远方驶来,而现在它已经抵达他的家门口。这可能让人感觉新的篇章即将谱写,而其中并不包括他。

开启这一切的是白兰度,他是那个影响、那股力量、那个开创者。他与田纳西·威廉斯、伊利亚·卡赞等合作者共同创作的作品,比此前的作品更源于本能。白兰度与蒙哥马利·克利夫特、詹姆斯·迪恩并称三杰。克利夫特拥有美貌和灵魂,气质脆弱。迪恩像一首十四行诗,简约而凝练,他最细微的举止或神态也能传达深远的意蕴。而如果说迪恩是一首十四行诗,那么白兰度就是一部史诗。他拥有俊美的外表,拥有迷人的魅力和非凡的才华。

《欲望号街车》中有一组经典镜头,白兰度在牌局中彻底失控,最后来到楼梯底部大喊:"斯黛拉!斯黛拉!"那是一个逐步酝酿的场景,当然源于卡赞对于这部剧作独具匠心的编排,以及白兰度对这一幕的熟稔,因为他曾经每晚都演出这部戏。但是到了白兰度将它搬上银幕时,他已经完全与其他元素合为一体。观看那场戏的时候,你就像在经历一场龙卷风或者季风。它如此摄人心魄。

但演变总是让人紧张。人们对白兰度感到愤怒,说他台词含混;

说他五官过于柔和，过于精致；说他喜欢炫耀他的胸肌。如果人们贬低他的表演方法，那是因为他们没有看到他所融入的技巧。但他找到了那件能帮他打开表演之门的东西，不管它是什么，它让他能够展露自我，并且传达给观众，引发他们的共鸣。

白兰度为世界上那些保罗·纽曼、本·戈扎那、安东尼·弗兰西欧萨、彼得·福克一样的人铺平了道路，也为约翰·卡萨韦蒂斯这样的人创造了可能，他们也是独树一帜的奇才。这些都是我之前那个时代的偶像，在我入行之前，他们就早已超越了制片厂的束缚，在外面的世界活跃了十年甚至更久。接着，达斯汀·霍夫曼为演员们彻底打开了大门。

我听说达斯汀时，他还是李·斯特拉斯伯格在演员工作室的学生。你会发现其他学生在谈论他时都带着一种莫名的敬畏，仿佛他是幽灵或者通缉犯。他的名字周围涌动着能量，你会觉得必须亲眼看看他，看他是否有负盛名。

接着，迈克·尼科尔斯邀请了他，邀请了他的全部，拍摄了《毕业生》。《毕业生》充满了时代的气息，是我们当时所生活的时代和世界的写照，而且完全适合他。它来得正是时候，人们已经完全准备好了。它的成功让达斯汀成了电影巨星。

《毕业生》上映时，我在波士顿工作，我说，这就是了，伙计——旧的一切都结束了。他超越了音障。令我激动的是，我看到一个艺术家做出了如此出色的作品，它如此具有独创性，你能感受得到，这前所未有。

在20世纪60年代初期，我们都知道马蒂·希恩已经上了道。他还是在外百老汇工作，有一天他在地铁上遇见我。我当时在站台等车，穿一件垂至脚踝的长外套。我看着像是在参演默片时代的查理·卓别林电影。我们结束合租已经差不多有一年了，事业也已走向不同方向。他在规律上班，而我依然穷困潦倒。我下一步行动就是伸出手，等待别人往里面放硬币。他说："嘿，阿尔，伙计，你还好吗？"我说："我挺好。"他看着我那件灰扑扑的二手外套，以及破了洞、脚趾都顶了出来的烂鞋子，明白事实可能并非如此。

但他没理会眼前的这一切，对我说："阿尔，你能赏我个脸吗，给我正在演的这个角色做替补？"他真的那么说了，"赏我个脸"。他当时在演君特·格拉斯的《恶厨师》，那是一部真正领先于时代的讽喻剧，对他来说非常消耗体力。他在演出中经常要被道具砸，被摔在地上。其实我们两个都知道，我不可能当替补——不能当马蒂的，不能当任何人的。不是出于任何道德原因。我只是无法胜任。我倒希望我能做到，因为这也是一种挣钱的方式，但不管出于什么原因，我在观看别人表演我必须模仿的角色时很容易分心。但这出戏在第二大道的奥芬剧院演，实际上就相当于在百老汇演。这意味着我的口袋里会有钱。所以我感谢了他，说："当然，马蒂，我愿意。"我认为我是为了马蒂才答应的，因为他对我如此热情。他爱我，而我也如此倾心于他。

当然，那出戏的导演恨我入骨。他似乎从一开始就讨厌我。我整个人是那种无法无天的样子。不管走到哪里，人们看我的表情都像是在说："这家伙从哪儿来的？他以为他是谁？"我的气质中有某种东西，不管是什么，在某些场合，一般是剧场，总会让人不舒服。遇到权威人物时，我们之间就会产生紧张感。那个导演叫瓦谢克·西梅克，他管理那部戏的方式像个独裁者。我看到他的手中有一根无形的鞭子。他会冲我大叫："方法派演员！"那是一种嘲弄，一种羞辱。接着我发现，在那部戏中，我不演马蒂的角色时必须做临演，演一个在舞台上走来走去的士兵。我在外面的大街上走路时甚至都不知道我在干什么，那我在舞台上要怎么做？我会假装自己在走来走去，然后完全离开舞台。西梅克对我越来越生气。我看着这个家伙，心里想着，这绝对行不通。

你知道接下来不可避免地要发生什么。只有一个办法能解决。首先，马蒂·希恩必须得喉炎。有一天，他咳个不停，声音嘶哑地走进剧院。我可能正躲在剧场的某个角落，独自坐在那里阅读斯宾诺莎，他抓住我，直视着我的眼睛。他用沙哑的声音说："阿尔，伙计，我的朋友，你一定要为我坚持下去。我的嗓子哑了。但你能演。"我说："什么？"我听不清他说什么——他的喉炎当时就严重到那样的地步。他说："这个角色你上。"我惊呆了。我想这也许是个恶作剧，再过一会儿，他就会恢复嗓音，然后嘲笑我。但他没有开玩笑。我不想让我的朋友失望，但我对他在那部戏里的行动和台词都一无所知。这就像在银行金库被抓个正着，却解释自己不是来抢劫的。

我说："马蒂，我不行。我不知道台词。"他说："你能做到。"我说："我做不到，马蒂。"我的确没做到，西梅克炒了我。我后来才发现，那个剧组其实根本没有花钱雇我给马蒂当替补——是马蒂雇了我，从他自己的薪水中掏钱。他只是想给我钱。我想把钱还给他，他却不肯收。

我坐在东村的一家犹太人自助餐厅，悲叹我让马蒂多么失望，碰巧另一个在那出戏中表演非常出色的演员也在那里。他走过来，似乎觉得我需要建议。他说话有点儿口齿不清，这在演员身上很少见，他说："让我告诉你，如果我是你，我会回到剧场，学会那些台词。"我是被狼群赶出狼窝的。我被一个独裁导演驱逐了，所以我只想感恩他没有射杀我。这个家伙却在给我打气，告诉我该怎么办？我心想，你知道我要干什么吗？我要回家去，再也不回来。那就是这一幕的结局。

二十五岁那年，我成了一名大楼管理员，这多亏了我儿时在南布朗克斯的朋友布鲁斯，他把他在68街和中央公园西街交叉路口一座大楼的管理员工作给了我。他要离开去结婚了，知道我用得上这份工作，还能得到住处，所以这下子我在一个了不得的街区有了栖息之地。我一周挣十四美元，在大楼里有自己的住处，免租金。公寓就是个小房间，里面只有我的一张床；打开房门，能看见的只有一个厨房和一个所有人都能看到的浴室。公寓的窗户安有栏杆，就像监狱——如果发生火灾，你无法逃生。我知道我并不能胜任这份工作。我的公寓门外写着"管理员"几个字，所以我拍了一张8英寸×10英寸的亮光大头照，用创可贴粘在名牌上方。那张照片是摄影师理查德·埃夫登的亲戚迈克尔·埃夫登给我拍的，他看到我在《债权人》中的表演，想给我拍些照片，好让我寄给经纪人和选角导演。那张照片把我拍得很好，所以我就贴在那里，不是为了给任何业内人士看，而是为了把任何来找我的人逗得开怀大笑。

查理的妻子彭妮·艾伦会来大楼找我，手脚并用地跪在地上帮我擦洗走廊地板，因为她知道我多么需要一个属于自己的地方。我从一个地方搬到另一个地方，最后经常以住在朋友家的沙发或地板上而告终。我的管理员公寓勉强够容纳一个人和他的思绪。一个周日的早上七点钟前后，我听到有人敲门，一个戴着周日帽子的慈祥老妇人站在门外，可能是要去街道前面的基督教科学会，她站在那里看着我。我说："有什么事吗？"她说："哎哟！"她捂着肚子，说腹部绞痛。所以我把我的浴室给她用，其实那就在厨房里，占了公寓一半面积。她的问题解决后，只说了再见，没有道谢，没有给小费，她离开后，公寓里剩我独自一人，还有一种我之前从未闻过的恶臭。我告诉你，我在动物园都没闻过那种臭气。我不得不出门。那地方太小了，无处可避。我坐在中央公园西街的一张长椅上，一脸绝望，想要忘记这次经历。但凡当时有认识的人看见我，肯定会说："天哪，你怎么了，阿尔？"

绝大多数时候，我都坐在那间公寓里，用一台老式留声机播放莫扎特的音乐。有一阵子，查理和彭妮闹翻了，所以每隔一段时间，他就会带着他漂亮的女儿戴尔德丽来我这里，戴尔德丽在床上蹦来蹦去，查理和我则忙着喝啤酒。到了两点钟左右，我们就一起去69街拐角的酒吧，给小戴尔德丽买一杯秀兰·邓波儿无酒精鸡尾酒小口抿着喝，我们则继续喝啤酒，嘴里念叨着记得的契诃夫、迪兰·托马斯和尤金·奥尼尔的句子。我们不能待太久，因为买不起太多酒。查理来我这里不管本想做什么工作，从来都没完成过。

有时，楼里的年轻女性住户会看见我贴在管理员公寓门上的照片。她们看见我是个演员，会对我有点兴趣。那时我还是个年轻小伙，也没在谈恋爱，偶然就会和她们发生点小暧昧。我交往过的一个女孩来自中西部，是个乡下姑娘。我不知道是什么把她带来了纽约，但她非常可爱。有一次欢愉过后，我们一起躺在我的床上。空间如此狭小，我从床上伸展双臂，几乎可以摸到两边的墙壁；你只能从床尾爬进去，因为两侧都没有空隙。我们就那样幸福地躺着，仰望着全是裂缝、正在碎裂的天花板。房间里平静而安宁。突然之间，不知怎的，她用她的中西部口音脱口而出："哦，如果我母亲现在能看见我，她，一定，会，大发雷霆。"

有一天，我正在我的管理员公寓里，可能在听斯特拉文斯基的音乐，一手拿着百龄坛艾尔啤酒，嘴里懒散地叼着香烟，这时一个家伙过来递给我一本伊斯雷尔·霍洛维茨的剧本。那是一个独幕短剧，名叫《印度人想要布朗克斯》，讲的是一个印度人和两个街头混混在第五大道北部相遇的故事。印度人在找他的儿子，把儿子的地址和电话号码写在一张纸上，但他找错了地方，而且不会讲英语。街头混混对帮助印度人没有兴趣，反而嘲笑和辱骂他。这部戏和我之前读过的任何作品都不一样。感觉有点神秘，甚至危险——你能感觉到，这个印度人远离自己的族群，从他遇到那两个年轻混混的那一刻起，就会有不好的事情发生。但从本质来说，这其实是一个人与人无法交流、沟通失败的故事。这是一出优美且大部分时间都很滑稽的戏剧。

伊斯雷尔从图利奥·加尔佐内那里听说了我。图利奥是彭妮·艾伦的朋友，也是我演《跳高冒险》这类儿童剧时的导演。他在执导伊斯雷尔这出戏的首轮演出，彭妮就推荐了我。没有彭妮，我就不可能认识图利奥；没有图利奥，《印度人想要布朗克斯》就不可能找我，也就不会有后来的一连串事件。但当然了，当时的我对此还一无所知——我只知道伊斯雷尔和图利奥想找我扮演其中的一个混混，一个名叫墨菲的家伙。他有点离经叛道，有种难以捉摸的气质。你看着他就会想，他有能力做出我们见所未见的事。

演员做到这个时候，我已经扮演过许多奇特和有趣的舞台角色：底层人物、赌徒、艺术家、士兵。从某种程度来说，你为任何角色所做的准备都总是一样的。你必须以这样一种方式来组织自己——允许你将自己带入角色。你必须了解自己精神之中的其他人。而我猜我的精神中有许许多多的我。

演员所谓的乐器就是他们的整个存在：你的整个人，你的身体，你的灵魂。那就是你要奏响的工具，它吸纳各种各样的事物，并将它们释放出来。当我觉得一个角色合适之时，我不需要做任何事情就能让我的乐器发出美妙的声音。它会演奏，音符会自动出现，而且我会想要去做，我会想去那里。我想演奏我的乐器，因为它会自然而然地发出乐音。我在《印度人想要布朗克斯》这出戏中看到了所有那一切。它就像是我真实经历过的事情，我可以将我的整个人生融入其中。我有缰绳，我能够驾驭这匹马。墨菲几乎就像是克里夫和其余帮派伙伴的化身，如果我没有找到表演这份事业，那么我可能也会和他一样。

我们在布里克街的一个阁楼上排演这出戏，我邀请查理和彭妮来看。他们靠墙坐在地上，排演结束后，查理笑眯眯地看着我说："你已抵达，阿尔。你做到了。"我说："真的吗？你真这么觉得？"我们三个——查理、彭妮和我，我所选择的家人——去了运河街的一家酒吧，欢庆我的未来，喝了个烂醉。庆祝什么？什么未来？我连个能撒尿的尿壶都没有。没有工作邀约，没有经纪人，一无所有。但我很高兴。查理的话让我相信，就是它了。这部剧是真东西。

我们在康涅狄格进行了《印度人想要布朗克斯》的舞台朗读，然后在普罗文斯镇的吉福德剧院上演。那家剧院非常小，观众要穿过舞台才能走出去。有时在表演中途，他们也会这样出去。他们走到离我很近的地方，我伸腿就能把他们绊倒——不过我从来没这么做过。我一直在角色之中。这出戏只有大概一小时，没有中场休息，所以观众为什么要出去，我永远都不懂，除非是他们不喜欢。

回到我在洛克菲勒中心给标准石油公司做信差的时候，我和一个名叫约翰·卡扎莱的家伙搭档。他比我大几岁，身材精瘦，姿态低调。他身上有一种谦逊的气质，但也具现实感，对世界的真实运作有着足够的了解。他似乎对所有的事情都有所了解。而我对世界局势的了解仅限于，希特勒不在了，这是件好事。除此之外，我对正在发生的事情一无所知。约翰会阅读《纽约时报》，了解每一个问题，然后让我理解。至少，他尝试了。

让我大吃一惊的是，当我来到普罗文斯镇排演这出戏时，约翰·卡扎莱也在，他被雇来扮演那个印度人。他是有史以来最可爱的人,但他有自己喜欢的排演方式。他不只是简单地对台词。当你和约翰一起演一个场景时,你们开始讨论那场戏,他会质疑每一句台词、每一个用词。就像是在审问。他会对你说:"我在做什么?我站在这里。我对此是怎么想的?我不知道我对此作何感想。"他们称之为无意识叙述。他就是那样。接着,没等你意识到,在你一直说啊说的时候,你已经和他一起进入了场景。演戏需要一定程度的信任,就像走钢丝。和约翰一起,我知道我找到了一生的场景搭档。

我断断续续地演了大概一年的《印度人想要布朗克斯》后,他们决定将这出戏搬到外百老汇的阿斯特广场剧院上演。但负责转让工作的制片人,一位名叫露丝·牛顿的女士,表示:"我不知道这个阿尔·帕西诺是谁。我得会会他。"我当时已经不再做大楼管理员的工作。我想我不是被解雇的——我只是离开了,我不知道为什么。我在那个公寓有过如此多疯狂的时光和冒险,多得说不完。那对我来说是一个觉醒的时期,我深深地怀念它。辞掉那份工作后,我把所有的物品都丢下了——留下的只有一张锅炉工许可证,那是我的第一个也是唯一的资格证。我冒险去了外地,这次是去了波士顿,我加入表演剧团,在有固定班底演出保留剧目的剧场开始了演出生涯。

所以当我来纽约与露丝·牛顿面谈时,我穿着在波士顿扮演的角色的戏服——三件套蓝色西装、衬衫、领带。我认为那就是正确的做法,我不知道还有什么更好的选择。我见到她,打了个招呼,然后就离开了。她告诉伊斯雷尔:"他太整洁了,不适合那个角色。他看着像个王子。他不适合演这个混混。"

伊斯雷尔抓狂地说:"拜托,这家伙演得棒极了。他后面也会很棒的。相信我。"他甚至给她找了一份我们在普罗文斯镇演出时的评论,上面写着:"记住阿尔·帕西诺这个名字。有一天他会家喻户晓。"但她还是说:"不行,他得为这个角色试镜。"

我被激怒了。我得为一个我创造出来的角色试镜?这个角色简直就像是我写出来的。这是我的戏。我找到查理说:"他们要我为这个角色试镜。你敢信?我才不去。"他对我说:"阿尔,你知道,如果你不去,那你就不会得到这个角色。如果你去,那你有可能得到。你有得选吗?"如果我不去,查理也会接受。他明白我的感情受到了伤害。但我们两个都知道,我不得不怎样做。

我喝了一杯啤酒,然后去剧院试镜了。我坐在舞台下方的一间地下室里,其余所有演员都在那里等待,甚至还有我在演员工作室认识的人。一个接一个地被点名后,他们就上去和一个舞台经理一起读词。整个期间,我一直在想,我怎么做这件事?这太丢人了。我听到我的名字被叫了出来——"阿尔·帕西诺,试演墨菲一角"——于是我爬楼梯上舞台,我能感到自己在燃烧。我的角色正抬头望着街对面的一栋建筑。那里是他被迫要去报到的社工的家。墨菲带着帮派的另一个街头流浪儿一起进了场,他们四处胡闹,唱着歌,望着社工家打开的窗户,接着轮到我在这出戏中的第一句台词:"嘿!娘娘腔!"我刚演了三十秒,伊斯雷尔就从走道上跑下来,大喊着:"停,停!你拿下这个角色了!"

《纽约时报》上第一个为《印度人想要布朗克斯》撰写评论的作者并不太喜欢这部戏,实际上甚至并未提及戏中的演员,他对所有的演员都不了解。但后来《纽约时报》的首席剧评人克莱夫·巴恩斯发言了，他是英国人，以品位和风度而闻名。他对于我和这出戏都给出了热烈的评价，宣传语便开始引用他的文辞。更多的人开始入场观看，口碑也开始建立。自从朱利安·贝克和朱迪丝·马利纳创建生活剧团以来，外百老汇在这些年里已经变得更加时髦，甚至已经有点赚钱。虽然从来都无法挑战百老汇的地位，但也能赚到足够的钱，足够引人注目。走出20世纪50年代末60年代初的垮掉派和波西米亚风潮之后，外百老汇正变得更加正规化。约翰·卡扎莱和我都凭借这出戏获得了奥比奖——相当于外百老汇的托尼奖。那年夏天，我们将《印度人想要布朗克斯》带到意大利的斯波莱托艺术节演出了两周。如果我没有辞演，那我可能现在还在演这出戏。在那之后的许多许多年里，我还会反复梦到自己在演《印度人想要布朗克斯》，或者是梦到为在某地上演这出戏做准备。它对我的影响就有这么大。它是我进入这个世界的一份介绍信——在那之前，我一直觉得自己置身于这个世界之外，在向里窥看。《印度人想要布朗克斯》是从母亲带我看电影以来这段人生的巅峰时刻，因为从那出戏之后，一切都变了。

有人看到了那出戏。费·唐纳薇，刚拍完电影《雌雄大盗》，是当时最红的明星之一，她来看了这出戏，并且告诉她的经纪人马蒂·布雷格曼，让他来看看这个孩子。马蒂那时已经在和朱迪·加兰、芭芭拉·史翠珊以及一个名叫贝特·米德勒的上升期新人合作，他和超级经纪人大卫·比格尔曼一起来看了这出戏。演出结束后，他们来后台找我，马蒂告诉我，他想让我去他的办公室见个面。

他的工作地点在54街上，位于列克星敦大道和第三大道之间的一栋塔楼中。大堂里有个保安站，是进入电梯之前的必经之地，保安将我上下打量。那种眼神我早已习惯，它的意思是继续赶路吧——你不属于这里。我的性格后来变得更加开放，但在那时我缺乏一定程度的社交能力。我是个另类分子，不容易接近。我告诉那个保安，我来找马蒂·布雷格曼，我能听到他打电话到布雷格曼办公室时询问的内容："这里有人说要见你……我不知道，看着有点儿寒酸？……行，这就让他上去。"这是一个多么好的开端啊。

布雷格曼的办公室闪烁着财富的光芒。他坐在一张打磨得发亮的木桌后面，从窗口向外望，能将曼哈顿的景色尽收眼底。他代理的名人客户名单令人生畏，我不确定我能在其中占据什么位置。他起身与我握手，我想我觉察到了什么东西：他的外套内袋里有一把珍珠手柄在闪光。我意识到他有枪。他有持枪执照，带枪是为了防身，因为他走起路来有点一瘸一拐。他得过小儿麻痹症，但他从未让此影响生活。后来我听说，他年轻时曾贩过私酒。反正是这么传的，我从没问过。

布雷格曼身上有点盖茨比的影子。他是一个四十出头的英俊男人，说话的声音很有教养，但他跟我说话的方式让我很放松。他说："是这样，我错过了达斯汀·霍夫曼。我不允许那样的情况再次发生。"他告诉我，"我想做你的经纪人，我负责你所有的财务问题。我来帮你。"我永远都不会找他借钱——不可能找这个有枪的家伙。我不想承担那样的义务。但当他说那话的时候，我知道他是真心实意的，他言出必行。这是一个有影响力的人，而且他愿意为我出力。

他会实实在在地坚持到底，支持我。

布雷格曼成长于布朗克斯，就在与我长大的地方毗邻的一个地区，我心想，这家伙是个街头混混。让我们面对现实吧，他涉世极深。我回到查理那边，给他讲了这次会面。我说："我相信他，但同时又不相信他。"但我知道马蒂有我不具备的那份货真价实的老辣，我不知道他所看见的是什么。我不想要寻找一个与我等同的人——我要找的是某个能比我更好地完成他们工作的人。

在波士顿加入有固定班底演出保留剧目的剧场时，那里对我是个全新的世界，我开始拥有一种纽约之外的、超出外外百老汇小圈子影响的视角，而在此前，纽约的视角就代表着我对戏剧的全部理解。到波士顿后，我有角色可演。我有报酬，吃得起饭。周围是剧场的其他演员，他们和我年纪相当——二十五六岁的样子——但似乎对我从不知晓的事情都很了解。我有折角的契诃夫的书，有古典音乐专辑，但当他们把妈妈爸爸乐队的音乐介绍给我时，我感觉像是被告知了某个伟大的宇宙秘密。

查尔斯剧场曾雇我参演《醒来歌唱！》，这是克利福德·奥德茨的作品，讲的是大萧条时期一个苦苦挣扎的犹太家庭的故事。我有点茫然，完全找不到头绪。一次演出前，我在后台，剧中另一位演员约翰·塞茨在看报纸。但他看到我后，迅速合上报纸，并用双手遮掩。他收到上场提示后，就出门上了舞台。他把报纸留在了原地。

就像俄狄浦斯一样，我非知道不可。我翻开那份报纸，看到的是一篇针对我们演出的评论，几乎是满纸的溢美之词。主演们的表演一个接一个地得到好评，配角也是，接着提到了我，文章说："如果你能设法躲过，那避开阿尔·帕西诺的表演会更好。他是这出戏中唯一拖后腿的。"读到这里时，我听到天花板上的扬声器在提示我出场，那意味着我必须登台。所以我出门走到观众面前，刚读完我不长的职业生涯中所收获的最尖锐批评，我登场时是带着笑的。一声轻笑有时是有益的。从那之后我再也不看评论，但那句批评一直留在我心中。我至今仍记得那种刺痛感。我当时还有一个非常简单的转念之思：这家伙肯定是不喜欢我。那种事确实会发生，而且是演员不可避免的命运。

那一季我在同一家剧院演出《美国万岁》时的表演更好。这是让-克洛德·范·伊塔利耶写的三部短剧，我演了其中的两部。在其中一部里，我扮演一个阴柔的健身房教练，非常做作，自以为是，是个很有趣的角色。在另一部里，我扮演一个呆头呆脑的电视收视率调查员，约翰·塞茨再次成为我的搭档，外加一位名叫吉尔·克雷伯格的年轻女演员。那是一部疯狂的喜剧，我喜欢那个角色，所以尽情投入其中。每天晚上，我都会跟着大家一起出去，高唱《周一，周一》，不管点唱机是不是在播这首歌。我们全都喝得烂醉。每晚都喝醉。快乐的醉，悲伤的醉，总是喝醉。那就是演员的生活。正如波德莱尔所说："醉吧，一直沉醉吧！醉在酒里、诗里、美德里，如你所愿。"

有天夜里一两点，酒吧打烊之后，我们去了格洛斯特港，我们都喝得比臭鼬还醉，亏得有足够清醒的好心人大发慈悲驾车才将我们送到那里。有片岩石伸到海面上，破晓前的某个时刻，我发现自己醉醺醺地爬上了那些石块，我简直是冒着生命危险，因为我知道，就在我身后，吉尔和她的朋友珍妮弗·索尔特也在模仿我的动作。裂隙开始变得曲曲折折，所以我在一个能俯瞰大海的岩脊旁等待，想看看接下来露面的会是谁。等待期间，海浪拍溅在我的脸上。是吉尔还是珍妮弗呢？如果是珍妮弗的话，那我或许会和她约会五年。但来的是吉尔，她和我四目相对。她凑到我身前，我们在那个能俯瞰海面的位置第一次接了吻，海雾落在我们的脸上。

我之前也和女人谈过恋爱，但没有哪段能与和吉尔的这段相提并论，这段关系完全反映了我们当时对于"爱情"的理解。她比我小四岁，但我们两个都是二十多岁，都刚刚进入职业表演的世界。在其他方面，我们简直天差地别——我们出生在同一座城市，但对它的体验却完全不同。她是个彻头彻尾的上东区人，在私立高中和莎拉·劳伦斯学院接受教育。我即将经历众多事情，她在其中，与我的幸福息息相关。我不知道我是否配得上她，但她肯定配得上我。就和所有事情一样，你离得越远，就越能看清一个人的价值。而在她身上，我看到的，全都是她的难能可贵。她让我快乐，我们知道我们都在乎彼此。

我们开始同居，住在14街B大道和C大道之间的一间铁路式公寓，其实就是几个房间，浴缸在厨房里，公用卫生间在走廊里。我们两个都爱玩，经常一起演些私人的小喜剧节目，就像喜剧搭档尼科尔斯和梅一样。

有几次我回到家中，吉尔会在衬衫里面塞一个大枕头。我问："你怎么了？"她就说："啊，没什么。"那可不是没什么，她想和我结婚，她想要个孩子。她其实是在用那种方式表达，嘿，伙计，我们开始吧。但是老天哪，我还没准备好。我知道这一点，但她不知道。

吉尔和我一起出演过一集警匪剧《纽约警察》，那是我的影视剧首秀。他们居然选了我，在那么多演员之中，让我扮演一个在一开场就被狙击手射杀的老实南方人。观看自己的表演时，我发现作为一名影视剧演员，我还需要更多经验。

我认为自己对于吉尔来说并不是一个好的伴侣，我忽视了她。我喝酒、嗑药，而她没有，在我做那些事时，她还不得不面对。我把她的存在视为理所当然。但吉尔和我在一起确实有过许多快乐时光。

有一次我被叫去洛杉矶见佛朗哥·泽菲雷里，就是执导过《罗密欧与朱丽叶》的大导演，他当时正为一部新电影选角。他要找的是年轻人，但我已经二十七岁，和我竞争同一角色的都是些十几岁的青少年。我看起来可能是很年轻，但让我和十七岁的人站在一起，那就是另一番景象了。泽菲雷里事先并不认识我，和我谈话的整个期间一直在给我讲方法派表演，给我的印象是他并不喜欢这种表演方法，也不喜欢我——所有这些发生期间他一直在拍我。

我一生中经常被问到何为方法派表演，以及演员工作室是做什么的，但我从未能准确地回答过。我可以描绘演员工作室是什么。它不是一所学校：它是一个让已经成为专业演员的人士发展技能的地方，而且不收钱。它让你站在主持人——可能是李·斯特拉斯伯格、保罗·纽曼、艾伦·伯斯汀在内的任何人——以及同行观众面前，倾听他们的意见，但从来不会遭到抨击和刻薄批评。这是一个供演员、导演、剧作家与其他艺术家交流的场所。没有人要求你做任何事，只等待你探索发现。你可以根据某部戏剧或电影发展出一个场景，这是其余任何人都不可能允许你在舞台上做的事，而你最后可以将其从工作室搬到外面的世界。你也可以在那里坐上好些年，甚至无须表演，只是在场。想象一下，当你失业时，当你在街头奔波时，当你孤身一人待在房间时，找到了这样一个地方，你所从事行业的精髓因为这个场所本身就能得到延续。

演员工作室不讨论方法，每个人都带着自己的方法而来。写作有方法吗？有啊，拿起笔就能写。你不会问小提琴手或大提琴手是否会运用某种方法，他们只会练习。但我从小就被人们评判是一个方法派演员，而我根本不知道他们在说什么。方法？我只是在戏中演了一个角色。我怎么看这个角色，怎么把他演出来，那是我的任务，那是我的追求：找到一种方式，让某种东西活起来，让它经由我而传达出来。但在那个时候，我还不知道该怎样向泽菲雷里或其他人表达这些。

我在洛杉矶又待了几天，我在那里不认识任何人。我带着惊奇彷徨游荡，发现自己在某个酒店房间喝了半品脱*的某种酒类，看着好莱坞的标志牌，如果我盯着它看得足够久，就会浮想联翩：加里·格兰特在和吉娜·劳洛勃丽吉达跳舞，波利斯·卡洛夫在吃一个南瓜，贝蒂·戴维斯和葛丽泰·嘉宝在合唱《好莱坞万岁》。我对

---

* 1品脱约等于568.26毫升。

自己说，我最好是离开这地方。

又过了几天，我乘坐红眼航班返回了纽约。吉尔和我这时住在91街和百老汇大道交叉路口的一间公寓，那里对我来说简直是天堂。我们有四个房间和一架钢琴，我经常在上面敲来敲去。下飞机后我跌跌撞撞地回到家，慢慢打开房门。吉尔在我们的双人大床上睡得正香，我爬到她的身边。她开始苏醒，用轻柔的声音跟我打招呼。我轻声对她说："嘿，我不想吵醒你来着，但我写了一首歌。介意我唱给你听吗？"她说："好啊，你唱。"于是我就用民谣的唱法唱了起来，仿佛我是下一个琼·贝兹：

加利——福尼——亚

加利——福尼——亚

加利——福尼——亚

我再也不会去那儿

加——利——福——尼——亚

她傻笑着又睡着了。

在这演艺行业，你起，你落，然后你又起。我去为乔·帕普工作，参演一部名为《胡伊，胡伊》的作品。乔·帕普是我的偶像之一，他推出的"公园里的莎士比亚"夏季演出项目为莎士比亚剧作在纽约的推广发挥了很大作用。他是戏剧界罕有的中坚力量，他的去世留下了一个至今仍未得到填补的空白。我觉得能和乔一起工作实在是棒极了，我敬佩他，那部戏本身也非常好。不过，在他看来，我进入角色花的时间太过漫长。帕普没有耐心。最后到了"我们不知该怎么办"的时刻,在剧院里,这意味着有人得离开,于是鄙人就被炒了。伟大的演员查理·德宁当时和我一同出演这部戏,他恳求乔让我留下,和他一起继续演,但没能成功。就这样,我在《印度人想要布朗克斯》大获成功之后,下一部戏就被炒了。真是让人清醒的经历。从某种程度来说,这也算是一个机会。我已逐渐习惯了演艺界的起伏变化,所有演员都会经历这些。

结束严厉批评后,乔·帕普把我叫到他的办公室,说:"有一天你会成为一个伟大的明星,就像乔治·C.斯科特。"我很感谢他的这番鼓励,但我心想,如果时间足够,乔有耐心,我真的能演好那个角色。

我离开那家剧院,开始奔跑。我跑过一个又一个街区,不知道是什么在驱使着我奔跑。我一直跑,最后停在一个报摊前,抓起一份《纽约时报》。几分钟后,我坐在和吉尔同居的公寓里,翻阅着招聘广告,想从里面找到下一份表演工作。你可以说,我正在经历某种创伤。

我得到下一份工作是因为演员威廉姆·德瓦内辞掉了他在唐·彼得森的戏剧《老虎是否系领带》中的角色。他离开去演另一出戏,他们就把那个角色给了我。从某种程度来说,这部剧并无特别之处。我差不多演过类似的角色。这出戏扎根于社会问题,特别是当时人们对于毒品的广泛关注。故事讲述的是一群孩子,他们是城市戒毒中心的康复者和复吸者。我再次扮演一个硬汉,叫比卡姆,一个眼神狂野、一点就燃的吸毒者。不同于墨菲的是,比卡姆是个不折不扣的独行侠,并且决心要一直独来独往。剧中对他的描述是"一个有金色鬈发的高个男孩",但这不打紧——任何一个受过训练的好演员都足以胜任。比卡姆性格粗暴,但在粗暴的外表下,却有着一颗诗人的心。在一个场景中,他走到一块黑板前写道:

左眼所见的世界去见鬼吧。

另一幕中,他朗读了为自己写的一篇小文:

这个世界对我而言好极了。万事万物只待取用。我们有美到闪瞎人眼的姑娘。你可以买杯蛋蜜乳站在街角,观看她们身穿夏裙从你眼前走过。

读到那一段时我心想,好了,我能演这个家伙。

比卡姆的关键时刻出现在剧情靠后的部分,他给一个医生讲述自己悲惨的成长经历,他如何走街串巷地拉皮条、贩毒、抢劫,他从未从父母那里学会爱。争吵到最激烈的时候,医生告诉比卡姆,他要么修复自己破碎的家庭生活,要么就创造新生活——"但必须面对"。

"我已经在面对了!"比卡姆指着自己的手臂喊道,"这就是我得到爱的地方!经由大静脉,吉姆。我的父亲是针头,我的老妈是海洛因!"

我爱这段台词,它非同寻常。它当然引起了我的共鸣,因为我有时候也会感到自己像是无父无母——这很奇怪，因为我爱我的母亲，也从她那里感受到了爱——这种感受非常深切，这种创伤，许多孩子都不会谈论，甚至不会意识到，他们的所作所为是这种创伤所致。至于目睹人们因毒品而死，我也很熟悉那种游戏。

为导演迈克尔·舒尔茨读剧本读到这句词时，我崩溃了。我不得不说出那些词，我的心碎了。我几乎发不出声音，所有人都安静下来。我不得不停止试镜，我说："我演不下去了。"他们因此雇了我。

从那以后我再也没有崩溃过。无论把这出戏中的这个场景演了多少次，我都再也没有哭过。我再也没有像第一次读到时哭得那么狠。五十年后我见到那位导演，我对他说："迈克尔，只有你和我知道当时试镜的情况。我在舞台上再未给你那样的表演。"他笑着说："对啊，你再也没有那样做。"我说："我真是让你失望了，对吧？"我感觉到在那出戏里，我再也没能给他试镜时的那种表演。

我扮演那个角色，我却抗拒它，因为我没有做好准备。我不想每天晚上都动真感情。我能够表演出来，即使实际上没有真正的感情；我已经掌握了一种技巧，能让自己显得像是有感情的。重复表演最终会带来某种效果，对你有利，而不会造成不良影响。但我对那些重复没有上心，因为我们不知道这出戏能演多久，结果它的确没有持续太久——大概一个月后演出就结束了。在那段时间，伟大的西德尼·波蒂埃来看了我的演出。波蒂埃当时正处于巅峰时期，他来我的更衣室看我时，整个人简直像是在发光。他真的非常和善，但我仍然能感觉得到，他想要向我传达某种东西。他能感觉到需要有人和我谈谈我的未来，谈谈可能出现的情形。他没有批评我，而是一直在鼓励我，以一种非常微妙的方式和我谈论这一切。用的都是弦外之音，非常友善和慷慨。

《老虎》是我的百老汇首秀，在贝拉斯科剧院上演，感觉就像梦想成真。就在几个街区之外，一边是我在里面当过引座员的老里沃利剧院，另一边是我没能真正从中毕业的表演艺术高中。细数四周的那些建筑和办公室，我曾在其中当过信差，或做其他底层工作。我回到了我的地盘。

以《老虎》获得托尼奖提名后，我带着马蒂·布雷格曼一同去参加了颁奖典礼。我面对的都是非常厉害的对手。我认为我的胜算为零，也没有准备演讲稿。但当典礼开始后，我凑近马蒂说："我有讲稿了。"

他似乎对此措手不及。"什么意思？什么讲稿？"他说。

我说："我知道我要说什么了。"

"你知道你要说什么？"颁奖典礼就在我们眼前进行，所以马蒂必须轻声细语，但我看得出他很怀疑，"那你要说什么？"我或许算是他的初级客户，但他可是这一行受人尊敬的专业人士，我的形象对他很重要。

我说："马蒂，别激动。我不可能拿到托尼奖的。但让我告诉你，如果我赢了，我会说什么。"我对着他背诵了我想要说的话："嘿，谢谢你们给我这个奖。这实在是莫大的荣幸。这让我想起了我的外祖母，在我长大的南布朗克斯那里。每一天，她都会看着我，她会用意大利语说，'桑尼，anche un cretino può vincere un Tony'，

我和我的父亲母亲。
我看着像是被绑架了。

我确信,这张毛皮肯定非常舒适。

中间的是我的父亲母亲。旁边两位我不认识。

这是妈妈。我猜我的长相就遗传自她。

我和我的爸爸。他们以前总叫他"泰",因为他长得像泰隆·鲍华。

别怕——里面没子弹。

我父亲的父母，我的名字继承自祖父，我天使般的祖母拯救了我的人生。

我母亲的父母，我的至亲，是他们养育了我，他们是我现在仍在这里的原因。

妈妈和大家伙儿。我在最下面,就在穿背带裤的小孩旁边。

布赖恩特大道1685号。我们以前会爬到那该死的屋顶上去,开玩笑吧?

我和亲爱的表弟——猜猜谁是谁?

外婆和我。我一般会比照片里的样子更开心,但我不喜欢派对。

第一次领受圣餐时的我。母亲和外婆在上排的两边,我在最下排。

我和我母亲、表弟马克和他的母亲,还有我们的外公。那时的我正在变成漂亮小伙的路上。

这就是我赢得"最有可能成功的人"的那所学校。

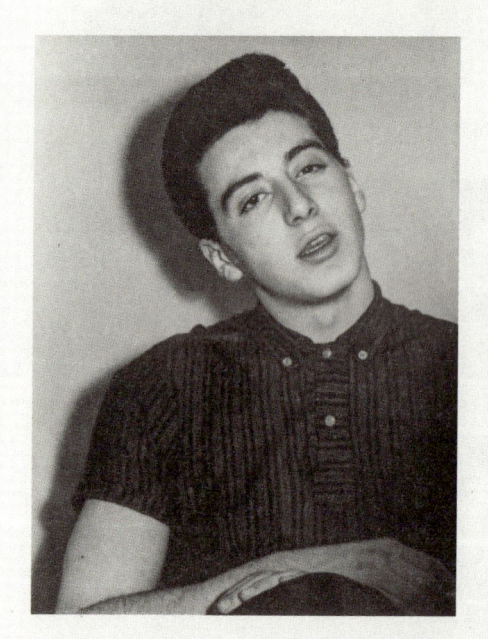

大概十五岁时。这是一张被契诃夫所拯救的脸。

那一刻,我永远都不会忘记。二十二岁,在演员艺廊的舞台上,奥古斯特·斯特林堡的《债权人》演出之中。

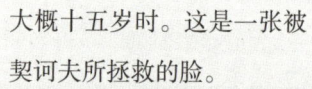

《印度人想要布朗克斯》的演出剧照,与约翰·卡扎莱和马修·考尔斯。改变人生之作。

我第一次也是唯一一次获得奥比奖,因为《印度人想要布朗克斯》。我看起来没有表现出应有的感激之情。

我的百老汇首秀之作《老虎是否系领带》。《纽约时报》称:"演出如火如荼,势不可当。那火焰是帕西诺吗?"

和吉蒂·温在《毒海鸳鸯》中的剧照。我第一次演主角,这是一部了不起的电影。

我和黛安，我们很合拍，就像用两根吸管喝一杯可乐。

《教父》中柯里昂家族的男人们。我的电影家族，我爱他们所有人。

《教父》中保住了我的角色的那场戏。

我知道我喝多了,希望那把枪没上膛。

与弗朗西斯·福特·科波拉和马龙·白兰度。看着像是弗朗西斯在说，兄弟们，我们得齐心协力把这事搞定，阿尔，跟他握个手，他是你爹。

与吉尔·克莱伯勒在《教父》首映式。这张照片清晰地记录了一个醉酒男孩的模样。她当时二十五，我看着像她的儿子。

看着像是电影《冲突》的一个拍摄日收工时。我不敢相信我的手臂竟然那么长。我的腿都去哪儿了？

《理查三世》在百老汇演出之时。他们至少把这张照片拍对了。说说看，我这像是让莎士比亚戏剧的演出水准倒退了五十年的样子吗？

我和吉恩·哈克曼在电影《稻草人》中。

《教父2》。约翰·卡扎莱是我的朋友,我爱他。

和李·斯特拉斯伯格。你穿件衣服好吗?你真叫我尴尬。

《热天午后》。我猜人们抢银行时就是这种模样。

《夕阳之恋》,与玛尔特·克勒尔。我知道我注定要做个男模。

我的朋友兼导师查理·劳顿。"你干得漂亮,阿尔。"

翻译成英语就是，'记住，即使是白痴也能赢得托尼奖'。"

马蒂说："你可不能这么说。"

当然，到宣布获奖者时，他们叫的是我的名字。放心吧，我的发言比较传统。我在台上假得不行。

我依然不觉得自己多么成功，但我猜我在人们所谓的演艺界已经开始小有名气了。一次，我正在一架租来的钢琴上乱弹一气，试图创作自己的音乐，当时我觉得自己热爱音乐。有一阵子，我觉得我是贝多芬或者萨蒂的转世，我爱他们。我想成为贝多芬，但我弄出来的旋律在我那偏离常规的音乐之耳听起来，却都像是萨蒂的作品。在我艺术创作的中途，《恶厨师》那个演员打来的电话打断了我，就是那个口齿不清的家伙，我给马蒂·希恩当替补时的那个。我不知道他是怎么拿到我的电话号码的。我短暂出演那部戏已经是几年前的事了，他那时对我总是一副居高临下的态度，好像我地位极低，在地面以下。但这时他跟我说话却换了一副轻快活泼的调子，就像我们是老朋友，他说："嘿，阿尔！你好吗？"我对他说："哦，嘿。"他开始闲聊，语气却有些不自然。我心下怀疑，这家伙打电话来干什么？哦，我明白了。这家伙有求于我。他觉得我能给他找份工作，因为我现在算是打进了名人圈。他觉得我正成为某种大人物。

过去在南布朗克斯就认识我的人，在我成名后从未这样对待过我。但我知道奉承者是我必须当心的，因为他们会让我吃亏。我不知道我该怎么摆脱这次谈话。最后我决定让他知道，我已经不干这一行了。所以我说："我已经转行了。我现在是个作曲者。"

他说:"什么?"

我说:"对啊,演戏没能满足我的所求。"

他说:"哦,天哪,阿尔。我还想着也许你会有什么——"

我说:"没。"

他说:"那太糟糕了。你看着很有前途呢。"

我说:"我知道啊,但有的时候吧,你得顺其自然。"我挂了电话,回到钢琴旁。

名声带来的麻烦或许要多于价值。我不愿去想,如果我将来收获的名声比这时哪怕只多一点点,又会发生什么。这想法吓坏了我……可以这么说吧。

新世界

The New World

我与那位将会改变我人生的导演一开始关系很奇怪。弗朗西斯·福特·科波拉见过我的舞台表演，那时我在百老汇演《老虎是否系领带》，但当时我并没有见过他。他是一位年轻新秀，已经执导过几部电影。突如其来地，他给我寄了一部他写的原创剧本，一个精彩的爱情故事，讲一个有妻儿的年轻大学教授与门下一个学生的婚外情。这是一个神话般的故事，有点超现实，但写得很美。弗朗西斯想见我，聊聊扮演教授这个角色的事。那意味着，我必须坐飞机去旧金山，而这对我很难。我不喜欢坐飞机。我想，还有其他方法能到那里吗？我不可能让这家伙大老远地跑来纽约，是吧？于是我咬咬牙，去了。

那是我第一次去旧金山，我很高兴能在弗朗西斯这样一位才俊的邀请下来到这里。他就像个大学教授，一个知识分子，有着浓密的络腮胡，微笑时会露齿，脖子上总围着费里尼式的围巾。接下来的五天五夜，他带我吃饭，我们一边喝酒一边讨论他的电影项目。我认为弗朗西斯是个天才。他怀有一种对事情的激动。他是一个领导者、实干家和冒险家。

他带我去他的公司，也就是美国西洋镜公司，在一座很大的建筑里——基本上就是一座地上掩体，他在那里的混杂人群中工作。如果我的记忆准确，我想我在那里看到了乔治·卢卡斯和史蒂文·斯皮尔伯格。马丁·斯科塞斯和布莱恩·德·帕尔玛也是团队的成员。我当时并不知道他们是谁，但我知道他们不是演员。他们是一群从60年代走过来的激进年轻人，即将把电影制作带入70年代。他们意识到了电影文化中所发生的更大层面的变化。

但我是个无名小卒，而且弗朗西斯想让我拍的那部电影到处被拒，永远不可能开拍。我回到家中，以为再也不会有他的消息。几个月后，有一天下午的时候，我接到一个电话。在电话线的那头，我听到了一个名字和一个来自过去的声音：弗朗西斯·科波拉。

他先是告诉我他要执导《教父》。我以为他在幻想之中。他在说什么啊？他们怎么会把《教父》这种项目交给他？我读过马里奥·普佐的小说，非常火，任何人能参与其中都是一件大事。但当你是个年轻演员时，你根本不会去把目光放在这些事情上，能在任何一部电影中拿到任何角色都是奇迹。这样好的机会对你来说并不存在。实在是太不可能了。

然后我想，嘿——或许还是有可能的。我和弗朗西斯相处过。我看过他对自己很有自信的样子，而这让我对他充满信心。但事情在那个时候还没有确定。难道制片厂派拉蒙不会去找那些有名气的老导演，而选中他这个才华横溢的年轻前卫知识分子？这不符合我对好莱坞的认知。

接着弗朗西斯说，他想让我扮演迈克尔·柯里昂。我想，他说这话可就太离谱了。我开始怀疑他到底是不是真的在给我打电话，也许我才是那个精神崩溃的人。想想看，一个导演给你一个角色，通过电话，而不是通过经纪人或其他渠道，而且是一个百里挑一的角色——这种概率简直是亿分之一。我甚至不觉得有这种概率，因为我无法相信这件事。我是谁啊，怎么可能有这种机会落在我面前？终于挂断弗朗西斯的电话后，我有点茫然。

回想起来，我当时对所谓的"演艺事业"并不感兴趣，我也不知道为什么。我知道表演将是我的职业，但不知为何，整个行业似乎都在我和我的生活方式之外。我不住在洛杉矶，那里才是演艺界的中心。我在纽约，在曼哈顿岛上，混得还算不错。我是个戏剧人。我得了托尼奖和奥比奖，我加入了演员工作室，有一群演员同行。好莱坞是个遥远的城镇，电影是一个不同于戏剧的世界。我会对查理说："演员怎么演戏？在电影里演一场戏，你刚演完，他们就说，再来一遍。"而且你演的时候身上吊着威亚，面对的是摄影机，周围有很多人在呼吸，还在你的视线范围内。哦，我还忘了烟雾——他们会在房间里使用烟雾，我猜是为了摄像效果。电影表演和舞台表演的区别就像在不同的高度走钢丝。在电影表演中，钢丝在地板上——你总是能够回头再试一次。舞台表演是在三十英尺高的空中。如果没成功，你就掉下去了。这就是成为一名剧场演员在肾上腺素方面存在的区别。

这就是我当时的感觉。我现在已经变了，但伙计，你真该看看电影现场。我以前很喜欢看那些非职业演员的表情，他们在电影中扮演自己在现实生活中的职业角色，比如他们会雇用真正的门卫或懂拉丁语的神父，而这些人必须经历电影的拍摄过程。一天的工作结束后，他们通常会在迷雾中彷徨，需要有人将他们领回来程的交通工具。

电影是马蒂·布雷格曼的事业，一旦我加入其中，那么他的事业也便包括了我。马蒂说："我不会将你打造成明星，你本来就是明星。"我并没有这么看待自己，但他这样看我。那是他的业务，他说了算。我在演戏方面非常务实。我只知道，有些角色我能演，有些我演不了。我的这种感觉十分强烈。大多数角色，我觉得都有其他演员能演得更好，我现在依然这么认为。

我的第一个电影角色不是通过马蒂·布雷格曼拿到的，而是因为一个名叫玛丽昂·多尔蒂的伟大的选角导演，她曾为《午夜牛郎》选角，看过我在《印度人想要布朗克斯》中的表演。她为我在《处女的烦恼》中拿到了一个一日戏份的角色，那是为演员帕蒂·杜克拍摄的一部成长喜剧，我扮演她在舞会上遇到的一个男人。帕蒂对我极好。但我的表现很糟糕，被这整件事搞得很沮丧。我一大早就去了片场，因为我被告知要一早就到，要比任何人早上做任何事都早。没有人能交谈，我只能坐在那里等待，等啊，等啊。等待期间，我心想，他们就这样拍电影吗？我可不想拿我的人生来干这个。

前一晚我整夜没睡，因为那场戏太早了，等他们给我穿戏服时，衣服刺得我很痒。但我就是这样的人，一直如此。我观察到身边的场景就会说，我在这里干什么？不管在哪里，不管处于什么情景，似乎都没有区别。我只想离开。不过我不会离开，因为我真的不想失礼，所以我会留下来，但我真的想走。

我跟帕蒂跳舞，对她说我的台词——"你身材很好，你知道吗？听着，你想随便玩玩吗？"——我完全不理解我在说什么东西，也不知道为什么要这么说，更不知道拍出来会是什么样子。那一幕被剪进了电影。我参演的第一部电影。

之后有将近两年，我都没有再拍电影。《毒海鸳鸯》是马蒂·布雷格曼帮我促成的电影作品，他认为这部戏很适合我。剧本由约翰·格列高利·邓恩和琼·狄迪恩创作，讲述的是一个真实故事：两个年轻的海洛因瘾君子，一个男孩和一个女孩，在毒品短缺的情况下分分合合。马蒂也是本片导演杰瑞·沙茨伯格的代理人，他当时更为人所熟知的身份是摄影师，尚未执导过多少电影，他们两个都希望我来扮演这个男孩的角色，鲍比。我觉得我能演这部作品。诚然有几个人足以胜任，但我演会相对容易。我在剧场里就扮演过这类角色，所以很庆幸自己主演的第一部电影选择了这个角色。弗朗西斯给我的大学教授角色，我虽然很喜欢，但说实话，可能有点高估了我。我想那就是问题的关键所在。

如果我对一个角色有感觉，那就值得尝试。在为加入演员工作室进行最后一次试镜时，我很庆幸那天晚上我能够扮演两个不同的角色。一个出自埃尔默·赖斯的《律师》，另一个出自休·惠勒的《看，我们挺过来了》。第一个角色是一个愤怒的共产主义者，一个革命者，在那个场景中是跟欧文·奥朗代扮演的律师对戏。另一个角色是街头流浪的同性恋，跟内森·约瑟夫对戏。一起试镜的这两个人当时都是我的朋友。我在这两场戏中扮演的角色完全不同，我认为这对评委很有帮助，当时的评委有伊利亚·卡赞、哈罗德·克勒曼和李·斯特拉斯伯格。我所扮演的两个角色之间的差异大到不能再大,这可能会帮助他们找到理由,给我个机会。

演员必须当心被定型的危险:你的外表决定了你的身份,有时演员只能不停地扮演相同类型的角色。我想我是没法一直那样持续下去的。我喜欢去轮演剧场的一个原因是,我能够扮演通常不可能选中我出演的角色。

当你是个几乎没有电影演出经验的年轻演员,却有机会扮演《毒海鸳鸯》这种作品的主角,你会说,好啊,我愿意接受磨炼。但有几个磨炼我就是没法应对。我以为我拿到了这个角色,但正如他们所说,合同还没签,那个角色还不是我的。与此同时,有人找我为一部戏剧朗读剧本——另外一个演员缺席,他们需要我出演其中一位主角。那是一个我并不熟悉的角色,这就意味着那将是一次"冷读",我在为观众朗读之前毫无准备。

我们上了舞台。演员们拿到了自己的剧本,我低头看着纸页,试图找到我要扮演的角色的姓名。观众席几乎坐满了,我偷偷抬头,看到了几个似乎不该出现在那里的人。让我惊讶的是,其中一位是《毒海鸳鸯》的制片人尼克·邓恩,来的还有他弟弟约翰·格列高利和琼·狄迪恩,他们是那部作品的联合编剧。和他们一起进来的还有几个我不认识的人,我惊呆了。你必须理解,我从未受邀为《毒海鸳鸯》试镜,我直接就接到了那个角色的邀请。现在,如果他们突然想让我为角色试镜,那我可不希望他们在这出我完全不熟悉的戏剧的冷读会上对我进行最终检验。我想,这可不是对待女士的恰当方式。

我走下舞台，走到尼克和他同伴的面前。我说："对不起，伙计。你们得离开。"我的语气并不随便。他们看起来很惊讶。我说："你们在场，这事我干不了。我觉得你们是来评判我的。这让我不舒服。"他于是就带着同伴起身离开了。

我想我做了正确的选择，但当门外有狼时，你有时候不得不冒这个险。整个期间我一直在想，阿尔，你这是干什么？但当你凭借冲动行事时，冲动有时的确会帮你摆脱困境。人们说我敢于冒险，我不希望我看起来像在夸夸其谈，但就算会导致什么后果，我也并不在乎。这对我来说就是这么重要。我和所有人一样胆小。有很多事情我本该做点儿什么，结果却什么都没做。"啊，管他呢。就随他去吧。那又怎么样？"这并不是最糟糕的想法。但每过一段时间——我说的是几十年——我总有一次会说，不，这次不行。

事后证明，《毒海鸳鸯》对我是一个绝佳的展示机会。它至今依然受到人们的赞扬，杰瑞·沙茨伯格非常出色地完成了工作。我真的很享受与吉蒂·温的合作，她演我的女友，也是一个瘾君子。我搞不懂她，她也搞不懂我，但我们相处得很好。有时她听到我说的话会投来非常疑惑的目光。我口无遮拦，我从来都不知道她在想什么。我对她一无所知。而这样就很好。她凭借在《毒海鸳鸯》中的演出获得了戛纳电影节的最佳女演员奖。在那之后，她又出演了《驱魔人》等几部电影，之后就息影了。她是个非常迷人和温柔的人，待人和善，一点也不盛气凌人。但她不喜欢这一行，无法忍受其中的一些东西。每个人都是一个幽深的秘密。

派拉蒙不想让我扮演迈克尔·柯里昂。他们想要杰克·尼科尔森，他们想要罗伯特·雷德福，他们想要沃伦·比蒂或者瑞安·奥尼尔。在原著中，普佐让迈克尔自称"柯里昂家族的娘娘腔"。他应该是个小个子，深色头发，英俊精致，对任何人都看不出威胁。这听起来可不像是制片厂想找的那些人，但这也不意味着这个角色非我莫属。

这的确意味着，我必须为这个角色试镜，而我之前从未参加过电影试镜，并且我必须飞去西海岸，我也完全不想去。我不在乎这是为《教父》试镜。我不想去加利福尼亚，但马蒂·布雷格曼对我说："你得去坐那趟该死的飞机。"他给我买了一品脱的威士忌，好让我在飞机上喝，于是我就去了。

派拉蒙已经拒绝了弗朗西斯提出的全部演员阵容。他们拒绝了詹姆斯·凯恩和罗伯特·杜瓦尔，尽管这两位都已经是伟大的知名演员，正朝着未来将会成为的模样前进。他们拒绝了白兰度，看在老天的分上。走进制片厂的时候我就很清楚，他们也不想要我。我还知道我不是唯一被考虑的人选。当时的许多年轻演员都在为迈克尔做试读。那是一种很不爽的感觉。是《毒海鸳鸯》帮助我出了线。《毒海鸳鸯》当时还没上映，幸运的是杰瑞·沙茨伯格给派拉蒙播放了八分钟我的演出片段，这让制片厂相信至少可以给我一个机会。

《教父》的原著取得了巨大的成功，每个人都在谈论它，都为即将拍摄的电影感到兴奋。在我试镜之前，弗朗西斯带我去了旧金山的一家理发店，因为他想给迈克尔剪一个原汁原味的20世纪40年代的发型。理发师听说我们要拍这部电影，往后退了一步，明白过来后,他开始颤抖。后来我们得知他是心脏病犯了。有消息称,这部电影背后暗流涌动。派拉蒙的高管层全都对彼此生气,激烈争吵。到处都能感受到紧张的气氛,于是我像禅修那样告诉自己,这一切都会过去。我对自己说,进入角色。这个场景发生了什么?你要去哪里?你从哪里来?你为什么出现在这里?

我穿着早期版本的迈克尔的军装,一脸懊丧的表情,参加了好几天的试镜。我经常是那个表情。我猜那是我的一种伪装,因为它能让我渡过一切难关。但我必须说,他们让我演的那场戏,并非他们所能挑选的最佳。那是电影开场的婚礼场景,迈克尔在给女朋友凯解释,他的家庭到底是做什么的,以及父亲营生中的所有人物。那是一个单调的介绍场景,只有我和黛安·基顿坐在一张朴素的小桌旁,喝着假装是葡萄酒的水,我讲述西西里岛的婚礼风俗。那场戏根本无法展现角色的力量。我对迈克尔的理解,就像是在花园里种花,得花一定的故事时间才能等待种子发芽。我在这个场景中该如何呈现我对他的想法?我无法在这场戏中将他演活,因为没人能做到。

但秘密在于:弗朗西斯要我。他要我,而我知道这一点。没有什么比导演要你更重要。这是演员所能拥有的最佳武器,真的。他还给了我一个礼物,也就是黛安·基顿。为凯这个角色试镜的有好几个女演员,但他希望我和黛安搭档,这个事实表明,黛安在试镜过程中脱颖而出。我知道她当时发展得很好,曾在百老汇出演过音乐剧《毛发》等作品,还和伍迪·艾伦合作了影片《呆头鹅》。试镜的几天前,我在林肯中心的一家酒吧遇到了黛安,我们一拍即合。

她很好交谈，人很风趣，而且她也觉得我风趣。我感觉自己马上就交到一个朋友兼盟友。

当我确定自己拿到了这个角色后，我打电话告诉了我的外祖母："你知道我要出演《教父》吗？我要演迈克尔·柯里昂。"她说："哦，桑尼，听着！外公就是在柯里昂出生的，那里是他的故乡。"我之前并不知道我的外祖父具体出生何地，只知道他来自西西里——他来到美国后，就没有人再追杀他，他的故事只讲到这里。现在竟然得知他来自柯里昂，来自我的角色及其家族的姓氏发源地？我想，我一定是得到了某种力量的帮助，否则这种不可能的事——我拿到这个角色——怎么会发生？

我仍然需要弄清楚，迈克尔对我来说究竟是个什么样的人。开始拍摄前，我会在曼哈顿来来回回地行走，从91街走到格林威治村再返回，只为思考我该如何扮演他。大多数时候我都独自行走，也有时候我会在下城和查理碰头，然后再一起步行回上城。迈克尔一开始是一个我们之前都见过的年轻人的样子，混混日子，有点迟钝，有点粗笨。他在场，但同时又没有存在感。一切都在为他自愿除掉索洛佐和麦克拉斯基的那场戏做铺垫，两人分别是毒贩和狡诈的警察，他们密谋要杀掉迈克尔的父亲。突然之间，他的内心迸发出强烈的情感。

这条故事线在小说中有详细的描绘，因为一本书有足够的篇幅可供叙事。你可以等着看故事如何展开。但我在电影里要怎么演？

在开始拍摄《教父》之前，我和小阿尔·勒提埃里聚了一下，他是个很棒的人，也是个很棒的演员，他将扮演索洛佐。他对我说："有个人你应该见见。对你的工作有好处。"我大概明白他的意思，所以就跟他去了。一天，我们开车去了城外的一个郊区。

小阿尔把我带到一栋维护得很好的漂亮的传统房屋前。不管你从哪里出发，不管你要去哪里，一路上你总会路过这类的住家，你甚至都不会去想，是什么样的人住在里面。他带我进屋，将我介绍给一家之主，一个看起来普普通通的生意人。我完全可能猜他是华尔街的主管、投资银行家或者对冲基金经理。我同他握手问好，他非常热情。他有一个温馨的家庭。他的妻子用精美的瓷器为我们提供饮品和小吃。他有两个和我年纪相仿的儿子。而我只是某个疯狂的演员，来到他的房子，想要尽我所能地吸取经验。我们的谈话一直彬彬有礼，浮于表面。我从没问过小阿尔，为什么带我来这里，但我想起我们来之前他说过的话，这次拜访会对我的工作有帮助。小阿尔认识一些人，一些举足轻重的人。现在他正把我介绍给其中的一个。

我正在领略这件事在现实中的样子以及运作方式，而非它在电影中的呈现。倒不是说我们的主人打算和我们讨论那些细节，我不可能知道那些细节。事实上，我们最后是在喝酒和玩游戏。很久以后，那天晚上的照片浮现出来，其中的我穿着运动衫，手里拿着酒笑得前仰后合，小阿尔则在向我展示一把枪。那是一个男孩之夜。

我是南布朗克斯长大的孩子。我是个意大利人，我还是西西里人。人们总是觉得你至少和一个犯罪组织有联系，我知道那是一种什么感觉。任何以元音结尾的名字都会被详细审视，以确定是否与那个世界有联系。你不会被拿来和乔·狄马乔相比,而是会被同阿尔·卡彭[*]联系起来。

我们绝大多数人从来都没经历过犯罪,更别说实施了,但是我们为这些决意不按社会规则生活、另辟蹊径的人物着迷。法外之徒是一种尤其具有美国色彩的人物。我们从小就假扮杰西·詹姆斯和比利小子,他们都是民间英雄。他们成了我们的传说的一部分,黑手党的历史也是那种传说的组成部分。

我在《教父》中的拍摄工作始于开场的婚礼场景,这场戏在史坦顿岛拍了大约一周。我发现自己从平凡的日常生活突然进入了一部好莱坞巨制的片场,那里到处都是摄影器材、热光源、摄影机移动轨道、起吊机和吊臂,头顶悬着麦克风,有一个演员团队,以及数百名临时演员,这一切都在弗朗西斯的指导下运行。

这种规模对我来说是全新的。但与此同时,我在那里感到很舒服,轻而易举就适应了。那是一个有很多人的大场面,但我很快就适应了环境。你有一个他们告知的目的地——比如,去化妆桌旁,他们有专门用于化妆的大房间。你去了以后坐在房间的角落里。你看到别人,你点头问好。没人知道我是谁,所以我只是进去,享受我的时光,我很自在。

然后我就开始工作。我总是觉得,我和摄影机好像有一种天然的联系。即使在剧院,人们也会提到那一点:"你看起来应该能在摄

---

[*] 阿尔·卡彭(Al Capone,1899—1947),出生于纽约的美国黑帮人物,是20世纪20与30年代最有影响力的黑手党领导人。

影机前表现不错。"我一开始不明白那话是什么意思。或许跟我从小看着电影长大有关。绝大多数演员第一次登台演出时，都会被告知："抬头！大声！大声！"而上镜的感觉则更加亲密。我一般并不知道摄影机在哪里，不过好的摄影师会明白，我没有那么多经验，然后弥补这一点。拍摄《教父》时，我得到了伟大的戈迪·威利斯的悉心照顾。

黛安和我一开始总是一起大笑，因为不得不表演从试镜时就在演的开场婚礼上的介绍场景，我们恨死了那场戏。仅凭那一场戏，我们便确信自己演的是史上最烂电影，结束一天的拍摄后，我们会回到曼哈顿买醉。我们心想，我们的职业生涯完蛋了。

而在好莱坞，派拉蒙公司开始审阅弗朗西斯已经拍摄的片段，他们再一次地质疑，我是不是这个角色的正确人选。片场开始传言我即将被解雇。拍摄期间，你能感觉得到那种动力的丧失。在我工作期间，甚至包括剧组人员在内，所有人都别别扭扭的。我对此非常清楚。传言说，我要被炒了，而且，很有可能，导演也一样。倒不是说弗朗西斯干得不好——是我干得不好。但他是要我出演这部电影的负责人。

我觉得我和这个角色格格不入，但又觉得自己属于那里——两种感觉并存，很奇怪。没有人想待在自己不受欢迎的地方。对我来说，或许干脆地一走了之，摆脱那种不适要更容易。如果他们辞了我，我会不会觉得错过了什么东西？或许吧，但我以前也错失过一些东西，然后都恢复过来了。我认为发展事业并非多么重要的事，我从未思考过事业发展之类。

最后，弗朗西斯下定决心，必须得做点什么了。有天晚上，他叫我去姜饼人找他，那是一家为林肯中心的食客服务的餐厅和聚会场所，演员、舞者、名家和舞台工作人员都在吧台前一字排开。他当时正和妻子、孩子以及一小群人在那里吃晚餐，我进去后找到他的餐桌，他说："听我说，我想跟你谈一会儿。"他没有邀请我一同坐下。我站在那里心想，他这是干什么？他一边切着牛排一边看着我，好像我不属于任何地方——好像我只是一个与世隔绝的演员，过来寻求一些施舍。于是我继续站在那里，独自一人，而他和家人都抬头看着我。最后弗朗西斯说："你知道你对我有多重要，我对你有多信任。"这时《教父》已经开拍一周半了。接着弗朗西斯说："但是，你的表现并没有达到要求。"

我感觉那句话在我的胃里翻搅。我这才终于意识到，我的工作岌岌可危。我对弗朗西斯说："我们能做些什么？"他说："我把已经拍摄的样片整理好了。你为什么不自己去看看呢？因为我觉得那行不通。你没有好好工作。"

第二天我走进了放映室。我已经收到警告，我有可能被淘汰出局。那段素材全部都是影片非常早期的场景，我观看时心想，我觉得其中没有任何惊人之处。我不知道该怎么评价这段表演，但效果无疑正是我想要的。我想要的是不被人看见。

我对迈克尔的整个计划是，要表现出这个孩子对事物缺乏认知，个性也不能特别有魅力。我的想法是，这个家伙要脱离环境突然冒出来。那才是这个角色个性的力量所在。那是这个角色能够成立的唯一方法：这个人物先是出现，然后逐渐显露他的能力及潜力。如果你注意到，他走进医院去救他的父亲时，还不完全是迈克尔。即便到那时，他也只有在看着面包师恩佐时，才变成了迈克尔，他命令恩佐和他一起站在医院门外，假装自己手中有把枪，他看到恩佐的手在发抖，而他却没有。在电影结束时，我希望我能创造出一个谜。我想那也是弗朗西斯所期望的，但是我们两个都不知道该如何向对方解释这种想法。

人们总是觉得，弗朗西斯重新安排拍摄计划，是为了能给好莱坞的质疑者一些刺激，好让他们相信我，把我留下来。他那么做是否有意而为，答案尚无定论，弗朗西斯也否认这是为我的利益考量，但他的确提前了意大利餐厅那场戏的拍摄时间，在那场戏中，尚无经验的迈克尔前来向索洛佐和麦克拉斯基复仇。那场戏原本计划几天后才拍，但如果不做些什么让我展示我的能力，那我后面可能就没有机会了。

所以在4月的一个晚上，我拍了那场戏。那天，我同小阿尔·勒提埃里和扮演麦克拉斯基的出色演员斯特林·海登一起，在一家小餐馆的照明灯下待了十五个小时。他们两个对我来说实在是弥足珍贵。他们知道我正在经历一个艰难时期，感觉整个世界的重量都压在我的肩头，知道斧头随时可能落在我身上。我们待在一个恶臭沉闷的房间，里面充斥着烟雾，地狱般炎热——没有房车可供躲避，没有制片助理过来询问"要我给你倒杯水吗"，这一切都没有。我只是坐在那里，想着，你怎么承受这些玩意？这种纯粹的无聊可是能切切实实地杀死你。

斯特林和阿尔·勒提埃里帮我保持斗志，他们为我奠定了基调，做我的榜样。我看着他们，把他们当成知道该做什么、该如何行事的典范，他们也把我当成演员同伴。但最后，剧本上要求我借口去上厕所，找到藏在里面的一把枪，然后打爆他俩的头。

接着，我必须跑出那家餐厅，跳进一辆行驶中的汽车逃走。我没有定位替身，我没有特技替身，我必须自己完成。我起跳，却没跳进车子。我躺在布朗克斯白原路的水沟里，仰面朝天。我的脚踝严重扭伤，无法动弹。

剧组每个人都围在我身边。他们想把我抬起来，问我脚踝骨折了吗，能走路吗？我不知道。我躺在那里心想，这真是个奇迹。神哪，你救了我。我再也不用拍这部电影了。我被心头闪过的那种如释重负感惊呆了。每天来上班，感觉自己不受欢迎，感觉自己低人一头，这是一种痛苦的经历，而这次受伤能将我从那个牢笼里解救出来。至少现在他们可以解雇我，重新找人扮演迈克尔，而不让这部电影投入的每一分钱都打水漂了。但接下来所发生的事却并非如此。

他们找了一个凭空冒出来的特技替身完成了跳车场景的其余戏份，他们给我的脚踝打了可的松，直到我能够重新站立。接着弗朗西斯把餐厅那场戏拿给制片厂看，他们一看就明白了。因为刚刚拍的那场戏，他们把我留了下来。所以我没有被《教父》剧组辞退。我只是继续做我所做的事，继续落实我在曼哈顿独自行走时的所思所想。我的确有一个计划，一个方向，我发自内心地相信那就是这个角色应该走的路，而且我确信弗朗西斯也有同样的想法。

将我变成迈克尔·柯里昂，是费了一番努力的。我必须显得很体面，这对我却并不自然。他们强迫我显得体面。我每天早上走进片场扮演迈克尔时，都会有两三张不同的脸。我的脑袋两侧各有一张，中间则是第三张。有些晚上我睡得很少，甚至根本没睡。也有些晚上我喝了太多酒，吃了我能吃下的一切，我的脸会歪掉。伟大的化妆师迪克·史密斯必须复原我的脸。到我离开他的化妆椅时，我已经变成了迈克尔。

电影开拍前的一次晚宴上，我和所有演员被介绍给马龙·白兰度，与他有过短暂接触。到我们准备拍摄迈克尔在医院找到维托那场戏时，弗朗西斯说："你为什么不和白兰度共进午餐呢？"这将是一次重要的谈话。但我其实并不想和他交谈，我认为没有必要。一想到这件事我就感到不适——你是说我必须和他共进午餐？说真的，这实在是把我给吓坏了。他是我那个时候最伟大的在世演员。我是在他那样的演员的陪伴下长大的——还有克拉克·盖博和加里·格兰特，他们都是传奇人物。他们成名之时，名气还有意义，名气之花尚未凋零。但弗朗西斯说，你必须去，所以我就去了。

我与马龙共进午餐是在拍摄场景的14街医院的一个简陋房间里。他坐在一张病床上，我坐另一张。他问我问题：我从哪里来？做演员多久了？他双手并用地吃意大利炖鸡，手上沾满了红酱汁，脸上也是。那就是我在那顿午餐时的全部所想。不管他说了什么，我的意识都被眼前满是污迹的场景牢牢吸引着。他在说话——同时大口大口地、狼吞虎咽地进食——我完全被迷住了。他打算怎么处理那只鸡？我可不希望他叫我帮他把骨头丢进垃圾桶。他不知怎么做到的，没起身就收拾妥当了。他疑惑地看着我，像是在问，你想什么呢？我在想的是，他的手要怎么办？我该给他拿张餐巾纸吗？不等我行动，他就把双手放在了白色病床上，把红酱汁抹在床单上，接着他甚至连想都没想这件事，就继续说话了。我心想，那就是电影明星的做派吗？你能做任何事。

我们的午餐结束后，马龙用他那双温柔的眼睛看着我，说："嗯，孩子，你会没事的。"我被教导要懂得礼貌和感恩，所以我可能就只对他说了谢谢。我当时太害怕了，什么都不敢说。而我应该对他说的是："你能给'没事'下个定义吗？"

我的搭档都无限地支持我，每一个都是。几乎没有人认识我是谁，而当没有人想要给你留下深刻印象时，你才能开始看清人们的真实面目。他们看得出我很挣扎，都给了我极大的安慰。演员是敏感的人群，他们带着情感生活，他们更能体察你的感受。演员的生活就是要感受每个人的感受，这样才能演好自己的角色。我见过的那些特别有天赋的演员触角都很敏锐。约翰·卡扎莱在这方面给我的感受尤其强烈，我和他有过交情，他是我的好友，詹姆斯·肯恩也是。剧本安排他们在影片中扮演我的兄长和顾问，而他们在与我的互动中也自然而然地扮演了这些角色。他们本能地保护着我，不让我失败。还有罗伯特·杜瓦尔、理查德·卡斯特尔诺、阿贝·维高达，以及其他所有演员，他们都全心全意地支持着我。我发自内心地感受到自己被人喜爱，这在任何情况下都很有帮助。

我认为观众从《教父》中所收获的，让这部电影深入人心、赋予其真正影响力的，是一种家族观念。人们认同柯里昂家族，从他们身上看到了自己的影子,发现自己与角色本身及其作为兄弟姐妹、父母和子女的身份产生了联系。这部电影有马里奥·普佐的精彩故事和叙事,有科波拉的神奇阐释,有真实的暴力。但在那个家庭的背景下,一切都变得不尽相同了。不仅是纽约的观众与柯里昂家族产生了联系——那种熟悉感将影片带到了世界的每一个角落。

马龙也向我展示了他的慷慨,但我认为他并不是只对我一个人慷慨,他将那一切分享给了所有的观众。因此他的表演才如此令人难忘,如此为人喜爱。所有人都幻想着能有个唐·维托这样的人物可去求助。有如此多的人被生活凌辱,但如果你有一个教父,那你就有了一个可去拜托的人,而他们会帮你处理。因此人们才会对他在影片中的表演有反应。这不只是因为他的胸襟和气魄,更是因为那背后的人性。因此他必须将维托演绎得超凡脱俗——他调整体态,他用鞋油给头发染色,他往嘴里填棉花。他扮演的教父必须是一个偶像,而白兰度把他塑造成了和公民凯恩、超人、恺撒大帝、乔治·华盛顿一样的标志性人物。

但是弗朗西斯的担子很重,我在拍摄维托的葬礼时才知道。那是我们在长岛拍摄的一场大戏,有大量演员参与,花了好几天时间。太阳快下山时,我听到"收工!收工!"的声音。他们告诉我今天的拍摄结束了。我自然很高兴,因为我可以回家找乐子去了,不管那意味着什么。我在回房车的路上对自己说,好了,我没有搞砸太多。我没有台词,没有责任,这很好。

但在回去的路上,我听到有人在哭,不过这在墓地里很常见。我环顾四周,想看看哭声来自哪里。结果,是弗朗西斯·福特·科波拉坐在一块墓碑上，哭得像个孩子。他号啕大哭。没有人去看他，所以我走了过去，我说："弗朗西斯，怎么了？出什么事了？"他用袖子擦擦眼睛，停顿下来，抬头看着我说："他们不给我多拍一次的机会。"那天他本想再拍一条，却得不到许可。就连他也必须听命于人。他非常想这样做，被拒让他真的很受伤。

我们永远不可能知道一部电影是否能成功。你只知道，如果剧本真的很棒——而马里奥和弗朗西斯写了一个的确很棒的剧本——那么就有机会。演员要扮演自己的角色，但电影的好坏完全取决于之后的工作，剪辑师如何剪辑，导演如何讲故事。但当时在那座墓园里，我在想：如果弗朗西斯对这部作品有如此的热情，那么其中一定有什么东西是行之有效的。我知道我把自己交到了值得信赖的人的手中。

拍摄这部电影让我有生以来第一次去了西西里。我还没有做好准备，在我看来，那是一个巨大的麻烦。但我一抵达，就感觉到有一种宇宙能量充满了全身。一切都涌上心头，即便是我从未经历过的事。通往我自身这一存在的路径始于这里——无论我此刻是什么，将来会变成什么，从某种程度上说，都是因为这个地方。它让我开阔了视野，提升了意识，对我影响彻底。作为一个演员，你总在寻找自己的身份以及与你相关的事物。结束这趟旅途回来后，我发现自己在告诉我所认识的每一个人，他们必须去看看家族的起源地，尽可能地追根溯源。这是一种核准现实的方式，是你存在过而且仍将继续存在的一个提醒。

我在西西里不认识任何人，那里的人也不认识我。他们不知道我在《教父》中扮演什么角色，甚至不知道我是西西里人。我是个默默无闻的演员，但不为人知是一件乐事。我从不和任何人说话，我没有任何谈资。但无论我走到哪里，当地人都对我充满好奇和友善。他们拥有的不多，但都慷慨大方，优雅从容，他们会邀请电影里的一个孩子，或者邀请任何人，到他们小小的家园，同他们一起用餐。我会安静地坐着，吃他们提供的食物。

到拍摄电影中迈克尔与阿波罗妮亚结婚的美丽场景时，我身穿羊毛西装站在那里，身旁是扮演新娘的西蒙蕾妲·瑟法奈尼，以及许多不会说英语的意大利人。这看起来并不是拍起来最具挑战性的场景，弗朗西斯却拿着手提式扩音器向我大声发出指令。他说："阿尔，我要你做三件事。首先，到那边去，跟场景中的人说话。接着，离开他们，去找你的新娘，同她跳华尔兹。之后，同她一起上车离开。"

于是，我这个方法派演员先生告诉他："你必须明白，弗朗西斯，我真的不太会说意大利语。"他说："没关系，阿尔，随便编点什么话说。"我同意了。摄像机要拍的是中景，不是特写，所以他们看不到我具体说了什么。接着，他说："过去，跳华尔兹。"我转身对他说："但是我不会跳华尔兹。"他摇摇头，瞪着我，大喊："哎呀，那你随便跟她跳什么舞，跳完以后就去车子那边，驾车离开。"我真希望你能看到他当时的表情，因为我对他说："抱歉，弗朗西斯，但是我不会开车。"一个来自南布朗克斯的小孩，一辈子一直都在坐地铁，怎么可能会开车？我直到三十四岁才拿到第一本驾照。

这时，弗朗西斯爆发了："我究竟为什么要雇你？你会做什么？"我说："我不知道有没有用，但是我会编篮子，所以等他们来把我拽走时，我还是有样优势的。"临演们看着我们说话的样子哄堂大笑。

现在回想这一幕，我充满眷恋。他是个拍电影的导演，我是个演员，但他要求的大部分事情我都做不到。不过我还是在那个婚礼上跳了舞，跟现场的人胡乱说了意大利语，然后走下山坡，上车把那讨厌的车开了三四英尺远。这就是我们都热爱电影的原因，一切皆有可能。

西西里的7月非常热，但我们所有人都穿着毛衣。我们要拍的这个场景需要一大群临演站成一排，这时突然通知午餐休息时间到了，人们开始散开。助理导演是一位来自罗马的顶尖人物，经验丰富，负责组织临演，他开始冲那些西西里人大喊——"嘿，都给我回去"——像是在训驴。再一次地，我看到那根无形的鞭子在抽打，就和《恶厨师》的导演从前所做的一样，这让我感到困扰。这些人一大早就站在烈日下。队伍里的一个男人举起手，用意大利语说了句什么，指着自己的手表，因为时间已经是下午两点左右了。那个罗马人用意大利语说："你闭嘴，回去站队。"那位临演是个瘦削的小个子，头发灰白，面容英俊。我猜他应该有六十多岁了。他很谦逊，只是耸了耸肩就离开了。他退出了这部电影，这也就意味着他不会拿到报酬。

我爱他，我想象着作为他那样的人该是什么感受。多么勇气可嘉。这些临演都是些拿着微薄报酬来帮忙填补电影背景的穷人。这个家伙没拿到钱就走开了，因为他要去吃午饭。他要去某个地方，吃点奶酪和水果。我曾经也有那样的自由，但我不想和他交换位置。我只是沉浸在他所激发的幻想之中。我看着他，心里想着，我赞同那样的举动。在精神层面，对我来说，他是个英雄。

拍完《教父》后，我破产了。倒不是说我以前有多少钱，但这时我是在欠债了。我的经理人和经纪人从我的薪水中分成，而我只能靠吉尔·克莱伯勒的资助生活。有一天，我和吉尔在公寓里，有人敲门。我打开门，来人递给我一个信封，里面装的是一纸送达通知书。我心想，这是什么？原来在我等待《教父》的雇用合约期间，米高梅公司选中我出演另一部黑帮电影，一部黑手党喜剧片，名叫《枪法不准的帮派》，现在他们来堵我来了。就好像我是个赌棍，而庄家要来抓我。我只得请律师帮我解除合同，很快我又欠下了一万五千美元的律师费。

我没钱继续跟米高梅打官司，所以我请他们的制片厂负责人在59街和第五大道交叉路口广场酒店外的普利策喷泉见面。那是个忙乱的地方，四处都是疯子和吃午餐的酷男女，戴帽子的西装男在奔波工作，妇女们推着婴儿车。我们坐在喷泉的边上。我不像柯里昂家族的维托和迈克尔那么强硬，他们的还价技巧也没有传授给我。我恳求他，我说："你这是要我的命。我一分钱都没有，而且因为你们不停起诉，我还得花钱请律师。"那感觉像一种惩罚。"你们为什么要这么对我？"我问，"我没有对你们做过任何事。我们怎么做才能解决这个问题？"

他说："如果你有一本书或者一个剧本想演，能不能先寄给我们？"

"别的呢？"我问。

他说："就这。"

我说："行，成交。"我的内心喜不自胜。穿西装的男人一向让我害怕。我从来都听不懂他们在说些什么——我的态度一贯是："接受，接受。"我完全不知道该怎么跟他们谈判，我在这个领域必须学着变得聪明起来。

《教父》在纽约首映之前，我只看过一遍，是在那几个月前，弗朗西斯给我看了一个未完成的剪辑版本。放映结束后，我就自己的表现对弗朗西斯做了一些反馈，他看着我，表情近乎嫌恶。当然了，当我观看一部未完成的电影时，我免不了会看到一些可以换个演法的地方。但你可能会想，我应该理解，我没有资格对这部电影的导演说这些，他刚刚用他过去一年的生命，挂在悬崖边缘用指甲连抓带刨地才抠出了这部电影。我太迟钝了：他很有风度地给我看了这部电影，而我担心的却只是自己的表演，而非他所完成的这部伟大作品。作为一个年轻演员，你有时是会有些不懂人事。你在意的是其他的东西，于是所有形式的优雅和礼节都会被你虚荣的冲动和愚蠢的自我抛到脑后。我必须说，我在其他人身上也见过这类情形。我希望我现在不再是那样，不过这个问题尚无定论。

我去时代广场勒夫州立剧院参加《教父》的首映礼时，系着一个和我的脑袋一样大的领结。我带着吉尔、外祖母、姨妈和表兄马克，他就像我的亲兄弟。那副打扮感觉就像参加轮船的首次下水仪式，如此不自然，庄重到奇怪。就差有人在船头敲碎一瓶香槟了。

我只记得我和其他演员伙伴站在一个平台上，被媒体问各种我不会回答的问题。接着我们落座，但我没有看电影。我不想观看成片。灯灭后，我就出去了。

你知道，涉及电影时，我对自身有着各种各样的感受。当有他人观看我时，我永远无法观看自己在银幕上的样子。那让我有些不安，让我害羞，近乎尴尬。作为一个年轻演员，我想我需要关注但同时又不想被关注。这有点矛盾，我知道，所以我尽量避免让自身处于此种境地。幸运的是，我已经改变了。这就像我学会了克服坐飞机的恐惧一样——我只是不再在意。我想起了《哈姆雷特》中的一段台词：

不，我们不要害怕什么预兆；一只雀子的死生，都是命运预先注定的。注定在今天，就不会是明天；不是明天，就是今天；逃过了今天，明天还是逃不了，随时准备着就是了。一个人既然在离开世界的时候，只能一无所有，那么早早脱身而去，不是更好吗？

我离开影院，绕过拐角，跟阿尔·鲁迪及其他几个参与过这部电影的工作人员，一起去了44街的一家酒吧。我整晚都在喝酒，喝到酩酊大醉。用这个词来形容再合适不过——酩酊大醉——当你喝到再也喝不下，仍要不管不顾地喝。那晚发生的事，我竟然还能记得些许，真是令人震惊，但我的确记得，当我回到瑞吉酒店参加庆功宴时，我瞥见了阿莉·麦格劳，我暗自心想，这绝对是我这辈子见过的最美的人。太惊人了，世上竟然有人能拥有那样的皮肤。简直像神话人物。

我几乎一辈子都没完整地看过《教父》这部电影。我也不知道为什么。或许是我觉得，因为我在里面出演，所以我不可能是一个好观众。当然，这些年来，我曾在电视上或什么地方看过一些片段，而一旦你开始观看，就很难关掉。

不过，最近我在好莱坞杜比剧院举行的《教父》五十周年纪念放映会上观看了这部作品，修复后的拷贝播映效果非常好，声音清晰完美。整个体验振奋人心。在这部影片中，每一个场景里都同时有两三件事在发生。没有一个沉闷的时刻，一直在讲述故事。很多地方都让我印象深刻。比如唐·维托中枪出院后的那场戏，马龙躺在床上，他们把孩子们写的"祝早日康复"的卡片放在他身上。罗伯特·杜瓦尔、詹姆斯·肯恩和其他几个人围在床边。马龙想问，他的小儿子迈克尔发生了什么，并且谈起了迈克尔对于家族合法化的希望。他们告诉他，迈克尔杀了索洛佐，必须去西西里躲避。这场戏的拍摄角度如此精彩。白兰度转过头来挥手示意他已经听够了时，他的脸上流露出一种无比沮丧的神情。迪克·史密斯为马龙化的妆非常出色，你能清晰地看见白龙度脸上的痕迹；你能看得出，他已经历了太多，你能感受到他翻越过的那座大山有多高。这一切都是深思熟虑和细致安排的结果，这些细节让人不安。他们以这样一种方式呈现了这个镜头，告诉了你所需要知道的一切。而这部电影中充满了那样的时刻。

但在1972年，这部电影的上映对我所产生的影响是立竿见影的。它以光速发生。一切都变了。电影上映的几周后,我走在街上,一个中年女人走过来,亲吻我的手,叫我"教父"。还有一次,我去杂货店买一箱咖啡,查理在外面的人行道上等我。一个女人走过去问他:"那是阿尔·帕西诺吗?"他回答说:"是啊。"女人说:"啊,真的吗?他是阿尔·帕西诺?"查理说:"对啊,总得有人是吧。"

这部电影上映的时间并不长,所以我继续过我正常的日常生活,仿佛什么都没有改变。有一天,我站在路边等绿灯,有个漂亮的红发女孩站在我旁边。我看着她,她也看着我。我说:"嘿。"她说:"嘿,迈克尔。"我心想,哇哦,我的天哪。我不安全。无名时代,我的甜豌豆,我的生命之光,我的生存工具——现在都没了。但只有失去了你才知道珍惜。

成年人不做这种事

Grown-ups Don't Do Things Like This

名望，正如我的朋友希思科特·威廉姆斯所说，是人类追求认可与关注这种本能的扭曲。它如此转瞬即逝，又如此奇怪。作为一个演员，我一直想要的是，点亮我观察到的人群，以及我扮演的角色。但事实完全相反，我感觉所有的灯光都照在自己身上，让我看不到外面。我知道我们现在生活的时代变了，名望也有了不同的含义，但在半个世纪之前，这对我的打击实在是太大。没有什么事比名人抱怨名气更无聊，所以我不会赘述，尽管我很想说。

在拍摄《教父》之前，我只在报纸上见过一次我的照片，是在我演《印度人想要布朗克斯》时。当时我在蒙托克镇，跟马蒂·布雷格曼和某位著名的纽约官员一起。第二天看《纽约时报》时，我无意间看到了一张我们三人的合影——马蒂·布雷格曼，一位白发政府官员，还有我。我戴着一顶俄罗斯风格的帽子，膝盖受了伤，所以只能拄着拐杖走路。我看不出照片里的我在看什么。那是我吗？我觉得自己像个陌生人。我感觉到某种新的东西，我害怕它。我想站在那里，对所有的人说："嘿，那不是我！我有我十一岁时的照片。看。这才是我！"当时我还在当大楼管理员，刚熬过无家可归的岁月。

今天，名望已经是一件不同的事情。人们渴望它，追逐它。他们觉得这就像中彩票，但你要在其他方面付出代价。直至今日，当我和表演系的学生交流时，仍然总会有人问我："你是怎么变得这么有名的？"我只能说："我演了《教父》啊，伙计。"你以为呢？如果你演，你也会出名。我对其成功的反应是，要远离那部电影，远离我在其中的表演。我在它和我之间打入了一根楔子。我告诉自己，我与它没有任何关系。只是里面有一个非常适合我的角色，我对它有一些感觉，我演了它而已。不过我有科波拉，而科波拉是个奇迹。他成就了那部电影。

我对电影角色所带来的媒体关注度感到怀疑。我在轮演剧场表演时，就看到了自己的未来。那些戏剧就足以改变我的人生，那些剧作家都是先知。他们让我成为一个更好的演员，为我提供了教育，让我对世界有了更深的理解，并且让我充满喜悦。谁不会为此感到满足呢？我记得当时我感觉到，仅仅做着这些，我就已经完全满足了。我或许最后会跟一个女裁缝结婚，我们会生十个孩子。这是个奇怪的幻想，却给了我一些希望。在《教父》让我成为大明星之前，我在接受《纽约时报》的采访时也说过这些。岁月变迁，观点会变，所以发表观点的行为有些可笑。不过至少，当时我是认真的，如果有机会，我还会再说一遍。只是孩子的数量可能会变成八个，而不是十个。

但我最后不会是和吉尔过上那种生活。她是个出色的演员，她的工作也在增加——我们经常不在一起，甚至在《教父》让我一夜成名之前。我们的关系并没有以疯狂的争吵和激烈的分歧而告终。我们彼此喜爱,在一起将近五年。她离开去拍自己的电影,几年后为保罗·马祖斯基拍了《不结婚的女人》,大受欢迎。她和我住在同一个地区,经常会偶遇,所以维持着相对稳定的联系。我们一直是朋友,感情一直都在。

与此同时,无论我走到哪里,《教父》的光环都跟随着我,让我做的其他一切都黯然失色。我对此有些顾忌,但这个世界不允许我躲避。

我被所有这些骚动弄得惊慌失措。《教父》之后,他们愿意让我出演任何作品。他们让我演《星球大战》里的汉·索罗。所以我去了,朗读了剧本。我把本子拿给查理。我说:"查理,我不可能从这里面发展出任何东西。"他给我回电说:"我也不能。"所以我就没演。

有些角色哪怕给我一百万年我都不知道该怎么演。找谁都行,但别找我。我有时在想,至少看看这个角色吧。如果我努力塑造,也许能行得通呢——有些时候你是能做到的。表演课、演员工作室、轮演剧场的全部意义就在于,我挑选的角色并不一定需要适合自己。有时我需要扩展思维。说不定我会和某个角色建立联系,不试试怎么会知道呢?

但也有些时候,我会说,哇哦,我真的想演那个。管他有没有能力——那个角色不一样。有时我拿到一个角色,对它有感觉,其中有某种东西,在我的心里,在我的周围,发出嘣嘣嘣的响动。我真的喜欢那种感觉,我想演那个角色。但这种时刻就和牙疼一样罕见。

那个时候，我不得不提醒自己小心。别因为他们给钱，你就什么都演。在那期间，我拒绝了英格玛·伯格曼，我拒绝了贝纳尔多·贝托鲁奇、费里尼、彭泰科沃。你能想象对这些人说不吗？在我的内心深处，我无比渴望与他们合作。我不是拒绝他们——我只是没办法出演他们当时要拍的作品，因为我与角色不适配。

他们让我演萨姆·帕金佩导演的《比利小子》里的比利小子一角。我爱帕金佩，他是史上最伟大的导演之一。你能想象和鲍勃·迪伦一起演一部电影吗？谁又不想扮演比利小子呢？我觉得这件事我能干。接着我就读了剧本，我想做些改写，和帕金佩一起修改剧本，这是我一般情况下和导演合作的方式。我能看到我们工作的样子。但我想，我骑不了马，它们太大。而且和帕金佩一起去墨西哥的话，我可能会因酒精中毒而死，因为在那里我会被酒包围，所以我放弃了。

只喝酒取乐的生活，我只能坚持到这里了。我甚至无法称之为取乐，那只是失去意识罢了。到了一定的时间，我必须做点别的事情。

我站在加州贝克尔斯菲市的一片田野里。气温大约有120华氏度*，或者说我当时的感觉就是这个温度。我看着吉恩·哈克曼走下一座山那么大的白色沙丘。这个镜头拍得非常漂亮：头顶是钢灰色

---

* 120华氏度相当于48.89摄氏度。

的天空，他的前方是未被污染的牧场，沙丘顶上有一棵孤零零的树。吉恩走得很慢，以至于在我看来眼前的画面几乎没有变化。我像是在看一件艺术作品。他花了几分钟才走下沙丘，穿过田地周围的网状栅栏。尽管天气炎热，他还是穿着三件外套，里面还有好几层内衣，因为他的角色是个喜欢保暖的流浪汉。观众后来看到这个场景时，并不知道拍摄时外面有多热。吉恩拍完这一条，还得再来一遍，所以他要转身，爬上坡顶，然后再一次走下来。

我这时三十二岁左右。我想着，这算是我所目睹的最奇怪的事吗？这个男人四十多岁，穿着三件外套，假装要走下这座巨大的沙丘，在这样炎热的天气中。而且他要一遍又一遍地重复。下坡。上坡。下坡。他似乎还乐在其中。我简直不能相信。这就是我的职业吗？这就是演员的工作吗？吉恩是个成年人。成年人不做这种事。

我当然并不想演《稻草人》，这是我在《教父》之后的第一部电影。我已经习惯了纽约的舒适生活，不想离开这座城市，离开我在那里的一小群朋友。但查理读了加里·迈克尔·怀特的剧本，这讲的是两个流浪者在全国各地漂泊的故事。有点像《等待戈多》，也有点像《人鼠之间》，他觉得是个好剧本。导演是杰瑞·沙茨伯格，我跟他合作过《毒海鸳鸯》，那真的是部好作品。我还将与吉恩·哈克曼搭档，他刚凭借《法国贩毒网》获得了奥斯卡奖。我不知道自己是不是有意选择了一部与《教父》截然不同的作品，这部作品简单而小巧，能让我远离耀眼的聚光灯。不过我演的角色，一个叫莱恩的流浪汉，有点疯狂和呆傻。他是个无依无靠的穷小子，我爱这个角色的脆弱。

随着拍摄路线一路向东，事实证明，吉恩和我显然是两个世界的人。他比我年长十岁，非常风趣，是个伟大的演员，也是个好人。不过那并不总是意味着，我们就能和谐相处。我们从来没有争吵过，但我们之间就是有些别扭。我永远都不明白原因。没有人能和所有人都相处融洽。一般而言，男女演员在合作时会保持一定的社交距离，然后各奔东西。在生活中，我们偶尔才会遇到合得来的人。在拍摄《教父》时，有很多人都很照顾我，让我感到很舒适。我一辈子都在演戏，所以我不需要任何人来告诉我该怎么做。说实话，我不需要指导。吉恩有点沉默寡言，在演戏之外，我们几乎没有真正的交流。我们就是工作而已。我想吉恩可能是认为我不成熟，因为我太疯太野。我想他可能是对的，真的。

我跟吉恩·哈克曼的弟弟理查德倒是处得很好，他在电影中也演了一个小角色。我们两个都喜欢喝酒和派对，会痛饮狂欢到深夜，第二天早上我睡两个小时就去片场。我的脸因为喝酒变得又松又肿，看上去就像中央公园里玩的那种大沙滩球。

我们经常去夜总会。理查德随身带一只康加鼓，如果能在丹佛或者底特律找到一个有小舞台的场所，我们就会上去，他打康加鼓，我吹口琴，也打几下鼓。我们从不排练，从来没有为演出做过丝毫准备。因为我这时已经是名人，那些地方都会让我上去跳舞。我其实跳得不差。我爸是拿过奖的舞者，我想我继承了他的舞蹈天赋。

有天晚上，在我们穿越全国之旅的某个地方，我喝得烂醉如泥，找不到回家的路。一个女人对我说："啊，那我开车送你回家。"我想都没想就上了她的车。但在行驶途中，我虽然迷迷糊糊，还是认得出她并不是要送我去我当时的住处。我对她说:"这是去哪儿?"她直接说:"我要绑架你。"

这可不是什么手段激烈的调情。我是名人,我演过《教父》,但我出身于南布朗克斯。当我发现某个疯子对我图谋不轨时,我知道该怎么逃脱。我说:"不,你别想。我要下车。"她说"不,不",然后继续开车。我打开车门,做出要跳车的架势。我有一点醉,但如有必要,我已做好从一辆行驶的汽车上跳落的准备。这不会发生在我身上,伙计。她关上门,将我送回了家。我猜这一幕可能发生在科罗拉多。我不知道他们那边的做事习惯。

拍摄这部电影的一场戏时,我在栈道上行走,结果摔下来弄伤了膝盖。受伤的位置肿得像个瓜,他们送我去了医院。值得感谢的是,吉恩·哈克曼来探望我。他给我讲了一些他的人生故事,他来自一个破碎的家庭,很早就在一场家中火灾里失去了母亲。我们大多数演员都经历过地狱般的日子,但我们都熬过来了。

因为拍摄《稻草人》的记忆并不美好,所以第一次观看它时我并不喜欢。它没能取得商业成功,但在戛纳电影节拿到了金棕榈大奖。我最近看了这部电影,惊讶于它所蕴含的震撼力量,我强烈地感受到它的冲击力。但在那时,我记得我们提前十七天就完成了拍摄。我一直在想,我不想拍这部电影了。我好想回家,但理智要求我们好好地完成拍摄。那正是我们一开始聚集起来的初衷。如果你不想按照应有的方式去做完一件事,那干脆不要开始。

《稻草人》之后,我迫切地想要重返舞台。我求助经营波士顿剧团公司的朋友大卫·惠勒，他很早就想找我出演《理查三世》。所以我就去波士顿开启了那次冒险之旅，最后，这成了自《印度人想要布朗克斯》以来让我收获最大的事情之一。理查三世是一个经典角色，埃德蒙·基恩、约翰·巴里摩尔、劳伦斯·奥利弗都曾因之大放异彩。这将是我第一次在真正的观众面前表演莎士比亚的剧作，也是我对这个角色的学习之旅的延续。

我与《理查三世》这部剧结缘于演员工作室。在我还是一个无名小卒时，我在演员工作室尝试过商业世界根本不会给我机会出演的各种作品。我在那里演过音乐剧，我演过哈姆雷特，我演过理查三世，而弗朗西丝卡·德·萨维奥演我的王后安妮。这是我在演员工作室扮演理查三世六七年后重新出演这部作品，我的生活已经处于不同阶段。大卫·惠勒是一位有着良好声誉的完美导演，也是我崇拜的人，我们的关系是我在职业领域最重要的关系之一。在波士顿的那个寒冬，我们进入了莎士比亚和《理查三世》的世界。那是一个非常有趣的排练时期，充满了实验和即兴创作。查理也来波士顿帮我塑造这个角色，他的妻子彭妮则扮演安妮王后。

那也是我和塔丝黛·韦尔德恋爱的时期。我们都非常喜欢对方。我们可以只坐在酒吧里喝白兰地亚历山大鸡尾酒。我把她也带去了波士顿。剧团公司问我："嘿，既然塔丝黛来了，她又是演员，那或许她能演伊丽莎白？"我想，糟糕。我对那种安排有些抗拒。接着我做了一件让我有些后悔的事。我在那个舞台上的任务本来就很繁重了，再加个恋人进来？那一定会影响很多事情。我只是觉得，住在一起，再一起演戏的话，我们的关系可能撑不下去。我是否正确，我永远都不会知道答案了。只不过现在回想起来，我希望我当时的回答是："好啊，那就让她演。"但那时我阻止了这件事。

不幸的是，三个星期的排练时间并不够，我生了病，发起了高烧。查理在我的床尾，和我一起对词。查理去过一次彩排现场，对我们取得的进展非常激动。如果是60年代在格林威治村的某个破旧剧院演这出戏，我想我们可能会成功。但要到剑桥的勒布戏剧中心演，这实在是一次相当大的飞跃。我们连真正的布景都没有，就只有一些铁栏杆，架在某座不具有任何意义的雕塑上。我看不明白，并且仍在试着弄清楚我的表演该往哪个方向走。

有天晚上，我出场演第二幕时，有半数观众都已经退场。我以为我们完了，我说："我要回纽约。"大卫·惠勒说："别回纽约。留在这里。演下去，阿尔。"他说我们需要再给这出戏多一点时间。但在哪里演呢？一部戏的内容包含一切。如果没有合适的布景，合适的演员阵容，合适的氛围，那你就一无所有，即便是莎士比亚的戏也没用。

大卫告诉我，说我应该去看看圣约堂。有天晚上，我在纽伯里街轻快散步时无意看见了它。那是一座美丽古老的哥特式大教堂，天花板很高，有巨大的彩绘玻璃窗。从几英里[*]外就能看到它的尖顶；走进内部，其屋顶仿佛直插云霄。你每说一句话都要停顿几秒钟，因为回声如此之大。那让一切感觉都那样奇特。

每天晚上，我都会去那座教堂的教区长住宅，全副装备地上台。

---

[*] 1英里约等于1.61千米。

我的精神状态已近疯狂。我在纽约的事业蒸蒸日上,《教父》取得了轰动性的成功,我却在波士顿,第二次扮演理查三世,试图走出勒布戏剧中心那些演出的影响。在我没有意识到的情况下,我渐渐开始酗酒,恋爱关系也陷入了一贯的挣扎状态。我的总体想法是,这一切将何去何从?我感觉自己一团混乱,与此同时,我也觉得得到了解放。我将那种疯狂注入了理查三世这个角色,他也接近这种状态。如果没有这一切事情的发生,那么我可能无法那么容易进入这个角色。

当时有个哈佛来的实习生,被分派给我做助理,和我一起工作。她是个结实的小个头意大利女孩,我觉得她简直能把我拎起来扔到舞台上去。我们设计了一种游戏,一开始是我开玩笑逗她,后来变成了演出前的例行仪式。她过来找我,说:"阿尔,十五分钟后开幕。"我就说:"你谁啊?"她回:"我是助理,别大惊小怪。"别大惊小怪?你以为我会上台演戏?干脆你上去演吧。稍后她又来提醒我还剩十分钟。接着是五分钟。我们做戏做得很认真,每次都说相同的台词。然后她就卷起袖子,开始绕着桌子追赶我。"你必须上台。"她扔东西砸我。我冲她喊:"我要杀了你!"

然后我不得不上台,驼着背一瘸一拐地出场,以一种纯粹而完全的混乱状态。当我在教堂的讲道台上站起身时,我的心因为肾上腺素的刺激而怦怦直跳,我偷偷抬起头,对着一个小型麦克风嘘声说:"现在我们严冬般的夙愿……"你想跟我聊聊方法派表演?我演出了我所演过的最好的理查三世形象。

当我们开始在那里上演这出戏时,我每晚都要谢幕五六次——

每次我都会鞠躬，站到舞台两侧，然后回到舞台中央，再次鞠躬——这并不是因为我实在太帅气，而是因为观众在观看那部作品时获得了一种体验。他们被打动了。这出戏之所以能够成功，是因为我们身处教堂的氛围中：那种肃穆的氛围让作品活了过来。在那之后再也没有过那么好的效果。

六年之后，我来到百老汇再度演出《理查三世》。当然，我们已经不在那座教堂。我们没有构想，没有概念。我们在一个镜框式舞台上演出，用的是之前在勒布戏剧中心用过的那套老布景。这次演出的效果不尽如人意。我试图重复自己，但我已经有一段时间没演过这个角色，我所做的一切都不对。评论称——我不看评论，但它们总会被反馈给你——"帕西诺让这个国家的莎士比亚戏剧演出水准倒退了五十年"。我纳闷他们怎么没说一百年。

有天晚上演出结束后，我回到我的化装间。我累得筋疲力尽。在那个舞台上演了三小时理查三世后，我想我有权利在我的小扶手椅上坐下来歇一歇。骨瘦如柴的我迷迷糊糊之间抬头一看，杰奎琳·肯尼迪·奥纳西斯竟然来了，她带着一位年轻女士来后台看我，我想应该是她的女儿卡罗琳。她那么优雅和美丽，散发着高贵的气质。我瘫坐在我的椅子上，伸出手让她亲吻。

天知道我在想什么。我为什么要那么做？请告诉我，我是有什么毛病？我一定是以为自己在做梦，梦到杰基*来了。也许我产生了幻觉，以为她在和我一起演那出戏，所以她是我的王后——而作为

---

* 杰基是杰奎琳的昵称。

王后,她现在必须亲吻国王的手。大卫·惠勒事后告诉我,我就像职业拳击手回到淋浴间后问道:"谁赢了?"而他的教练说:"你啊,笨蛋。"我赢了?这种事也是有的。当你是演员时,你完全沉浸在自己的表演之中。当你演完史上最伟大的戏剧之一,退场后,你有可能做任何事。

从那以后,我学会了给自己一点时间。请他们说"帕西诺正在换衣服"之类的话。"能给他五分钟时间吗?我得去拍他几下把他叫醒,因为他以为自己在戏中世界呢。"

当我们在波士顿的圣约堂为《理查三世》举行开幕演出时,我获知自己因为在《教父》中的表演而得到了奥斯卡奖提名。那是我第一次,而且就我所知,可能也是我唯一会获得的提名。几周前,我发现自己获得了国家评论协会奖的最佳男配角奖。那似乎是件大事,只是我想不通他们为什么不把最佳男主角奖颁给白兰度。他们选择了彼得·奥图尔,我对彼得·奥图尔是全心爱戴的,但拜托——是《教父》中的马龙·白兰度啊,那可是规则改变者。

你的工作得到认可总是令人高兴的。这不会惹你生气。让我看看谁会说:"啊,我得了奥斯卡提名——去他们的,他们根本不懂自己在干什么。"

我直到最近才知道,业内当年的看法是我在抵制奥斯卡奖——我没有出席颁奖典礼,因为我在《教父》中被提名的是男配角奖,而非男主角奖。我觉得自己受到了轻视,因为我认为自己应该获得和马龙同一类别的提名。你能想象吗,这个传言在当时就爆炸开来,但我直到最近，这么多年之后才听说？这在很大程度上解释了我来好莱坞探访和工作时所感受到的距离感。我现在才听说那个传言，太令人震惊了，我错过了所有解释的机会，甚至不知道人们当时竟然是那样看我的。我觉得我应该去森林草坪公墓，那里是许多好莱坞老前辈的安眠之地，我应该去绕着墓地跑一圈，并且对着墓碑大声吆喝："嘿，伙计们，我想出席来着！我只是害怕而已！"

这种事会影响你在好莱坞的生活，它会引发多米诺骨牌效应。在我从事的这个行业，代理的艺人确实会关系到从业者的个人利益——他们可能会将我与白兰度相提并论，稍稍壮大声量，提升我的形象。如果我当时雇用私家侦探，调查这个虚构传言的源头，上文的猜测是一种可能性，不过时至今日我都不知道这个传言是怎么产生的。假设传播开来，接着这些假设变成了观点，这些观点又变成了磐石，你永远无法击碎或者改变它们。这听起来有点复杂，但我认为这就是我们这个世界大多数时候在发生的事。捏造和谣言变成了事实。我们是迷途的可怜小羔羊，咩咩。

老实说，年轻时我非常渴望远离一切。我认为，你们对我的了解越少，我就越有可能让你们欣赏我的表演，所以我一直低调。他们却把我当成傲慢的势利小人，甚至演变成了公认的传说。正如伊阿古所说："名誉是一件无聊的骗人的东西；得到它的人未必有什么功德，失去它的人也未必有什么过失。你的名誉仍旧是好端端的，除非你以为它已经扫地了。"

当时的空气中弥漫着某种气息，演员都在反抗好莱坞。不参加奥斯卡颁奖典礼和参加一样，几乎成了一种传统。理查德·伯顿和伊丽莎白·泰勒就没去，乔治·C.斯科特也没去。马龙拒绝了他的奖项，并且还派了萨钦·小羽毛去抗议。我说颁奖典礼举办时我正在舞台上工作。但我原本还是可以去的——每个人都知道，当你获得了奥斯卡提名，他们会给你放假。我有点怕坐飞机，我知道飞行途中我得喝上半品脱苏格兰威士忌。但我的借口站不住脚，没有人买账。真话是，我被这一切的新事物搞晕了。我还年轻，心理年龄甚至比实际还小，我就是怕去。如果你想说实话——我不知道我是否想——我想我当时也是在走嘉宝的路线。我是避世隐居者，我只想自己待着。

弗兰克·塞尔皮科和科纳普委员会的真实故事发生的当时，我根本没有注意到。塞尔皮科是最早谈论他所目睹的警界腐败现象并且开凿那座腐败堡垒的警察之一，其实根本不可能对其造成任何影响，但他尝试过。我只是没有注意到那件事。这时，马蒂·布雷格曼正在根据塞尔皮科的故事开发一部电影，想让我来扮演他。如果我参演，那么布雷格曼就会同时兼任我的经纪人和影片的制片人。这当然会产生利益冲突。掏钱制作的人同时也要从你这里抽成。但我觉得这种安排的优点能弥补其不足，因为马蒂了解我。他是我的搭档，是我信得过的倾诉对象，他愿意倾听我。

彼得·马斯为塞尔皮科写过一部传记，他们给了我一部根据那本书改编的电影剧本。让我来告诉你吧，阅读感受是这样的：他做这个。接着他做那个。接着他来这儿。接着他去那儿。就像我现在写的这本书。你读的时候会想，哦，然后呢？就像是在说，哈姆雷特回家,接着他见了他的父亲,接着他去找他的母亲。耶,棒。也就是说它没有吸引我。我需要更多。

接着我在布雷格曼的办公室见到了弗兰克·塞尔皮科。是布雷格曼安排的。我看了弗兰克一眼就明白了。我说,我能演他。我得演他。我从他的眼睛里看到了这一点,我心想,我想成为那个人。经常有人请我扮演真人角色,我都拒绝了。我不想成为他们,这无关他们的好坏,只是因为我感觉不到和他们的任何联系。

那年夏天,我们在拍摄那部电影之前,我又花了更多时间与弗兰克相处。他来我当时在蒙托克镇租的房子探访。我们坐在屋后的木头平台上,看着海浪拍打上岸。最后,我对他说了一些他可能早已听过上千遍的话。"弗兰克,你当时为什么不接受那些贿赂?"我问他,"为什么不收下那笔钱?如果不想留着你那份,就分出去不行吗?""阿尔,如果我那么做——"他停顿了很久,"那么当我听贝多芬的音乐时,我是谁呢?"他那番陈词击中了我,让我想要扮演好他。

瓦尔度·绍特和诺曼·韦克斯勒合作撰写了一部出色的剧本,然后我们请到了约翰·艾维尔森执导。他在那之前就已经拍过好几部非常好的电影,后来还将执导《洛奇》。我觉得他很好。我开始和他一起挑选其他演员,在他们试镜时担任类似舞台经理人的职务。接着,有一天艾维尔森没来。他被炒了。马蒂·布雷格曼就是那么干的。我坐在那里,心里想着,搞什么鬼?我不知道他为什么要解雇这个人,因为我们甚至都还没开始排练。艾维尔森仅刚开始谈论他想怎么拍这部电影。我完全沉浸在自己寻找塞尔皮科这个角色的过程中，想弄清楚我该如何扮演他，并且在蓄络腮胡，那已经占据了我的全部世界。我完全没有注意到，这部电影的创作过程还要牵扯到其他事情。我甚至不知道我的片酬，马蒂每周给我两百美元的出租车费，我已经很满意了。

著名制片人迪诺·德劳伦蒂斯是彼得·马斯原著的版权拥有者。他是这个项目的负责人，他发现布雷格曼的所作所为后发了狂。在那之后，他不允许马蒂出去找别的导演。德劳伦蒂斯说，我们要想继续拍这部电影，唯一的办法就是，你——他指的是我，帕西诺——去给我们找个新的导演。

事情永远都不可能顺利进行，对吧？我该去哪儿找新导演？我这辈子从没雇过人。我才主演过三部电影。我说："马蒂，我不知道该怎么面试人。这简直是发疯。"他说："不，你必须得干。就这么决定。"所以这下子我得去加利福尼亚。我非常不开心。我去旧金山找彼得·叶茨谈，他当时已经拍了《布利特》。我去洛杉矶找马克·雷戴尔谈。最后我去了比弗利威尔希尔酒店，一间我称之为浮华房间的客房——我想不到别的还有什么名称合适。我和一个像我一样沉默的人谈话，他很年轻，事业刚刚起步，但他有一部名为《穷街陋巷》的艺术片正在热映，我还没看过；我忙着看那些带有红绿毛毡的桌子、描有鸭子和孔雀的墙纸，没意识到我正在跟有史以来最出色的电影人之一，马丁·斯科塞斯谈话。我当时头脑晕眩，我们几乎没对彼此说一个字。我猜他一定知道，对于聘请导演，我是一窍不通。

我空手而归，但后来我见到了西德尼·吕美特。他的职业生涯当时出现了一点起伏。你知道这一行的情况，你有红的时候，也有不红的时候，但他依然是我们最伟大的导演之一。1960年，他执导了尤金·奥尼尔的《送冰人来了》，由小杰森·罗巴兹主演，那是我看过的最伟大的现场表演。吕美特的这一版改编自几年前何塞·昆特罗在广场圆圈剧院执导的版本，被录制成影片后曾作为"每周戏剧"系列节目的一集在公共电视台播放。这是一出三个半小时的戏剧，一周七天每晚都会播放，十九岁的我每晚都会在南布朗克斯的公寓里观看，因为罗巴兹的表演简直让人难以置信。我最近又看了一遍，因为我想知道它是否仍有当年那样的冲击力。我的天哪，它依然有。而且是有增无减。如果三个半小时对你来说太长，你可以在YouTube（油管）上分段观看。它无疑改变了罗巴兹的人生，也改变了我的人生，它也将改变你的人生。

于是我就去了吕美特在东汉普顿的住所，想看看他是否适合执导这部关于塞尔皮科的电影，而我依然像个傻瓜。我不知道自己在做什么，我在他家四处张望。他开始——在某种程度上，算是吧——批评我。他说："你的表演方式，我不知道。我有时候会觉得有问题。我做事情有点不同。"他就好像是在说，嘿，孩子，你没那么好。我当时在想，这家伙在侮辱我呢。我甚至都不认识他。而他还想要这份工作？他想跟我合作？不过我这辈子一直在被各种导演侮辱。

万幸，我没有为自己辩解，因为我不知道该说什么。他的智识胜过我，在许多方面都很体面。我想他可能是觉得，怎么是这个蠢小子来面试我？我知道他是这么想的。谁又不会呢？我想其他导演也都会这样想,但他年纪更大,他有一种权威感,以及一种压倒性的老练感。他没有欺压我,但他对我的作品没有任何印象。而我看过他的作品,我心想,管他呢,这家伙了不起。我喜欢这个家伙。当然,他们聘请了他。

当我在为《冲突》做准备时,曾和一群警察出任务,想看看他们是怎么办事的。那个小队被派去一座廉租公寓楼,调查可能正在发生的一起抢劫案。他们都掏枪冲上了楼梯,而我只跟到那里。因为他们不知道等到了住户门口会遇到什么。我对自己说,那是我第一次也是最后一次那么做。

我其实不需要那么做的。我有弗兰克·塞尔皮科本人做参考,他非常聪明,非常乐意帮忙。我可以问他:"你在这里做了什么?这件事发生后你是怎么做的?"他会回答我,然后我就去找西德尼,说:"听听他的做法。或许我们也可以拍一个那样的场景?"

在我们拍摄这部电影的那个夏季,我每天乘出租车去拍摄场地,穿着戏服。有一次我们跟在一辆卡车后面,卡车车尾开始喷出大量废气。烟雾弥漫在空气中,我非常生气,我让出租车司机追上去靠近那辆卡车,我摇下车窗,亮出戏服的警徽大喊:"靠边停车,你这狗娘养的。你在污染空气。"好像空气污染还不够严重似的。接着我意识到自己在做什么。我对自己说,你这是在冒充警察吗,阿尔?不,我只是在做一个纽约人。我告诉司机:"你还是继续开的好。"

开始拍摄《冲突》时,我还在跟塔丝黛·韦尔德约会。我每天早上都会起床去拍摄地工作。到了晚上我就和她出去喝酒。开拍几周后，我意识到这份工作对我的要求有多高。那对我们的关系造成了压力，我很清楚我们无法再坚持下去。我们都还很年轻，在一起的时间不够长，所以我猜我是觉得自己看到了预兆，也就是说，我们到了分手的时候。我不可能一边拍这部电影一边和别人约会。

我看得出，我的内心已经开始形成一种模式，某种根深蒂固的理解，即工作是工作，爱情和生活排在第二。我经常听说，有些人太过投入工作，太过专注。他们会失去重要的情感关系，因为他们与工作联系紧密，他们需要百分之百地投入其中。我可以很高兴地说，我不再是那样的人了，但在那个时候，我开始觉得自己已经成了那样的人。

我在《冲突》的拍摄工作中寻求庇护。拍电影最棒的部分就是开拍之前的祝酒会。你们是一群快乐的人，都在表达自己有多么幸运才能从事眼下的工作。《冲突》的祝酒会是在迪诺·德劳伦蒂斯的家里举办的，他在中央公园南边的一栋大楼顶端有一套很棒的公寓。窗户从地板贯通到天花板。从他的家里简直能一路看到中国。我感觉自己已经抵达成功之巅。彼得·马斯也在，还有瓦尔度·绍特、诺曼·韦克斯勒、西德尼·吕美特和马蒂·布雷格曼，一个女人都看不到。我们六个就像乐高玩具中的小人儿，站在这奢华公寓的中央。所有人围在一起干杯，拍着彼此的背，眨着眼睛用连珠的妙语互相调侃。"他会喜欢我吗？""他会爱我吗？"我管这种闲谈叫卵石絮语——却有必要。接着我突兀地打断了谈话。我说："伙计们，我知道现在还不成熟，但我想我已经想出了这部电影的配乐。"他们说："你说什么？"我说："是的。我突然想到的。也许你们会喜欢。"他们说："那我们能听听吗？"

我们围成一圈。我说："我是这样想的。前三十分钟没有音乐，只有车水马龙和其余的各种声音。然后随着塞尔皮科的故事越来越紧张，出现贪污、金钱、腐败元素，音乐就开始响起，出现细微的、几乎听不见的合唱。"我开始唱：

塞——皮——科

塞——皮——科

塞——皮——科，塞——尔——皮——科

塞——尔——皮——科

塞——尔——皮——科

所有人一片死寂，他们都惊呆了。我只是看着他们，等着他们发笑。布雷格曼不得不向其余人转过身去，用我有史以来听过的他最干涩的声音说："他在开玩笑。"我整个期间差不多一直沉浸在那种情绪中。

我被分派了一个司机，每天来接我，送我去拍摄场地，晚上再送我回家。那是个上了年纪的人，我真的挺喜欢他，他却恨这份差事。他痛恨当司机，痛恨被堵在路上，总是心情沮丧。我经常逗他，想看看能不能激怒他。有一次他对我说："嘿，阿尔。我快憋不住了。你介意我去那家餐厅遛遛小马吗？"我说："嘿，埃迪，我都不知道你还有小马呢。我从没见过。去吧，别管我。"他把车停在餐厅门外下了车，钥匙还插在点火器上，引擎也还在转。他走后，我立刻跳上前座驾车离开了。不过我只把车开到拐角,以便观察他出餐厅后的样子,想看看他发现他的车子和电影明星一起被偷后无声困惑的样子。他环顾四周,我突然开车出现,对他说:"上车,埃迪,我们走!这次换我开车载你!"他说:"你个浑蛋。"我们两个都笑了。在拍摄那部电影期间,我搞了很多类似的滑稽闹剧。

结束《冲突》的拍摄之后,我同查理一起去麦迪逊大道的一家时髦酒吧喝酒,就在我当时住处的拐角。查理和我都喝高了,我遇到一个也有点醉的女人。她个头很高,穿着性感的黑色连衣裙,搭配着——那是个特殊的年代——六英寸的高跟鞋。查理回家了,我带她回了我的公寓,我昏倒在床上,和衣而眠。她也一样,六英寸高跟鞋都没脱。我们两个什么都没做。第二天早上醒来之后我心想,这是怎么回事?我在哪儿?"哦我的天,"我大声说,"我迟到了。我迟到了。""干什么迟到?"她问。我回答:"我刚拍的一部电影,他们要放映,我得去给一些反馈。"她说:"啊!真的吗?"我说:"是的,跟我来。我需要更多反馈。"我当时还醉着。

我穿越城区来到一个放映室,他们准备在那里放映《冲突》的第一个粗剪版本,我带着这个穿着黑色连衣裙和六英寸高跟鞋的女孩一起进了门。所有人都到了:西德尼·吕美特、迪诺·德劳伦蒂斯,还有参与过《江湖浪子》和《雌雄大盗》的伟大剪辑师戴迪·艾伦。马蒂·布雷格曼也在,他正在生气。但西德尼照旧对我耸耸肩,像是在说:"他是个演员,演员就这样。"他拍过许多电影,比这糟得多的场面都见过。房间里熄了灯,电影开始播放,结束后我问这个女孩的感受。我不记得她的原话,但我记得她的态度总体是不感兴趣。

结果证明,《冲突》是一部相当好的作品。它为我赢得了第二个奥斯卡提名,马蒂·布雷格曼为我和这部电影付出了一切,所以我不得不去颁奖典礼。但我还是害怕。我和马蒂一起上了飞机,还带着查理,以及黛安·基顿,当时我和她在拍摄《教父2》。我在飞机上当然喝醉了。

抵达洛杉矶后,我被带进了一间漂亮的大浴室,好让自己恢复人样,我冲了个澡。我当时刚得知什么叫湿身造型,走出浴室后,我看到自己的头发还湿漉漉的,我觉得我这个造型很好看。布雷格曼看到后发表了他的评断:"你这该死的白痴。"他和我一起坐在那里,趁演出开始前疯狂地帮我吹干头发。我并不经常在布雷格曼面前喝醉,我甚至不确定他当时是否知道我有酗酒问题。但我喝得大醉,还一边服用安定,他朝我喷热气时我一直笑。我真可怜。头发越来越干,也越来越蓬松,像蛋奶酥。我在纽约的朋友在电视上看了这个节目,说头发是我身上他们唯一能看见的部分。他们说,阿尔,你头上是什么鬼东西?

我们到了举行奥斯卡颁奖典礼的礼堂,人们似乎被我吓到了。我最先看到的人有杰克·瓦伦蒂,他是美国电影协会的主席,曾为前总统林登·贝恩斯·约翰逊工作。他一脸震惊,像是在问,你来干什么?我心想,嗯,我是演员,我获得了提名,所以我才来的,我不是清洁人员。等我输了,我倒是能打扫收拾。那他为什么要这样看着我?那是五十年前的事了,我无法理解。不过我近来才意识到，在我第一次获得奥斯卡提名后，好莱坞以为我对他们的态度是不屑一顾，我现在明白了。

我坐在观众席上，一种感觉再次涌上心头：我正身处一个我从未有过归属感的地方。但你永远都看不出我有任何问题。你换上一张脸，就是为了应对这种时刻。

黛安坐在我的右边，我们开着典礼的玩笑，她也在笑。但接着这些笑话开始变得有些让人厌烦，我吃着安定药片，等待着什么。我的左边坐的是杰夫·布里吉斯。这时我还能分辨时间。我看着我的手表，心想，这太疯狂了。他们离颁发最佳男演员奖还差得远。所以我向杰夫转过身去，他是我日后将要认识的最优秀的人之一，也是一位伟大的演员。但在当时，我根本不认识他，我猜是因为我的醉酒状态即将结束，我才会说出："嘿，打扰一下。"他看我的眼神像是从十英尺高的地方俯视。我对他说："一小时快完了。我猜他们不会颁发最佳男演员奖了。"他看我的眼神像是在看一个可怜虫。"一共三小时呢，老兄。三个小时。"我说："哦，谢谢。"接着我就失去知觉了。

到了宣布我获提名的奖项时，我模模糊糊地意识到了。我烂醉如泥。我进入了那样一种状态，需要找个别的地方静静地坐下，找个人给我做休克治疗。我想，这不可能发生。我不可能赢过礼堂里的其他人。和我一同被提名的对手有罗伯特·雷德福、杰克·尼科尔森、马龙·白兰度和杰克·莱蒙。我没有准备演讲词，因为我十分确信我不会得奖。我对此比任何事情都更加肯定。

但我突然又产生了另外一个想法，它开始在我的脑海中回荡。

你知道那是怎样的一种声音：如果你真的赢了呢？在我的人生中，类似的可怕事情不时发生在我身上。他们真的有可能念到我的名字，奥斯卡的人是非常记仇的。他们为了整你是有可能把奖发给你的。所以我发起抖来。我的体内灌满了安定药片，害怕每一件事。他们宣读了提名名单，接着我听到——就像有一道光芒在天空闪耀，天堂在对我低语——主持人说的是："《救虎记》的杰克·莱蒙。"

我微笑着，心里却在高兴地尖叫。如果当时有人在电视上看到我，他们可能看不出来。他们只会看到我麻木的表情，但我内心的感受是真实的——真正的解脱。

我们所选的事业

The Business We've Chosen

马里奥·普佐是一个我总能够依赖的人，他会对我直言不讳。有天晚上，他约我在姜饼人餐厅见面。他想让我看看他一直在写的《教父2》的剧本。他隔着桌子将复印本递给我，让我带回家慢慢看，同时好好考虑这个沉重命题，即是否还想再次扮演迈克尔·柯里昂这个角色，以及承担随之而来的所有责任。在我开始阅读之前，有一件事他特别希望我能先知道。

"这是垃圾，"他说，"我觉得这个剧本不太行。但他们让我交给你。我只是想告诉你。"

所以我道了谢，然后读了。马里奥是对的，我心想，这我没法子演，这个剧本不行。

后来我才发现，派拉蒙甚至在我们拍摄《教父》之前，就已经让马里奥开始写第二部的剧本了。想着万一电影大卖，他们之后要拍续集。只是为了保护他们的地位。这种做法从来拍不出好东西。

在我看来，这个项目跟《教父》没有任何关联。弗朗西斯不打算参与。他已经拒绝，但他们仍在争取他。他们也想要我，因为我的角色在第一部结束时还活着。他们不断地向我报价，片酬一路高涨。最早是十万美元，接着到了二十万美元，后来他们又涨到六十万美元。在那个时代，那可真是一大笔钱。但我不喜欢这个剧本。马里奥是个很棒的作家，他打算搞定剧本的问题。但他们想要我对某些尚不存在的东西做出承诺。

这部电影的制片人之一把我叫到他在纽约的办公室。他在桌上放了一大瓶苏格兰威士忌，我心想，哇哦，他是想把我喝嗨。我们都很喜欢对方，他给我倒酒时，我开始跟他聊天。最后，我们进入了正题。"阿尔，"他说，"拍第二部怎么样？"我说："嗯，关键总是在剧本，不是吗？"接着他伸手从桌子里拿出一个锡盒。他对我说："阿尔，如果我告诉你，这个盒子里有一百万美元的现金呢？"我开始明白他的意思了。我说："我能闻一下吗？让我拿着感受一下怎么样？"我只是想知道一百万美元拿在手上是什么感觉。他看着我，微笑着，但那个盒子里的钱可能是任何数目，也可能是任何其他东西。可能是一百万美元，或者几包糖，也可能根本就是空的。总之是我高攀不起的东西。是个抽象概念。而这不会改变任何东西。

之后他们叫来了科波拉，让他也做制片。科波拉了解我，他肯定直接告诉过他们："别给他涨片酬了。他不要钱。他只要好剧本。他会演的。"所以他们给了我一个新的剧本，在马里奥给我的第一版上做了一些改动，但依然无法让我立刻做出承诺。它没有完成感。查理和我都读了，都感觉还不够。弗朗西斯被惹怒了："你在干什么？你这是在拖我的时间。"我说："不，我没有拖你的时间。我只是想要个更好的剧本。"

所以查理和我去了旧金山，在费尔蒙酒店开了个房间，反复研究。我们先跟弗朗西斯聊，聊完了他写，写完返稿给我们，我们再聊，再写，再返稿。我对剧本写作一无所知。我只知道，家具已经准备好了，但你需要找人将它们搬进房子才行，而那就是查理和我要做的事。这个故事中有缺失的线索。弗朗西斯一直说："我们来搞定。"

我明白，有弗朗西斯在，就等于是我们在跟一位杰出的作家、一个毫无疑问想拍伟大电影的人一起工作。有一个同伴站在另一边，跟他讨论剧本，讨论作品想要达到的水平以及要去的方向，我希望这对他能起到帮助作用。这些都是工作，我们在一部基本已经就绪的剧本上忙了六天六夜。我感恩他能允许这种事发生，他拥有这样的天赋，能够听取我们的发言，然后让其得以呈现。

一周结束，我们离开那家酒店时，查理抬头看了看房间号，是617。"我想我们所有人都在这里创造了历史，阿尔。"他说完我们就离开了。

科波拉向我解释过，《教父2》是对美国意大利裔二代移民遭遇的一种隐喻，我敢肯定对于其他国家和民族的移民也一样。父母——第一代移民——为他们做出了牺牲，这才让他们有机会实现美国的生活方式，但这让他们感到困惑。他们出生在这里，生来就是美国人，却要自己想办法来调适。

维托的个性是被他在故乡的生活以及严酷的贫穷环境所塑造的，他靠着自己的努力奋斗才站稳脚跟，迈克尔却并不具备父亲这些层面的经历。他虽然被形势所迫进入了家族的残酷领域，但他能驾驭自如。那就是我们在《教父》第一部中看到的迈克尔，我们看到他拥有这份天赋，如果你愿意称之为天赋的话。

第二部讲述的却是一个不同的迈克尔。到第二部结尾时，迈克尔变得如此孤僻，差不多已经成了木乃伊。但是要让他走到那个地步，我必须将自身与我留在第一部片尾的迈克尔连接起来，在那个时候，他突然变成了一个令人畏怯的人物，他能让其他人欣然地排成队，只为亲吻他的戒指。他在第一部片尾呈现的形象无非是：那家伙是谁？我可不想靠近他。至少那是我当时试图塑造的——将他刻画得神秘而危险。对我来说，身前任务的危险之处在于，我得让自己重返迈克尔在之前旅程的结尾已经抵达的境地，再推着自己去弄清楚接下来我要将他带向何方。

弗朗西斯和马里奥为第二部创作的妙笔中，有一个情节是为迈克尔设计了一个新对手，一个经验老到的黑帮人物，也是迈克尔父亲从前的合作伙伴，名叫海曼·罗斯，他扮成盟友和搭档的样子接近迈克尔。你看，你必须提防的总是你最不怀疑的人，至少在那一行是这样。海曼·罗斯的原型是梅耶·兰斯基，这就意味着他的聪明程度就算不超过迈克尔，至少也要与之相当。弗朗西斯原本希望伊利亚·卡赞来演这个角色，但卡赞拒绝了，我虽然也和其他出色候选人，比如导演兼编剧塞缪尔·富勒一起读过剧本，但似乎没有人完全合适。

是查理推荐了李·斯特拉斯伯格。早在查理成为表演老师之前，自己还是演员的时候，他曾经跟随李学习，他一直很尊敬李，就和我一直很尊敬查理一样。

弗朗西斯仍然需要说服，所以我带着他去参加了演员工作室的一个大型庆祝活动。这是在一个大舞厅里，发言者都坐在讲台上。轮到李讲话时，我们坐下来听他讲，他讲得机智又幽默。他曾是玛丽莲·梦露和达斯汀·霍夫曼尊敬的导师，但如果他愿意，他也能像格劳乔·马克斯一样风趣。所以弗朗西斯被征服了，给了他那个角色，我想这该多么美妙啊——这下子李和我要一起工作了，我将对他多一分了解。

我想你可以说，这为第二部的故事增添了一种俄狄浦斯情结的色彩。我早已把李视作祖父般的角色。对迈克尔来说，海曼·罗斯则是父亲的替代品，一个他为了自己的生存而不得不杀掉的人。

在我的一生中，我似乎找到并积累了许多这类人物，他们是我从未拥有过的父亲的替代者。此刻我更是同时拥有了三个：有查理，有我的经纪人马蒂·布雷格曼，还有李·斯特拉斯伯格。我无法确定他们是否对我感到一种占有欲，但我必须相信这种占有欲的存在。他们占据着不同的领域。马蒂负责我的职业发展，我的成功、名誉以及随之而来的所有事物。查理更多的是负责我的实际工作以及关心工作将我塑造成了什么样的人。我认为查理和马蒂与彼此维持着一定程度的社交距离。查理理解马蒂，也尊重他，认可他的能力与智慧。马蒂深知查理对我作为演员的发展具有重要意义，也是我灵魂的益友。我确信他们对彼此都有着自己的解读，而且都很有分寸，不会在我面前公开。

李加入那个组合并不一定会把情况弄得更复杂。李是一个完全不同的人。李一直在极大地滋养我，我喜欢他的陪伴。我对他很感兴趣，我对所有智慧深邃、观点难测的人都很感兴趣。李表达自我的方式简洁又直接。他在火烧岛上有房，会带家人过去消夏。有这样一个故事，在一个炎热的日子里，他们一起去游泳，其他所有人都下了水，除了李，他只坐在岸上观看。他们不停地呼唤他："下水！舒服极了，水是暖的！你为什么不下水？"他回答说："我知道水里很舒服。我只是不想参与你们。"

我把李当作朋友，但仔细想来，他其实并不算我的朋友。我是演员工作室的成员，我在那里的表演他有时也会看，但我不是他的明星学生什么的。对我来说，他代表的是某种艺术理想以及与家庭有关的东西。他会给我一些含义模糊的建议，比如："你非常敏感，所以你得注意你的饮食。"但李看我看得很准。

在拍摄《教父》时，弗朗西斯和我都更年轻和青涩，因此免不了地犯了很多错，偶尔也会发生冲突。第二部则不一样。弗朗西斯同意执导后，我立即明白他为这部作品的成功要扛起多重的责任。我们在拍摄第二部期间有过一些困难，但我依然钦佩他，我们希望能竭尽所能地合作。

开始在太浩湖拍摄时，我们先拍的是迈克尔之子的圣餐礼派对。有天晚上，我们在寒冷的户外，所有人围坐在一张桌子旁边，麦克·格佐扮演的弗兰基·潘塔格利非常出色。天气太冷，我们往嘴里含冰块以防说话时有白雾。他们先拍完了派对上我的戏份，这时开始拍麦克·格佐。镜头对准他时，他喊道："哦，去他妈的！"他还打翻了一瓶葡萄酒。接着，嘿，每个人都很高兴，因为收工了。

在场的人开始离开,工作人员准备拆卸设备。所有人都站在严寒的户外。我说:"不对,弗朗西斯——拍我的时候他没那么做。我们得返工,拍摄迈克尔对那个动作的反应。"我们得展现迈克尔对弗兰基的心理反应。这个人为迈克尔工作。那么他处于什么状态?他喝醉了吗?他值得信赖吗?迈克尔的反应将透露他管理事务的方法。

现在请你想象,当我对弗朗西斯说这话时,他有点儿咬牙切齿,我因为不得不提出这事也咬牙切齿。这意味着,所有人都得回到自己在那场戏中的位置,已经开始拆卸的所有设备都得复位,必须拍摄更多镜头。我的确没有资格提出这些要求。但弗朗西斯知道,这意味着我已深入角色,是在通过角色的视角思考事情。如果餐桌上有人做出那样的举动,迈克尔·柯里昂会有反应吗?当然。弗朗西斯照做了,因为他知道那是必要的。这就是合作的意义。

在太浩湖拍摄期间,有个家伙被分派来做我的保镖。他极其矮,也非常瘦,像根铁丝,我们习惯叫这样的小伙子"貂熊"。他是个来自西部的真汉子,家族历史一定能追溯到内战之前。他戴着警长的徽章,不过我想他应该没当过警长,他腰上背着一把有他一半高的枪。最后他还会戴一顶牛仔帽。出于某种原因,我也养成了戴牛仔帽的习惯,在纽约去酒吧时,查理会用手肘推我说:"帽子,阿尔——你最好摘了。不然会惹麻烦。"因为它可能引来小的争吵。我们经常光顾的酒吧总是有打架的风险,我们也的确卷入过几次冲突,但一般都尽量避免。

我的保镖不停地抽烟,他告诉我他从不睡觉。我渐渐爱上了他。查理和我有一次喝醉了编故事,说我那个保镖有一天上了头,于是用他的枪射伤了片场另外一个有点讨人厌的演员，他们只得把片场关闭了一阵子。一开始之所以编这么个故事，是因为我们去过当地的一个酒吧，里面有很多我们所谓的"熊"一样的家伙，也就是那些剃半光头的家伙，他们穿着短大衣，抽那种看着像雪茄的烟，四处寻找他们所谓的麻烦。查理和我喝酒的时候会一阵阵地大笑不止，引来旁人的疑惑。但当我那个保镖走进那家酒吧时，那些熊看到他的帽子、枪和警徽，都变得异常安静，几乎像负鼠一样。让他们看到他是我们的保镖，我们就安全了。可想而知，他在那一带是出了名的，他的脸长得很凶，他的目光真的能把墙皮剥掉。他看你一眼就会开枪，你对此心知肚明。

拍摄几周后，他们邀请我们中的一些人去看样片，也就是已经拍完的素材。我跟弗朗西斯、黛安·基顿、罗伯特·杜瓦尔以及我们伟大的摄影师戈迪·威利斯聚在一间放映室。那是一场迈克尔和汤姆·黑根的谈话戏，有人刺杀迈克尔未遂，他们在商讨对策。观看期间，我像往常那样靠在黛安身边说笑话。我在她耳边小声说："我觉得他们得在这里加一句台词。"她说："加什么？"我说："我必须请鲍勃·杜瓦尔在这场戏里说：'别介意黑暗，汤姆，我需要这样跟你谈话。'"黛安开始大笑。因为那段样片实在是太黑了，你根本看不见发生了什么。

放映室开灯后，每个人都没说话。罗伯特·杜瓦尔一言不发地站起身，走出门进入隔壁房间，那是一个带厨房的娱乐室。透过寂静你能听见他含混的大叫声和砸碎碗碟的声音。我想他是在进行某种高强度快速健身运动。我看向弗朗西斯，他面无表情，戈迪·威利斯坐在他旁边。我说:"弗朗西斯,我们该怎么办?我们看不见发生了什么。"他说:"没关系。"我说:"真的?"他说:"是的,没关系。"我说:"我觉得不行啊,弗朗西斯。你不能用那样的场景。"我真的很沮丧。

黛安和我回到我的住处开始喝酒。我打电话给罗伯特·杜瓦尔,想安慰他,我说:"我们这下该怎么办呢,罗伯特?究竟什么情况?"罗伯特的回答——这是真的,黛安是我的证人——是:"我那个该死的化妆师。"我说:"鲍勃,你是说你看得见你在那场戏里的妆?我一个该死的鬼影都看不见。"我认为他正在经历某种移情心理。他那么难过,但又不能责怪弗朗西斯或者戈迪·威利斯。他必须怪罪某个人,所以就怪罪他的化妆师。

整个情况都太严重、太愚蠢了。我想,我该怎么反抗?黛安也有类似的看法。我说:"我现在该怎么办?我要给派拉蒙打电话吗?"但没有必要。没过多久,我们就收到消息,那场戏要重拍——我不喜欢重拍,但不得不拍。制片厂肯定也看了那段样片,所以不需要我的催促。我想等待是件好事。

在拍摄这部电影时,我偶尔会使用音乐,以帮助我找回进入迈克尔这个角色的方法,大概在几个场景应用过。我会走进化装间,戴上耳机,将音量开到很大,聆听斯特拉文斯基、贝多芬或者莫扎特的音乐。我任由这些音乐充溢我的大脑,然后出门,前往片场去表演。这是我想到的一个办法,这样我就能告诉自己的大脑该往何处去——我的整个精神该往何处去——这样我在拍摄那场戏时就能有一种感官记忆。当摄影机开拍后,我就不需要再听音乐——我只需要在脑海中回想，乐声就在那里。我见过有演员靠动物来实现这个过程，他们会研究牛头犬或者天鹅的动作精髓，然后试着在自己身上寻找那种元素。这只是我对音乐的一种直觉，所以我不需要敲桌子或者往空中跳，而这种做法似乎很符合这个角色的需求。我在拍摄《教父》第一部和其他角色时并没有使用这个技巧，这只是我这次扮演迈克尔时的需求。我从来没有透露过这类秘密，但人们都喜欢听这种事。

黛安和我一直都喜欢对方，享受彼此的陪伴。我们因为《教父》而相识，但到了第二部时，不知为何一切都变了，我没能再建立从前与她的那种联结。我这时依然怀着与心爱的塔丝黛分手的伤痛，依然在思念她，为她哀号，依然在分手的余波中艰难跋涉。我深陷酒精和药物之中，找嗨，求醉。我宁愿半醉半醒。查理在太浩湖陪了我几天，他走后就只剩我一个人了。我当时的状态虽然不到抑郁那么严重，但的确有一些忧伤在我心里扎了根。

更有可能的原因在于我扮演的角色。我认为我在那个角色上演得很投入，但迈克尔·柯里昂有一种恍惚状态，演这个角色让我很吃力。好在我在第一部中就扮演过他，所以我理解他。但到了第二部，我要处理的是这个角色的另一个层面——相同的角色，不同的议题，不同的复杂性和维度。他进入了自己内心的某些地方，而我要到达的话却需要费些力气。我将自身投入这个角色，放开缰绳和控制，希望我能随之一起飞翔。在第二部的结尾，看到年轻的迈克尔，看到他人生的早年，甚至比第一部的他更年轻时的模样，这让我受益匪浅。你能感受到他的内核，了解他是什么样的人——是这些让他能够消化他所身处的生活,并在其中坚持下去。他的父亲知道他有这个能力,所以迈克尔才会被选中。

在第二部里,他的光芒一层接一层地褪去,与人的联系一条接一条地切断,最后他坐在那里,看向远处,疑惑着,我怎么会如此孤立?我怎么会如此孤独?在那里我绝对看不到任何满足或顺从——只有绝望。你可以说迈克尔是真正的悲剧英雄之一。

演戏的关键在于,你并没有真的去演,效果却是真实的。那就是奇迹所在,那就是矛盾所在。我们演员必须先经历它,在自己的身上找到它,然后才能描绘它。在太浩湖,我继续切断自己与黛安及所有其他在意之人的联系。接着拍摄场地转到了圣多明各,我甚至都见不到他们了。

在多米尼加共和国首都圣多明各的拍摄并不愉快,那里同时也兼作1958年年底哈瓦那戏份的拍摄地。在电影中,海曼·罗斯和其他有组织犯罪家族的首领聚集在一起,准备共同占有古巴的生意,但迈克尔不太安心,因为他最近才看到一个革命者在街头自爆,他开始怀疑他们想要的古巴是否还能和从前一样。很快,古巴政府被推翻,迈克尔及其伙伴必须离开,各自逃命。迈克尔在古巴还必须面对一个可怕的事实,是他的哥哥弗雷多帮忙策划了太浩湖那次针对他及全家人的未遂谋杀。

我感到孤立无援。我不确定为什么,但片场感觉不对,日子被无限地拉长。有时一场戏要拍四天,他们会花几个小时等待合适的光线。我那时还年轻,只有三十四岁,但那已经让我厌烦。与此同时，我还要背负着一个男人发现亲兄弟想谋害自己的各种感情。那太沉重了。作为一个演员，我应当习惯于此。我扮演的一直都是那种要应对各种复杂处境的角色。接什么角色，就演什么角色。从那以后，我对这份职业的驾驭能力提高了些许，如此一来角色就不会再耗费我太多精力。但迈克尔·柯里昂是个很难与其共存的人，你很难在自己的灵魂中找到他的位置。

所以我感到越来越孤独和隔绝。当时我说不清那是怎样一种情况，这么多年过去，我依然无法确定。我和弗朗西斯在片场的互动感觉没那么友好了，但究竟是我被他影响，还是他被我影响，谁又能说清呢——人们的情绪确实会相互影响，尤其是当你身处极端环境之时。

我们拍了弗雷多带迈克尔去看夜总会奢靡表演的那场戏，迈克尔听到哥哥说漏了嘴，于是明白弗雷多一直在和海曼·罗斯密谋。你能看出迈克尔意识到这一事实后几乎被压垮。我必须抓住他听到那句话的时刻，但我只成功了一条。我又拍了几条，后来我说："我没办法再演到那个效果了，弗朗西斯。"于是那一条就留在了电影里，我抓住那个时刻的那一条。

然后是两兄弟在跨年派对发现彼此的那场戏，迈克尔抓着弗雷多亲吻他，小声告诉他，已经知道他背叛了自己。他亲吻哥哥的嘴，那是死亡之吻。那是剧本中就有的内容，导演和演员都完成得非常出色。有时你会对自己说，老天，我真希望他们的镜头能捕捉到那一幕，所以当他们真的拍到时，你会很感激。这让我想到约翰·巴里摩尔在一部电影中必须杀死他的哥哥莱昂内尔所扮演的角色时所说的话。有人问他:"你在演那个情节时是怎么做到如此投入的呢?"他的回答是:"我真的很讨厌他的发膏的气味。"有时候,你只能这样解释自己的表演。

但在不拍戏的时候,我发现自己很孤独,想找人陪伴。约翰·卡扎莱和我当然是多年好友,但他当时带着女朋友。我会和李·斯特拉斯伯格的孩子们去游泳池,我们一起游泳和玩耍,但他们当时都很小,总是想着父母。我喝酒,但不到影响工作的程度。我从未被酒精影响工作。但已经有一团阴云笼罩了我。

我的社交基因尚未发育成熟,我那时仍在逃避成名及其带来的一切。不过我并非一直都是可怜虫。我们在圣多明各期间,我得知我因为《冲突》而得到了奥斯卡提名,办了一个庆祝派对,邀请整个剧组和相关的所有人来参加,所以那一刻我很开心。

《教父2》这部作品之中以及周围,都弥漫着一种特别的氛围。有我,扮演这个强大的半神,有弗朗西斯,正处于电影制作及演艺事业的发展巅峰。因为第一部的成功,此时的我们在世界上都有了各自的地位、权力和名望,而我们两个都来到了多米尼加共和国,远离了家乡的生活和熟人。我们就剧本、迈克尔的演绎以及角色的变化方式达成了一致。

我们之间有时会出现一种紧张感。或许只是因为熟悉彼此却缺乏沟通,或许是因为我们创作剧本时和查理共度的那六天六夜。我明白我扮演迈克尔这个角色之于弗朗西斯的重要意义,其程度甚至要超过对我自身的意义。他在那个角色中看到了我的形象,给了我一个无比重要的机会,他还为我争取过。但我们是两个截然不同的人。事实上我最近联系过他,问起我们在拍摄《教父2》时一起度过的那段时间。他想不起来了,也没有什么可说。但在我的记忆中,那段时间我们有些疏远彼此,我很感激那种情况没有持续太久。

弗朗西斯和我对很多事情都持相同看法,而且我非常佩服他。他有着聪明的头脑以及史诗级别的才华,我喜欢聆听他对于任何主题的观点。他拍了一部不可思议的电影,现在我们正在完成它的续集。

我在《教父2》上映的几个月前,和查理一起在一个放映室里看了这部作品。我觉得弗朗西斯做得很出色。我记得我当时觉得罗伯特·德尼罗也演得非常之好,他演的维托给我留下了深刻印象,他也因此赢得了奥斯卡奖。天知道,我在那部电影中对于迈克尔的呈现可能已经是我一生中最好的表演之一。

我听过很多对于《教父》和《教父2》的对比。对我来说,两部作品的基调是不同的。虽然第一部更受欢迎,但两部都是高价值的电影。此外,第一部马龙·白兰度是主角,这一点永远无法复制。我在第二部中做什么才能与之相比呢?迈克尔要做什么才能为观众带来那样水平的感受?整个第二部中都有清晰的迹象表明,迈克尔不是一个完整的人。然而,第二部的确将迈克尔这个角色带到了一个更复杂的地方,而且对于他的处境也表达了更深刻的见解。因此结尾的那个闪回场景,也就是弗朗西斯和马里奥为维托写的生日派对那场戏,才能产生那样的影响力。那场戏拍得很开心,能跟第一部的演员,比如詹姆斯·肯恩、阿贝·维高达重聚,并且试着让人稍稍回想起年轻时代的迈克尔的形象,甚至是他参军之前的形象——让他回到过去,成为那个充满理想主义色彩、随时准备与轴心国作战的孩子,如此确信什么是善,什么是恶,以及如何将恶击败。这是他从前的模样。那个人哪儿去了呢?

到第二部的结局时,迈克尔的人生轨迹已经明了。他的堕落已经完成。他已彻底将自己变成石头,我看不出还有再次扮演他的可能。

最大速度

Maximum Velocity

我在伦敦豪华酒店的房间里盯着紫色的窗帘。我看到一只老鼠顺着布料跑了上去，接着，不知从哪儿突然飞来一只蝙蝠袭击了它。我不知道我所看到的这一幕是真实的还是幻觉，或者是五岁那年母亲带我去看的电影《失去的周末》的情节再现。我脑中天旋地转。

我把摇晃的视线投向远处，我能看到查理也在，坐在一张长桌的另一头，我们两个身边各有一大瓶烈酒。我觉得我能看到我的未来：醉到一定地步，开始看到不存在的东西。我有可能会患上他们所说的震颤性谵妄。二十多岁时，我在纽约一家医院做完手术等待康复期间，他们给我用了吗啡，恢复知觉后，我觉得自己飘浮在中央公园的上空。现在我在伦敦，当我从六楼的豪华套房向外眺望圣詹姆斯公园时，我在想是否会有类似的感觉袭来，将我带出那扇窗户。

我开始对查理怒吼，解释我为什么不想拍马蒂·布雷格曼为我安排的下一部电影。我到底在拿我的人生做什么？我真的想再次粉墨登场，双手握枪去犯罪吗？我已经主演了四部电影，或许我就是不想再当电影演员。

查理非常理解并支持我的决定。他说:"我懂,阿尔。我们接下来做什么?"我奋力踢打,厌倦了一切。我说:"我要做的就是不拍这部电影。那就是我要做的。"

我偶尔还是会发疯。我会有行事前后矛盾和做怪异选择的毛病。舞台灯光下的阴霾依然让我感觉陌生,关注所带来的焦虑污染了我生活的环境。我的决策过程也受了酒精和药物的影响。现在我的大脑在向我发出警告,我想我最好注意一下。

弗兰克·皮尔森写了一部出色的剧本,讲的是几年前的夏天,布鲁克林的一桩银行抢劫失败案件演变成劫持人质事件的故事。为了让许多涉入劫案的真实人物出售他们的故事版权,马蒂·布雷格曼付出了努力。他找到皮尔森来写剧本,以及与我们合作了《冲突》的金童西德尼·吕美特执导。他自然想让我来主演,我自然拒绝了。

我推掉这个项目,回到纽约家中,时机恰好地接到了布雷格曼的电话。他很明智地等到确定我没有喝酒之后,才问我是否愿意再读一遍《热天午后》。我觉得这太荒谬了。他说:"你现在没嗑药对吧?"我说:"嗯。我在听你说话。我挺好的。"他用一种很陌生的温柔语气说:"你为什么不为我读一次呢?为我读一次。我真的需要你读一读。"我说行吧,带着点不情愿。但我尊重并信赖他。所以我读了剧本,立即给他回了电话,说:"我为什么不演这部电影呢?"他说:"那就是我想听的。"于是我们就开始了。

吕美特给我们三周时间来排练《热天午后》——我可以用这段时间来揣摩我的角色,他叫桑尼·沃尔兹克。接着我拍了第一天的内容。出于某种原因,我在结束后就去看了拍完的素材,在我参与过的大多数电影中,我几乎都不会这么做。但有某种原因驱使我去看。看后我心想,我演的什么都不是。我没有演出特色。我在里面得是个人,而我没有看到人物。离开放映室后,我在马蒂·布雷格曼耳边小声说:"我们得重新拍。"接着我就逃出了房间。他在我身后喊:"你什么意思?"但我已经离开。

我在上东区68街和麦迪逊街交叉路口的优美街区中有一套小公寓。那一带安静、健康、富裕,公寓楼非常隐蔽,是我喜欢的样子。里面没有门卫,也不用经过要和别人打交道的大堂。那套公寓原本属于女演员坎迪斯·伯根,这时归了我。房租相对较低,只有三个房间:一个小卧室,一个带沙发和壁炉的客厅,一个很小的厨房,里面有扇窗户让我想起外婆经常爬到外面擦洗的那扇。这个空间适合我。它让我远离城市的喧嚣,只是时不时能在夜晚听见一位女士的尖叫声。她正在经受某种极限的痛苦。那种尖叫声能把人逼到搬走,但我坚持了下来。

重拍《热天午后》的前一天晚上,我发现自己独自在公寓里喝了半加仑*白葡萄酒。我可能有半个晚上都在地板上来回踱步,一边喝酒,一边揣摩着该如何呈现影片中的主角。我感觉自己像是在谱写一首奏鸣曲或者写一个短篇小说。我在孤独中奋力寻找一个能够前往的场所,一条能走进去的小路,那将激励角色,催生某种自发性。我必须尽快想到办法。

第二天上午,我扮演角色的方式有了一些变化:他焦躁、兴奋、

---

* 1加仑约等于3.79升。

激动。剧组的朋友都在小声议论："阿尔是不是精神崩溃了？"但我知道我没有。我知道精神崩溃是什么样子，而这不是。我没有彻底改变我的表演方式，但已经足够使它被注意到。我已经找到了一种特定的心态，允许角色自然地开花结果，而非强求。在接下来整个六周的拍摄过程中，我一直保持着这种方式。

这一次，我尽可能地挑选已经合作过的演员来出演这部电影，他们了解真正的我，而不仅是我的表面形象。彭妮·艾伦扮演一位镇定的银行出纳员，查理·德宁扮演一位试图与劫匪谈判的警长。我的角色的母亲由我的偶像朱迪丝·马利纳扮演，她是生活剧团的联合创始人，会在片场一口接一口地抽大麻，时不时还给我来几口。大汗淋漓的银行经理由苏利·伯亚尔扮演，他是个胖胖的有个性的演员，我十七岁就认识他了。他有点怪，但非常幽默。

有一次我问他："嘿，苏利，为什么你没成大明星，我却做到了？"

他说："你把一扇只开了一条缝的门给推开了，并且走了进去。"

我说："那你为什么没有？"

他回答："我在吃热狗。"

是查理建议找约翰·卡扎莱来扮演我的犯罪搭档。虽然西德尼·吕美特想要更年轻的演员，但查理的建议完全正确——约翰是那部电影的绝对支柱，我们两个角色之间的关系，是对"教父"系列中角色关系的绝佳反转。任何期待看到迈克尔和弗雷多重现的人都会大吃一惊。

拍摄结束后，我扮演的角色就飞离了我的身体。我被附身过，然后角色消失了。就连西德尼也对我说,他看到了它的离开,就像鬼魂。后来我们回来重拍一些场景,那个鬼魂却没有重返。我们完成了重拍,我坚持了下来。有些时刻没能达到我的要求,但我对这部电影已经有了足够多的经验,因此也说得过去。我怀疑是否有观众能分得清哪些部分是重拍的,因为就连我自己看这部电影时,都看不出区别。有时候,我们对于自身的印象是完全错误的。

我在《热天午后》中扮演的角色的性取向是一个复杂的问题。我根据剧本做出的解读是,他是一个有妻子和孩子的男人,碰巧和一个自称是女人的人有婚外情,而那个人我们在今天会理解为跨性别者。不过了解到角色的这些情况并没有让我感到兴奋或困扰,也没有让这个角色更吸引我或对我更危险。我虽然是个在南布朗克斯长大的孩子,但从十几岁开始就一直住在格林威治村。我有过一些朋友、室友和同事,他们喜欢的人和我喜欢的不一样,但那并不是什么反叛、突破或罕见的事。他们就是这样。

或许在《热天午后》拍摄的时代,好莱坞电影中出现同性恋或酷儿主角是一件不同寻常的事,而且他还被视为英雄,或者说值得观众喜爱——即便他确实抢了银行。但你必须理解,那一切都不在我的考虑范围之内。我是一个在电影中扮演角色的演员。我演这个角色是因为,我认为我能给这个角色带来某些东西。就我而言,《热天午后》很酷,是我整个人生一直在从事的工作的延续。观众因为我的选择而对我产生某种看法,这是不可避免的,不管怎样,唇枪舌剑都会一直射来。我尽量远离争议,但结果还是发现自己身陷争议之中。如果人们认为我帮助推动了某一特定问题的呈现，那很好。但不管是功还是过，我觉得我都没有资格认领。我只知道，我扮演一个角色是为了尽我所能地展现人性。

当时有一件事困扰过我。剧本最初写的是，在整个人质危机中，桑尼的情人利昂（由克里斯·萨兰登扮演）打扮成玛丽莲·梦露的样子来到银行，他们在外面当着所有人的面接吻。我想，这太荒谬了。事实不是那样。我猜电影制作者是想把这一幕的阵仗搞大，但那是胡扯。那不仅不是事实，还过于夸张——像某种滑稽模仿，极大地削弱了那一幕的张力。我们为此大吵了一架。我对包括布雷格曼、皮尔森和吕美特在内的一群人说："我们要呈现的是人类，不管他们是异性恋还是同性恋。我们只是人类。"我想，我们为什么要讨论这样的安排？警察会允许那样的炫耀行为发生吗？

在我们的电影中，警察允许桑尼和利昂通过一个电话，两人其实是在向对方道别。这部电影毕竟是根据真实故事改编的，我做过调查，发现他们确实打过一个电话。他们没有接吻——他们甚至没有接触。没有人打扮成玛丽莲·梦露的样子。事情根本不是那样。西德尼·吕美特如此才华横溢，他知道克里斯·萨兰登和我已经和角色相处了一段时间——我们一起排练，当时也已正式拍摄了好几周——他让我们用即兴创作的方式来完成那通电话的对话，之后他再根据我们说的话来写那场戏。那就是吕美特的魔力。西德尼拿来麦克风，用磁带录下了我们的对话。我们分别进行了三次即兴表演，之后吕美特把我和克里斯的表演剪切和粘贴在一起，创作了那个场景。你在影片中看到的那通电话就是即兴创作的结果。那是在不设安全网的情况下表演空中飞人,不过话说回来,整部电影都是无网飞行。正如西德尼·吕美特在拍摄中告诉我的,在他站在梯子上对五百个临演说了一整天话之后:"这件事已经超出我们的控制了,阿尔。"或者就像查理说过的:"你只管拉开引线好了,宝贝,让手雷爆炸吧。"

整部电影中最震撼人心的时刻是一个自然发生的创造。有一场戏,我走到外面的街上与人群交谈,吕美特的助理导演伯特·哈里斯在我耳边小声说:"说'阿提卡'。"我说:"什么意思?"他说:"说'阿提卡'。说'阿提卡'。"他指的是纽约州北部的那座监狱,就在几个月前,那里发生了一场暴动,最后被州长、狱警和警察残酷镇压了下去。于是我走到街上,对人群说话。突然之间,我说:"记得阿提卡吗?"人们都兴奋起来。我心想,那就是电影的魅力所在。走出去,全力以赴。也许会发生点什么。伯特·哈里斯深谙这一点。我们当然拍了那一幕,效果很好。那可是阿提卡。干得漂亮,伯特·哈里斯!

诺曼·奥内拉斯是我在演艺界最亲密的朋友之一。我职业生涯的好几个里程碑事件,都是他陪我一起走过的,我觉得自己非常了解他。但直到诺曼因为癌症即将离世时,我才在医院第一次见到他的父亲。诺曼三十五岁,太过年轻,不应该那么早就走到生死边缘。诺曼是一名从演员工作室走出来的出色演员,他在监狱待过一段时间,身上有一种野性和不修边幅的气质。但他非常聪明,天赋异禀,我爱他。他参演过《冲突》,也跟我同台演过《理查三世》和《阿图罗·乌伊的崛起》,几个月前刚因为乔·帕普导演的一出戏首登百老汇舞台。诺曼确诊后开始接受治疗,治疗进行几周后,我们到姜饼人吃午餐,他把事情告诉了我。谈话中他对我说:"你知道,阿尔,三个月,三十年,没有区别。"他似乎有某种深刻的体会。当你即将失去时,你就会这样看待时间,它以你无法控制的速度流逝。我当时不太懂,但我正渐渐理解他所表达的意思。

诺曼的父亲是葡萄牙人,在夏威夷养家生活,跟儿子的关系非常好。有一次我们在医院走廊碰到。那时,诺曼已经瘦了许多,离死亡越来越近。他的父亲看着我,清楚有力地说:"你能让诺曼康复吗?"他完全是在恳求我帮帮他的儿子。

这看起来可能像是诺曼那可怜的父亲提出的一个离谱请求,但我在诺曼越病越重时想要帮忙而做出的尝试之举也同样可笑。我在寻找办法的时候变得异常疯狂,求助过灵媒、招灵人、许诺荒谬灵药的庸医——我几乎求助过任何宣称能帮他摆脱癌症的方法。不拘什么办法,你心里会想,为什么不至少试一试呢?最后,你意识到那一切都不是我们能控制的。

如果我是个无名小卒,那么诺曼的父亲永远都不会问我那个问题。我可能有关系找到好医生、联系到更好的医院、认识帮得上忙的人,这些可不是小事,只因为我被捧成了明星。这份职业为我带来的,是我所占据的外面那个现实世界——我在这个漂亮男人的眼睛里看到了,他向一个名人伸手求助,因为他觉得我能帮助他即将死去的儿子。

在我思考这个问题的时候,诺曼的父亲又说话了。他说:"我愿意跟他换。你有办法帮我这个忙吗？"我知道他是认真的。我曾经爱某个人爱到愿意和他或她交换人生吗？我能做到那一步吗？我知道我有对外祖父母和母亲的爱。我感受过对于表亲和朋友的爱。我从未对我的爸爸有过那种感情，但我突然想起了我的外祖父：我的母亲去世后，外祖父坐在他的椅子上，顿足捶胸。他当时甚至已经不再是我的外祖父——一种我长那么大从不曾见过的感情占据了他。现在当我看着诺曼的父亲时，我意识到，那就是父母之爱——一个父亲的爱——对孩子的爱。那种爱是深沉的，我在我的面前亲眼见到了。我在后来的人生中也将体会到那种爱。

我、诺曼和约翰·卡扎莱之前一直讨论，说想一起开家剧院。乔·帕普也参与进来，我们跟他讨论了开办一家美国国家剧院的想法，由政府资助，就像英国一样，我们还邀请了其他演员参与，比如梅丽尔·斯特里普，约翰当时正和她约会。但事实证明，要在纽约创办一座国家剧院非常艰难，因为电影业在西海岸。你可以在伦敦建国家剧院，因为所有演员都住在那里。但在美国，演员并不集中在一座城市居住——他们分散在纽约和洛杉矶两地，而洛杉矶离我们想要建设剧院的纽约有三千英里远。我也正生活在梦幻世界中，因为我正在成为一个明星。我想着，我明知道还有另一种生活在等着我，我不能被锁死在戏剧中。

约翰·卡扎莱从未去医院探望过诺曼，这让我很惊讶。我不知道约翰当时是否已经知道自己也得了癌症。约翰是个敏感的人，他明白演员是怎样的预言家和先知。我想他是不希望那个预言发生在他身上。我知道约翰不打算要孩子，或许那就是原因。

约翰确诊癌症并开始向其他人宣布后，我有时会陪他去他的医生办公室接受治疗。他是一个伟大的艺术家，也是我的挚友，我希望能一直和他一起工作。他有一次对我开玩笑说："我总和你在一起。我也得和其他人合作一下吧，对不对？我得走出这里，去做更多的事。"我当时笑了。我觉得他说得对。

当他的病情加重后，我看到和他一起拍《猎鹿人》的罗伯特·德尼罗与其他演员都拿出自己的工资来作为影片的保险金，以防约翰无法完成这部电影。那是一种深情又悲伤的表示。让我觉得格外不可思议的是，梅丽尔·斯特里普每天都在那里陪伴约翰，直至最后。她是我们见过的最伟大的女演员之一，她为约翰付出的感情和贡献深深地打动了我。她带着他度过了最后的时光，为此我非常爱她，直到今天也依然如此。

前后不到三年的时间，约翰和诺曼都去世了。就像克里夫、布鲁斯和皮蒂。好在我懂得该如何独处，但这正在成为一个恶习。

《热天午后》大获成功，我很幸运，延续了我在《教父》《冲突》和《教父2》这些电影中的惊人好运。又一次口碑成功，又一次票房大卖，又一次奥斯卡提名。但我没有出席颁奖典礼。（每个人都告诉我，我不可能战胜《飞越疯人院》的杰克·尼科尔森，相信我，无论杰克是否铁定拿奖，以我的心理状态都不可能去。）

《热天午后》之后，我不只是名气更大，受到的关注也更加密切。这种情况有时会发生在某些人身上，其原因与环境、时机、那些开启与关闭的大门有关。对我这样的人来说，时机刚刚好。现在，所有这些关注将我隔绝起来,深刻地影响着我。

在很大程度上,你只能靠自己去面对。身边没有多少人能告诉你,你该怎么应对,你该如何考虑——这种生活被改变的新的张力,导向的是令人绝望的孤独,以及一种奇怪的与世隔绝的方式。当我向李·斯特拉斯伯格寻求建议时,他告诉我:"亲爱的,你只需要适应。"在我看来,这个问题至今依然没有答案。我处理的方式是服用药物和酗酒。我没有过上上流社会生活。我的应对方式更为低调和隐秘。我的确试过重返剧场。我回到演员工作室,尝试了一些角色。但我要面对巨大的焦虑,神经紧张。酗酒还给我造成了很多麻烦。而这一切的一切,我只能在一个小公寓里独自承受。

我开始怀疑,我配得上这份送给我的名人大礼吗?这一切是基于对我哪方面的认可?当你觉得你连自己都无法接受的时候,你又该如何应对那种与他人格格不入的感受?那是一个很难解决的问题。过去的电影明星是通过与同类结交的方式来应对自己的名气——他们的生活方式得到了当时强大的电影制片厂的支持。我没有经历过那样的生活——你必须明白,这时情况已经非常不同,我也听过其他名人表达这方面的困难。在某种程度上,如何面对名气是一个以自我为中心的问题,人应该对此保持缄默。现在我却在这里谈论它,所以我开始觉得我也应该闭嘴。哈喽。

查理终于戒酒了,因为他知道他成了酒鬼。他一直和我一起喝酒。我想布雷格曼看到我们会心想,他们就是那种人。我说过,我很少在布雷格曼面前喝醉。他甚至不知道我喝酒已经成了问题。我都不知道自己在这方面有问题。但查理知道,而且他知道我不知道。

我以为我很好。我工作时不喝酒——那是我的大事。工作总是第一位的。是工作给了我身份和慰藉，让我觉得我更接近真实的自我。

但是，老天哪，喝酒对我来说是一种生活方式。查理终于对我说起这个问题。他说："阿尔，你只顾着喝酒。你甚至自己都不知道。你以为每个人都会喝酒。"我感到震惊，和我一起坐在桌边的，竟然还有人不想喝酒。他们看起来真是怪异。现在，很多年过去后，开始有别人用那种眼神看我，就像是在说，这家伙怎么回事？我心里也在想：我到底是怎么了？我从什么时候起不再喝酒找乐了？弗兰克·辛纳特拉有一次就对我露出过那种眼神，那是我第一次跟他出去玩。那个眼神在说，你不喝酒？我心想，他也看出来了，并且他不理解。那正是当过去有人不参与我的酗酒世界时，我经常向他们投去的眼神。

查理知道，酗酒将会让我深陷麻烦，大麻烦。但最终陷入困境的人是他——我自觉还有所谓的控制力。我喜欢喜力啤酒，而且我的酒量很小，所以只喝一点点就能让我嗨起来。我不需要喝到虐待自己身体的地步。然后等我清醒过来，早已忘了前一晚所做的事。我会断片，那让我很害怕。经历过几次惊恐发作后，我知道我需要帮助。

我到戒酒匿名互助会去过一段时间。我尝试了一下，但对我来说，那里不是匿名的。此外我觉得自己与那里的环境格格不入，但我理解其价值，它为有需要的人们提供了难以置信的服务，我只是觉得自己不属于那里，所以就离开了。

更多参与到一对一的心理治疗对我是有帮助的。它帮助我坚持下去，也帮助我戒了酒。我几乎觉得，在我那个阶段，那应该是强制的。来吧，伙计，你得把头缩小。因为你的头太大了，你需要把它缩小。你需要去找个人，他和你讲那些你对自己已有的了解，并且连续关注你一个小时。我们都喜欢这样，我们都需要一点点关注。

我第一次考虑心理治疗是在波士顿，演《理查三世》期间。当时我在导演大卫·惠勒的房子里住了几天，有天早上他来到我的房间，跟我分享了一个好消息。"嘿，阿尔！"他说，"你刚得了国家评论协会奖！"那是我因为《教父》获得的第一个重要电影奖项。我用我所能召唤出的最温柔的声音对他说："我想问你，大卫，你认识心理医生吗？因为我需要找一个。"那就是我对他的回答。我并不是因为赢得如此殊荣而不高兴，我只是心里还有别的事。

我先在波士顿看了一个心理医生，之后又去纽约找了一位。我爱上了这个过程，后来我甚至一周五天都在特定时间接受心理治疗。如果你也在向那个方向倾斜，我强烈推荐心理治疗。也许你不需要一周五次，但请试一试。有个老故事说：一个女人去看了多年的心理医生。这是她最后一次预约，因为她觉得自己的人生已经进入了一个很好的时刻，准备好向前走了。她想向治疗师道贺和道别。所以她告诉他："你帮了我很大的忙。我非常爱我的丈夫。和孩子们共处的每一天都是快乐的。我的工作破了纪录。我正在看到生活全新的一面。你真是太好了。我从没听过你讲话。你只是照单全收。请告诉我，你是怎么做到的？"医生看着她说："我不会英语。*"这也

---

* 原文为西班牙语。

是对心理治疗的一种解读：你需要倾诉和倾倒。当我和吉尔一起住时，在接受心理治疗之前，我经常一个人坐在浴缸里，谈论各种事情。我将思绪倾倒给自己。

当你找到一个好医生，你觉得他对你有那种专注，你们会建立起一种非同寻常的关系。然后他们会请很长时间的假，整个夏天你都见不到他们。我就遇到过这样的情况，找不到我的医生。如果当时能不这样，我或许就能免除二十年的痛苦。当你的心理医生离开时，你最好知道他们的去向，并且当你遇到麻烦时，你可以给他们打电话。他们也需要休息。"嘿，我女儿马上大学毕业，我得出去几天。"我能接受这样的解释。但是要去什么鬼地方溯溪，得有大概六周时间无法联系？拜托，我的人生根本不用那么长时间就随时可能脱轨啊。

我以前经常会做这样的梦，我梦见自己去了心理医生的办公室，但到处都找不到他。他就在大楼里，却不能提供咨询。我在门口，但连个通知他我来了的门铃都没有，也没有供我进入的入口。那就是我的梦。现在，我对我的经纪人也有这种感觉。

我开始戒断酒精，慢慢摆脱了它。事后我拍的第一部电影是《夕阳之恋》，直到今天，那依然是我最袒露真情的表演作品之一。我试图走进一个与世隔绝的人的内心，他害怕死亡但又每天都在挑战死亡。鲍比的人生选择是，要把一级方程式比赛的赛车开得比任何人都快，在这个职业中，每一次失误都有可能致命。他被狂热的粉丝追逐，但又对自己的名望感到幻灭，在他已经放弃家庭和过去生活之时，一次赛车事故导致一名车手丧生、一名车手瘫痪。整件事让他陷入了一种只会走路和说话的麻木状态。

去医院探望那位幸存车手时，鲍比遇到了一个确诊绝症的女人。她想通过某种方式来感受生命、体验生命、将自己交给生命。她并不为他的职业所动，也不知晓他的名气，因为即将面对悲剧命运，也因为年轻，她正试图克服一个年轻人被告知命不久矣时可能发生的一切。鲍比被那种态度触动，那改变了他。

虽然我非常不想拍这部电影，但查理一直劝我去欧洲拍摄。我总是说"我不可能离开我的小公寓"。我知道这部电影原本是为保罗·纽曼量身定做的，他退出后，我觉得制片厂想要的是罗伯特·雷德福。但我将带着残存在我身上的全部奇怪属性——我在这段时间的痛苦与抑郁——进入这部电影，我觉得这可能会很有趣。我认为我有可能表达出我对于鲍比·迪尔菲尔德经历之事的所思所感，将我正在处理的许多问题倾注在他身上。

我认为，对于西德尼·波拉克这位伟大的导演来说，这也是一部非常私人的电影。对他来说，这是一种处理人生问题的练习，他认为，他自己的问题也会在这部电影中反映出来。

当然，没有什么能比得上驾驶那辆赛车。没看过那些赛车以时速170英里过弯的场景，你就不算真的活过。这看似不可能，但真的发生了。在勒芒，我见到了当时最伟大的几位车手，克莱·雷加佐尼和杰基·斯图尔特，并向他们学习。要像他们那样驾车非常之难，要将其拍成电影也很困难。

那么，我有勇气将车子开到时速120英里吗？不可能。那东西简直有十五个挡。我能开到时速20英里就算走运了。我还很怕掉下悬崖。但我成功了解了那些家伙，学习他们的做法。他们有一个专业车手团队，用来拍摄所有高难度的赛车场景，那些场景将被穿插进电影中。幸好有这些插入镜头。

至于电影中的爱情戏份，制片厂和西德尼·波拉克有几个演员人选。我见过几个女演员，觉得都很好。但后来他们定了玛尔特·克勒尔，一位出色的女演员，出演过《霹雳钻》和《黑色星期天》。玛尔特是瑞士人，见识广泛，曾在柏林的各大剧院学习，说英语时略带口音。她对我是完全的陌生人，但我爱上了她。不知怎的，她也爱上了我。

一开始并非如此，我对她没有兴趣。她对我也一样，她从未给过我任何信号。我一直觉得，雷德福没能出演，她是有些失望的。我完全能理解那种失望。但我遇到她时是受伤的，可能她心里的某个部分被我内心的鲍比·迪尔菲尔德吸引了。我从未遇见过像她那样的人，她也绝对从未遇见过像我这样的人。她是一个高挑、优雅、高贵的欧洲女人，而我出身于南布朗克斯，自学成才，按照她的标准，我可能还有点粗俗。但有时候，那就是缔结关系的原因。

因为《教父》的成功，我和古怪的野性天才查理·布卢多恩成了朋友，他是派拉蒙影业的老板。我和玛尔特受邀一起去参加纽约的一个高雅派对，遇见了他。在那种派对上，你可能会跟从安迪·沃霍尔到亨利·基辛格的各种名人握手。查理·布卢多恩在那次派对上看见玛尔特和我在一起，他只看了我们一眼，就为我们造了一个无比贴切的称号：奇怪情侣。

从《夕阳之恋》开始，我不再喝酒。我完全戒酒了，之后的每一次邂逅都略微带着点儿距离感和羞怯。这似乎是我戒酒之后的面部表情，而酒从前曾是我的解药。戒酒之后，我似乎总是心神不宁，难以稳定下来。幸运的是，我克服了那一切，玛尔特给了我很大的帮助，帮我度过了那段时间，其中满含爱意。我们的关系持续了许多年，并且有许多不同的表现形式，主要是作为朋友，但我非常感激她。

至于《夕阳之恋》，它不是一部伟大的电影。它算是佳作。玛尔特的表演很好，我的表现也相对不错，但我认为波拉克错过了一些机会。它只是在浪漫的水流中轻快飞行，但从未冒险掀起任何大浪。《夕阳之恋》主要是靠我的名字和形象来宣传的，这也是我第一部真正被影评人和广大观众所拒绝的电影，我在接下来的十年里收获的一直都是此类评价。

我不知道影评是怎么评价《夕阳之恋》的，但我敢肯定他们说的都是负面的东西。你在拍摄一部电影时总是能分辨出这一点。电影上映后，我收到一个朋友的留言，说她对那些针对我的谩骂感到非常难过。当然，我本来没读过任何评论，但这下子我都知道了。她是出自善意，但我宁愿没听到那通留言。所以我对那部电影也持否定态度。

影片在纽约上映时，制片厂在绿苑酒廊举办了一场盛大的派对，我甚至没有出席。那给我惹了大麻烦。不知为何，我觉得如果我去参加派对，肯定会很难受。这不是我喜欢的场合，尤其是在我本来就觉得那部电影不成功的情况下。制片厂还送了我一辆跑车作为礼物,一辆阿尔法·罗密欧。但它配的是手动变速器,我不知道该怎么开。接着影片又遭遇票房惨败,他们就把车收了回去。

所以我就去买了一辆新车。查理和我最后来到一家宝马汽车经销店,我看上了一辆漂亮的瓷白色轿车,顶级配置,当时可能要三万美元。我觉得它并不适合我,但想着不妨试试大小,于是就和查理一起把它开出了停车场。我们沿着城市街道巡航,穿过中央公园,想一路回到我在东68街的公寓去喝咖啡。很幸运地,我在公寓楼前找到一个停车位,那简直前所未见。查理和我下了车往公寓楼走去,在上门前台阶时,我回头看了看那辆车,总感觉什么地方不对劲。

一两个小时之后,我们决定开车去别处,可能先把查理送回他在市中心的住处。我们乘电梯下楼,出门来到街上。推开公寓楼大铁门的那一瞬间,我发现车子不见了。被偷了。看吧,我正说那辆车不适合我,这下子——噗的一声——它就消失了。不,我相信宇宙的运转方式并不是这样,我敢肯定我们不是第一批遇见这种事的人。那是汽车警报器和其他追踪设备尚未发明的年代。窃贼有一种盗窃手段,只需要等待有人开着新车从经销店出来,之后他们就跟踪车主回家,并且清楚他们有足够的时间上车然后将其开走。我就这样站在空空如也的车位前面,再没有瓷白色的宝马车可开,查理和我一笑置之,走着离开了。我知道那车买了保险,总有办法解决。我更担心的是失去其他东西——比如,失去我的理智。

我有二十五或者三十年时间都没再看那部《夕阳之恋》。但后来有人让我再看一遍。我认为,它想讲的东西散乱且模糊,但它的确

179

有所表达。西德尼·波拉克有所表达。玛尔特·克勒尔,一位伟大的演员和艺术家,也有所表达。

我想,我之所以害怕重温这部电影,部分原因在于,它会让我想起自己在那段时间的经历。但是多年以后,当我重温之时,我看到的是有个人在用作品作为媒介,进行自己的驱邪仪式。我的确把自身的许多不安都投注进了这个角色,在我认为合适的地方。我很感激我能利用这个工具,只是我应该多一点客观性,那样或许能吸引更多的观众,让作品更吸引人。

在不喝酒的情况下拍电影并非让我重返世界的唯一途径,但这的确是其中的一步。这部电影之后,我开始跑洛杉矶、布朗克斯以及全国各地的大学。这些露面活动不收任何报酬,我这么做是为了给这些学校做贡献,我反倒应该付钱给大学,因为对我来说,去大学演讲是一种治疗,而且非常有价值。我会给那里的学生朗读,表演诗歌或者我演过的戏剧中的角色。我不再自我隔离。演讲后我们会安排问答环节,我跟观众互动。有一次,在这样的演讲活动中,一位年轻的女性观众问我:"你为什么不喜欢你的观众?"我吓了一跳。我说:"啊?不对啊,观众是我来这里的原因。他们去看我演的电影。他们去看我演的戏剧。我怎么可能不喜欢他们?"但是,我不接受采访、不参加某些活动的举动被解读为我不喜欢我的观众。

我告诉提问的那位女士,我对媒体的关注有接受障碍。我之前不明白,媒体其实是在服务公众——他们提供观众想看的东西,而观众也想获得表演者的更多信息。因为害羞,我不喜欢媒体的关注,也绝不喜欢狗仔队干扰我的生活,不过从那以后我开始明白,媒体和狗仔队,怎么说呢,他们也是要吃饭的。以前我不知道该怎么面对。但这时我开始与世界重建联系,那感觉很好。那几乎就像是生存本身。

通过走进大学,我重新唤醒了自己内心深处对于戏剧的渴望,想要与观众建立联系。我想我正是被那些引导着走向了下一个项目,大卫·拉贝的伟大戏剧《帕夫洛·赫梅尔的基础训练》。乔·帕普请不同的演员在公共剧院演过这出戏,几年前我也在波士顿演过,所以这次我将其重新搬上了百老汇。这出戏讲的是一个士兵在越南阵亡的故事,这是一出大戏,需要二十五到三十名演员,我们所有人团结协作。大卫·惠勒作为导演非常出色,那年夏天我再次荣获托尼奖。

我想,如果我没有离开,那么这出戏现在应该还在上演,但我和玛尔特开始了一段越洋关系,驾驭起来很难。8月中旬我们的演出停了两周,这样我就能去她当时的工作地慕尼黑看她,这出戏取得了如此巨大的成功,停演并不是一个好主意,但我发现自己被恋情驱使了。几周后我回到了《帕夫洛·赫梅尔的基础训练》的舞台,但到了某个时刻,我又需要去拍电影,所以我们结束了那出戏,也结束了我的那段人生。但我似乎已经做好了再次小跑的准备。

人生在世的每一天都是好日子

Every Day Above Ground Is a Good Day

我站在圣莫尼卡一家医院的急诊室里，看上去就像一个已死之人。我在等待医生的治疗。我的眼睛灰暗无神，我的皮肤被汗水浸透。我的衣服破烂不堪，染满血渍。我被告知要将手臂举在空中，因为我使用的机枪和我的手已经粘在一起。一个护士对我招手说："跟我来。我们应该走这边。"我们在医院走廊行走时，她转过身来仔细打量我。她说："嘿——你是阿尔·帕西诺吗？"

我说："是。"

她说："啊，我还以为你是那种人渣呢。"

就在数小时前，我还在烟雾缭绕的豪宅片场，嗑嗨了的托尼·蒙塔纳在那里疯狂地做着最后挣扎。我刚用我的"小伙伴"打出了三十发子弹，跟前来抓捕我的小型部队进行枪战。子弹四处飞散，那个场景要求我上身中弹，向后倒去。戏服内的爆破血包爆出红色染料，我倒向地面。我处于角色那种被毒品诱导的状态，抓住了身旁之前我一直在使用的机枪那烧红的枪管。突然间我的手无法动弹——被粘在了枪管上。

我不得不将《疤面煞星》的拍摄暂停两周，等待烧伤恢复，手部皮肤重新长出。在我休养期间，布莱恩·德·帕尔玛从他所能想到的各个角度拍摄那个枪战场景，一遍又一遍，加入更多的子弹、更多的尸体、更多的杀戮，邀请其他导演参与进来，帮助将这组镜头变得更长、更加骇人。就连史蒂文·斯皮尔伯格也来了一天，监督了几个爆炸镜头。在此期间，我在哪儿？在家中的床上。

在1932年上映的原版《疤面人》中，保罗·穆尼扮演的托尼·卡蒙特在银幕上似乎无所不能。在观看穆尼主演的这部由本·赫克特编剧、霍华德·霍克斯执导的电影时，我已不再是在南布朗克斯区老旧电影院里母亲身旁安坐的小孩。我已长大成人，是个成功的演员。我被穆尼所启发激励，我想模仿他，我想成为他。我对自己说，我想我能演《疤面人》。我想我们能重拍这部作品。

然而要等几年之后，我们才制作了新版的《疤面煞星》，并于1983年上映。电影由奥利佛·斯通编剧，布莱恩·德·帕尔玛执导，构想则来自马蒂·布雷格曼。它就像原版一样，直击人心，充满挑衅。它也是我们对于20世纪80年代早已无处不在的一种想法的解读，这种想法在我们借电影陈述之前就已经存在，即"先有钱，再有权，再有女人"。那就像星条旗一样，是典型的美国思维。你可以说《疤面煞星》是我拍过的最成功的电影，具体取决于你如何看待它。不过影响并未立刻显现，甚至还要等很久。事实上，它是导致我退出电影界将近四年的几部电影之一。我因它而遭难，从那之后，我就出局，彻底完蛋了。

布雷格曼一直是我的坚定支持者，但在1978年，我们因为一个电影项目闹翻，我做得太过分，我们分手了。我们分道扬镳好几年。在此期间，我开始碰到各种问题。

这期间，我在拍摄《伸张正义》。这绝对不是一部烂片，其中有好的东西，而且作品很完整。直到今天，这部作品依然令人享受，充满娱乐性。我甚至因为它获得了一个奥斯卡提名。执导的诺曼·杰威森是一位标志性的导演，拍过许多真正的好电影，但他和我并不投缘。

影片的高潮场景，可能也是让我获得奥斯卡提名的原因，是我扮演的角色，一名巴尔的摩的辩护律师必须为一位他知道犯有强奸罪和性侵罪的法官辩护。结果，他却当着陪审团和整个法庭的面激昂陈词，告诉大家，他的委托人就他妈的应该直接进监狱。从某种程度来说，那场爆发成了文化的一部分，而这部电影本身却没能做到。时至今日，人们依然会说："你违反了秩序！整个审判都是违反秩序的！"大家却不知道这句台词的出处。

我们在巴尔的摩花了数周时间制作这部电影，光是那场戏就拍了好几天。法庭戏份完成后，制作组准备迁往洛杉矶。那场法庭戏拍摄几天后，杰威森决定告一段落，是时候去洛杉矶完成其余戏份了。

我说："我觉得这场戏还不够。"

他说："什么？"

"我只是觉得还没完成，诺曼。我们还缺点儿什么。"

他对我很生气。在他看来，那场戏已经完成了。

我们在他的办公室里继续争论，我小心翼翼地对他说："听我说，你对我大吼大叫也无济于事。这不会改变我们需要的东西。我们需要留下来，再做些工作。这场戏还没完成。"

他说："完成了，盖棺论定。"

所以我们就回到洛杉矶拍摄剩余戏份，我去找到我当时的经纪人斯坦·卡门，他在威廉·莫里斯经纪公司负责电影部门。斯坦是个优雅的人，说话温柔，堪称外交家，懂得该如何与人沟通。我对斯坦说："这不对。我们把那场戏丢在了巴尔的摩，它还没完成。"所以斯坦就联系了杰威森，对他说："阿尔对事情有自己的看法，有时他是错的，有时他是对的。"他说服杰威森为我们三人安排了一次那个场景的私下放映，想让筹码自然落地，看看会发生什么。

我们聚在一处摄影棚的一间放映室里。诺曼、斯坦和我一起坐在观众席，观看那个场景。结束后，斯坦看着诺曼说："我觉得阿尔的说法有道理。我觉得这场戏效果不太够，诺曼。"杰威森清楚，我们必须返回巴尔的摩完成那场戏。

不过，我注意到有一种情况在电影的制作过程中发生得越来越多：每当出现创意纠纷导致的延迟——我指的不是某个影星坚持要住更大的房车那类，我指的是就如何执行某事而导致的真正分歧——明星们总是人们的主要抨击对象。我整个职业生涯都有这种感受，明星被贴上了难搞的标签。

但什么是难搞？有人提出，我对拍摄这部电影很感兴趣。我感兴趣的是，我们如何构建这部电影的世界，如何将它呈现出来。投资人说我们这样做会把他们逼疯，但这是我们神志清醒的表现。我们这么做是为了电影。如果你的抗争是为了让电影变得更好，那么你并不是难搞。你拍电影不是为了争取特殊待遇。房车的大小，十四个助理，每五分钟来一次午餐休息，这些属于和工作无关的要求——争这些才是难搞。

这里有一个有趣的讽刺——如果那段时间我不在洛杉矶，要不是杰威森刚好需要在那个时间回到那里，那我可能会错过一些非同寻常的时刻。我当时和《伸张正义》剧组的一群朋友在西好莱坞，正走在日落大道上，我们路过了蒂芙尼影院，那是一座翻新过的建筑，专放老电影。广告牌上用大写字母写着《疤面人》这个片名。我立刻就认了出来——我知道这是一部经典的黑帮片，深受贝托尔特·布莱希特的喜爱，他在创作《阿图罗·乌伊的崛起》的剧本时就借鉴过这部电影。穆尼的《疤面人》当年是很多人最爱的电影，包括我的外祖父，我从小就听他讲，乔治·拉夫特在每场戏里都会漫不经心地抛接半美元硬币，这个动作成了银幕黑帮角色的标志。我之前从没看过这部电影，于是就带领大家走进影院一探究竟。

这是有史以来最伟大的导演之一，霍华德·霍克斯的一部惊人之作。原版的《疤面人》是对大萧条时代的过火与失败的尖锐批判。片头的字幕卡上写着："本片是一份控诉，控诉美国的黑帮统治，控诉国民安全和自由所遭受的威胁不断增加时，政府视若无睹的冷漠态度。"它似乎是想通过这种宣明立场的方式来为片中充斥的暴力开脱。影片的核心人物是保罗·穆尼，他似乎已至无人能触及的高度。他就像《飞车党》里的白兰度，是一个完全不受界限和传统束缚的人物。他让我感受到了一些东西，他是自由的。

但在《伸张正义》之后，我拍摄的下一部电影是《虎口巡航》，我在其中没有找到那种自由。编剧兼导演比利·弗莱德金说这是一部黑暗的作品。我拍过卧底警察题材的电影，而他拍过《法国贩毒网》和《驱魔人》，所以我就去了。剧本讲的是一个不知名杀手在曼哈顿的同性恋俱乐部恐吓男人的故事，我读的时候觉得很好。我认为它是在探索一些东西，表达中有一些真知灼见，并且向世界提出了几个问题。我当时也正处于人生中那样一个阶段，依然有点蒙昧，但热衷于挑战极限，我希望我采用的方式能够阐明某些话题，为人们更好地了解千变万化的环境打开一扇门，并且揭露我们接受程度的演变史——我希望达到的是一种启迪，为观众，也为我。

但《虎口巡航》在制作过程中引发了很大的争议。1979年夏季，我们在拍摄期间遇到许多麻烦，几乎每天都有抗议者出现在我们的拍摄地点。他们认为，这部电影对同性恋人群的展示将会有失公正、流于刻板。我收到威胁炸弹，不得不雇用保镖来保护我。我本就不擅长应对争议，尤其是当你是所谓的电影明星时，人们认为你拥有一切权力，但你实际上并没有。我一直认为，在这种时候最好的办法就是保持沉默，因为一旦你开始回应，情况就会恶化。你必须接受打击，那是野兽的本性。

然而，那是一部剥削性质的电影。我在拍摄时并没有那么认为。答应出演时，我想的是这将是一部大胆的谋杀悬疑惊悚片。但我对同性恋群体的污名化现象以及这部作品将如何描绘他们没能保持应有的敏感。当我看到那部电影后，我就知道它带有剥削性质。后来我从未做过宣传，让我们面对现实吧，我一直保持着沉默。我接到一个制片人的电话，他说："阿尔，就这部电影说点什么好吗？"我说："我对它没有任何感觉。"他开始锲而不舍："就说它很有趣，很神秘，它有震撼的场景。"我同意了，因为他们毕竟付了我很多钱，我不能就这样抛弃他们。但我想去一个远离这一切喧嚣的地方，我已经受够了。

我从未接受《虎口巡航》的薪水支票。我收了钱，是很大一笔，而我把它存进了一个不可撤销的信托基金，也就是说，一旦我给出去了，就不可能再收回。我把钱捐给了慈善机构，加上利息，足够维持几十年。我不知道这是否能让我的良心受到安慰，但至少这笔钱产生了一些积极影响。一直是匿名捐赠，因为我不想把这件事弄成公关噱头——我只希望那整个经历中能有一件积极的事。

两年后，我拍摄了喜剧《欢喜冤家》。我无法拒绝伊斯雷尔·霍洛维茨，他是这部电影的编剧，还写过《印度人想要布朗克斯》。《印度人想要布朗克斯》那部作品给了我一条生活之道——一个职业人生，如果你想这么称呼的话。实话实说，的确如此。《欢喜冤家》是一部喜剧，试图探索人们在破碎的家庭中如何养育孩子，如何处理离婚及其对自己和孩子带来的麻烦和创伤。我喜欢和那群孩子一起拍摄这部电影。

但影片导演阿瑟·希勒和我说不上合拍。（你可能感觉到了一种模式的出现。）在全部拍摄过程中，我只有隆冬时节在马萨诸塞州格洛斯特的一场戏迟到。当时天寒地冻，一直在断断续续地下雪，我回了汽车旅馆的房间，等待他们通知我去片场。所以只是一次信息误传，仅此而已。但我迟到了，这让希勒有机会发泄他酝酿了六周的情绪。他发了狂,当着剧组的面抨击我,在所有人面前把我骂了个狗血喷头,于是我便上车离开了。当时剧组有个重要人物和我在一起,他有一双连跳蚤都逃不过的锐利眼睛。他告诉我:"你必须回去,不然你要为此付出代价。"那句话真的让我很生气。我知道我被威胁了,我心想,你算是惹错人了,伙计。但接着我又重新考虑了一下:不,帕西诺,保持冷静。如果你一走了之,那意味着你得赔钱。那意味着要请律师,那意味着要上法庭,那意味着媒体宣传。我不想跟这些人玩游戏,所以我说那我回去。我只是想拍完这部电影。

《欢喜冤家》收获了恶毒的鄙视。败局早已注定。我能感觉到自己正逐渐被人遗忘。被人遗忘,那是怎样的感觉?而我为什么又会欢迎它?

当然,人们普遍认为我是一个可卡因成瘾者,或者曾是。但你可能会惊讶,真相是我从未碰过那东西。然而,我总是精力充沛——我总是很兴奋,托尼·蒙塔纳允许我将那份激情倾注到角色中。他还给了我某种程度的自由。他在一个软汽艇的侧面看到一则广告语,"世界属于你",他真的相信了。那是他给我的启发,也是我从他那里学到的东西。

我们的《疤面煞星》没有将背景设置在苦难的大萧条时期,那是属于鲍尔街帮派和克利福德·奥德茨戏剧的世界,一切都很匮乏,似乎没有一个人手里能有两个五分镍币。我们的《疤面煞星》讲述的是我们那个时代的贪婪,我们拍摄的年代,即里根时代。那时一切都很充足，但不知为何却让人觉得难以获得。我们是在嘲笑涓滴经济学的总体理念，以及当时"竭尽所能攫取一切"的哲学。奥利佛·斯通后来在他的电影《华尔街》中将其简化为一句话："贪婪是美德。"看看今天。我们当时就知道，这样的世界正在到来。我们想要揭露自身所目睹的贪婪，同时保持其娱乐性。

从根本上来说，马蒂·布雷格曼和我分开的那段时间对于我们都是有益的。他想要的是自己拍电影，离开我。当我向他提起《疤面人》后，他又开始行动了，仿佛我们从未分开。他立即着手与环球影业谈妥了重拍该片的权利，并且开始召集人才。布雷格曼请来了我们的老搭档西德尼·吕美特执导，大卫·拉贝试着写了一版较为接近于原版的剧本，但没有成功。于是布雷格曼请来奥利佛·斯通撰写剧本，此时他已凭借《午夜快车》拿到了奥斯卡奖。

吕美特明智地提出将我们的版本进行现代化改编，将背景设定在马列尔偷渡事件期间，让托尼·蒙塔纳成为菲德尔·卡斯特罗送出的嘲讽礼物，即数千古巴难民中的一员。布雷格曼希望影片不要像《冲突》和《热天午后》，但吕美特希望这部作品能接地气和真实，并且加入与社会意识相关的主题。布雷格曼说我们之前已经见过那类电影。很快，两人意见不合，布雷格曼解雇了吕美特。这个黑手党头子再度出手了。德·帕尔玛加入进来，他希望影片能具有歌剧风格，色彩斑斓，充满娱乐性，这也是布雷格曼的设想。

奥利佛被这个故事的政治性所激励——如果不涉及政治，那他就写不出东西——而且这个故事允许他发表评论。我爱奥利佛，我一直爱他；我觉得他是个疯子，他的疯劲来得快去得也快。我把他带到我在纽约的乡间别墅，跟他讨论《疤面煞星》的剧本。他会给我讲他从现实世界的罪犯和毒贩那里收集到的故事，都是他做剧本研究时深入底层期间所闻。他听说有个帮派成员嗑自己供应的毒品嗑嗨了，在枪战中被击中，他于是模拟起将子弹扔回去的动作。我觉得那个画面令人惊叹——其中蕴含着残暴和疯狂，这个人一定是吸食了大量的可卡因，才会做出这样的动作。另一个匿名毒贩提供的一句话成了剧本的题记："人生在世的每一天都是好日子。"

但谁不想扮演托尼·蒙塔纳这样的角色呢？面对想用链锯把他切碎的对手，他转过身对威胁自己的人说："你怎么不把脑袋往屁眼里塞呢？看看塞不塞得进去。"

对托尼·蒙塔纳来说，事情没有任何商量和讨论的余地，去你的吧。对我来说，二维性正是他的魅力所在。如果我们想进入托尼的内心，我并不需要深入挖掘自己。它就在那里，就在剧本里，你在纸面上就能看到。我扮演的托尼从来没有任何内心冲突，直到他发现最好的朋友曼尼搂着他的妹妹，于是把曼尼杀死的那一刻。只有在那一刻，你才能看到他的困惑和自我反省，他对自己的所作所为感到有些糊涂。在那一刻，他进入了第三维，但也只有短短的一瞬间——在那么大量可卡因的作用下，那是任何人所能达到的极限。你知道在那之后就只剩下死亡了。

我花了一个夏天的时间在马里布海滩的欧特里格公寓为《疤面煞星》做准备，那是一个很大的公寓楼群，我深入托尼的角色内心，想要尽可能多地了解他。我无法确定，但我几乎可以发誓，我的隔壁在拍一部色情电影。我时不时就会听到狂野的噪声，看到邻居进进出出，他们暴露的着装透露了他们对电影的追求。但在我的房间里，在太平洋美景的映衬下，我却在和服装师、化妆师和发型师开会，讨论我的角色。那道伤疤呢？他怎么弄的？把它设计在哪里？我想到一个主意。我说，我想要一条贯穿眉毛延伸到脸颊的疤痕。一目了然。它就是混乱的证明。那就是托尼·蒙塔纳。你需要做的就是看他一眼。

我被安排了特殊的节食和锻炼计划，包括每天打几轮壁球，以达到瘦削、凶狠、肌肉发达的外形要求。我近距离跟随一个刀战专家训练，还跟方言指导鲍勃·伊斯顿和搭档"洛基"斯蒂文·鲍尔一起学习了口音，鲍尔是古巴人，扮演曼尼。口音能帮助塑造角色，很有趣。除非说着某种口音长大，否则你永远不可能掌握地道的发音。德·帕尔玛把这部电影描绘为歌剧，因为它比生活更宏大，关于它的一切都很夸张，所以我把那一点用在了口音上。

我被托尼·蒙塔纳出身的底层阶级的困境所激励，他属于边缘人群，我觉得我也是其中一员，鉴于我的背景和成长环境。那让我有机会挖掘自己内心底层阶级的一面。

我以自己的方式，表达了我在此前四十一年人生中所学到的东西，将其运用到这部电影的世界之中。演员就像画家——描绘角色的疯狂、野蛮的画家。那就是我在《疤面煞星》中的表现。

那年秋天，我们在迈阿密开始拍摄时，遇到了一些制作上的问题。那里有一个保守派团体，对我们将如何在电影中塑造古巴人的形象感到不安——我们会剥削他们吗？我们会贬低他们吗？我们会支持卡斯特罗吗？——他们偶尔会试图到片场找我们麻烦。一般情况下，这类问题只要你挖得足够深，就会发现是某些政客企图制造话题，或者某人没有捞到油水。但很快，片场最大的恶棍将会变成我。

有一天，我要拍摄托尼·蒙塔纳在一家非常高雅的餐厅引发骚乱的戏。当他被赶出那个一开始就不该允许他进入的地方时，他意识到自己吸引了在场所有人的注意，于是他便以一贯的豪迈语气宣告："跟这个坏蛋说晚安吧。"对于这个场景，至关重要的是，我和同伴们都穿着燕尾服，这样就凸显了我们在上流社会的顶层人士中是多么格格不入。在这一切的包装背后，我们依然是野兽。

当我走进我的更衣室，我看到了其他那些熟悉的戏服——夏威夷衫、白西装——但没有燕尾服。我问："我今天穿什么？"我被告知就穿托尼·蒙塔纳平时的服装，因为那场戏被改到了接待托尼和其他帮派成员的夜店，也就是他们经常去的地方。我想，这场戏不能发生在那里。它必须发生在有特权阶级的豪华餐厅。如果发生在夜店，那就无法引发任何共鸣，其中没有反差感。我问副导演，为什么要改？当然了，说到底还是因为成本。他们想从预算中拿掉一个场景。布莱恩超支太多，删除一个外景地，他们觉得能省几块钱。

所以我决定表明立场。我把布雷格曼和布莱恩叫来我的更衣室，可以理解，他俩都担心钱的问题。尽管我非常尊重他们，但我还是表示："你们不能这么做。奥利佛不是这么写的。他甚至在剧本指示中都说过——他说必须穿正装。这场戏不该这样改。这会让它失去意义。"我想我应该讲了快四十五分钟。等我说完，他俩都看着我说："那我们现在都有麻烦了。"我说："我总是有麻烦，伙计们。不管我做不做这件事,我都有麻烦。但我们应该怎么办?"他们很聪明。他们同意那场戏必须在餐厅拍摄。但浪费这个拍摄日,我们要损失二十万美元。所以这在我的名声上打了一个烙印。消息传开:他很难搞。你敢信他干了什么吗?他不肯拍。即使我的行为对电影有益,而且忠于剧本,制片厂永远也不会原谅我那样的行为。

我非常感谢凯瑟琳·奎南当时与我的深厚情谊。我第一次见到凯瑟琳是在李·斯特拉斯伯格在中央公园西路的家中举办的一个派对上,李会在周日的夜晚把人们聚在一起,发表关于音乐、戏剧和艺术的演讲。罗伯特·德尼罗当时和我在一起,在某个瞬间,我碰巧瞥见了凯瑟琳。她转身看着我。我回望着她,就这样,晴空霹雳击中了我。

鲍勃和我站在李的公寓中长长的走廊里,观看墙上悬挂的几百年来戏剧史上那些伟大演员、艺术家、导演和作家的照片和肖像。我对鲍勃说:"我刚刚发生了一件事。"鲍勃总是非常热情,他问:"什么意思?发生什么了?"我说:"这个女人占据了我。"他说:"哦,好的。"说完他笑了。我想,在某种程度上,他看见了我正在经历的某种痉挛式反应。我是个成年人,却表现得像是生平第一次见识某事一般。

但凯瑟琳当时有男朋友,而任何有男友或丈夫的女人都是禁区。我才不会进入那里。我猜这种意识源于家族血脉的某处,谁能解释得清?我本可能忘了她,但我时不时会跟其他演员一起朗读剧本,我们会聚在一起朗读感兴趣的舞台剧或电影剧本。有一次我去参加莎士比亚的《奥赛罗》朗读会，地点在一个地下公寓，而凯瑟琳也在，她读的是苔丝狄蒙娜的角色。朗读过程中，有一刻我从地下室的窗户向上看，发现她的男友蹲在那里，正从人行道上窥看朗读会的情景。我有一种感觉，他保护般地守在她身边，查看她的状况，像是害怕有人会突然闯入，抢走他的美丽女友。

幸运的是，他们最终还是分手了。我是在《疤面煞星》的片场知道的，因为我的朋友"洛基"鲍尔从他当时的妻子梅兰尼·格里菲斯那里听到了消息。他说："我知道有个人喜欢你，一个叫凯瑟琳的女孩。"不幸的是，我当时有女朋友，正经历一段逐渐解体的异地恋情。

凯瑟琳和我开始不正式地约会。她来自另一个世界，旧金山郊外的美丽小镇米尔谷，她是个出色的演员，同时还热爱皮划艇和体操。或许是因为只有一只脚踏入了演艺圈，她多了一分有趣的色彩。她会接到一些非常重要的角色，但她会拒绝，其他明星会接手。凯瑟琳希望往不同的方向发展。她的天赋实在惊人。我很欣赏她在《飞越玫瑰园》中的表演，如果你看过这部电影，你就会明白我在说什么。

约会几个月后，凯瑟琳和我在比弗利威尔希尔酒店共进晚餐。在拍摄《疤面煞星》期间，为了离片场更近，我住在那家酒店。在那次晚餐上，她和我说了很多，她讲了她的人生故事，更多地坦露自己，讲了许多让我能真正了解她的事。她讲了她的生活和她的感情，她的叙述方式让我明白了第一次看见她时我所产生的直觉性感受是什么。然后事情就发生了：晴空霹雳再度击中了我。我用了几个月时间才弄明白这一次的感受。从那一刻起，我们一起生活了几年，那是一段充满了爱意的关系。

凯瑟琳是我在拍摄《疤面煞星》期间的慰藉。每晚回到家中都能见到我爱的人，那是一件喜悦的事，她会告诉我她的一天，她都忙了什么，她和谁说过话，她遇到了什么烦心事。那帮我的思绪脱离了自己的工作，脱离了《疤面煞星》让我陷入的境地，脱离了被那个疯狂的角色折磨的日子，脱离了硝烟、鲜血、三百磅重的机枪。拍完《疤面煞星》后，我们还在一起。我们甚至一起进行了欧洲长途旅行，开着一辆面包车四处转悠，几乎像是搭便车之旅。那是一段灿烂的时光，感觉如此简单——如此无拘无束，全无大张旗鼓。她是个很好的旅行者，照管了许多我过去甚至现在都无法做到的事情。我们还一起同居，这从某种程度来说是一种解放。我们在一起的生活是切实可行的，轻松的。

和凯瑟琳在一起的日子是我最接近结婚的时候，但我一直是回避婚姻的。我猜是因为我不知道结婚会有什么帮助。我只是想避免我当时觉得无法避免的事，避免搭上那趟痛苦的列车。

感谢上帝，凯瑟琳至今仍是我的朋友，我爱她。但是要拒绝与心爱的女人结婚并不容易。她知道她想要什么，而且她也得到了，只不过是和别人。她的离开让我很伤心，这份伤痛跟随了我很多年。

我在《疤面煞星》里的戏份，是在出演大卫·马梅的出色剧作《美国野牛》的间隙完成的。1981年，我们在外百老汇的广场圆圈剧院举行了这出剧目的首演，之后的几年里我时不时就会演这出戏。之前一直是在圆形剧场演，但这时我们准备把这部剧带去旧金山、华盛顿特区、波士顿和伦敦等地演出，这些城市都有传统的镜框式舞台剧院。那就意味着，我们必须找个镜框式舞台来排练，而在纽约要找到那样的剧院并不容易。但在1983年，《疤面煞星》上映之前，我们在布斯剧院得到一个绝佳机会，那是一座漂亮的百老汇剧院。

我当时没读过评论，我们在市中心演出时，反馈大多是积极的，但去了百老汇后，评论似乎就没么热烈了。不知为何，有一种理解是，我们是把百老汇当作前往更大规模巡演的垫脚石，我演这出戏纯粹是为了钱。那是对这出戏的众多错误假设中的一个。但要郑重声明的是，我拿的是最低限度的公平报酬，所以我每周只需演六场，而非一般要求的八场。

他们似乎也严厉批评了我在剧中的搭档，我亲爱的朋友吉米·海登，他的表演非常特别。吉米是个出色的演员，也是个真正的帅小伙。他二十多岁，没有自己的家庭，但我爱他，就像我们是亲人一样。他也吸毒，但他有天赋。他长相出众，才华横溢。他拥有一切特质。我一生中认识很多这样的人，他们身上拥有那样的伟大和野性。他们是脆弱的。

《美国野牛》对吉米来说可谓一个活生生的现场展示柜，任何进场的观众都会注意到他。在百老汇演出期间，我们因为毒品失去了吉米，事情又一次走向了那样的结局。这当然撕碎了我们的心，直到今天我仍感到心痛。当你离某个人那么近，却意识到自己失去了他，你感到心痛，却无能为力，无法言喻。吉米本可以走得很远，在那个时候每个人都这样认为。

在没有吉米的情况下，我们还是设法把这部剧带去了伦敦，代替他的布鲁斯·麦克维蒂是一名优秀的演员，也是我的朋友。在伦敦排练几周后，我们开始演出该剧。在第一幕的中途，我们讨论着将要进行的抢劫，一个女人却沿走道走了过来。她有点儿醉了，径直走向舞台边缘，抬头看着舞台上的我们，举起一根烟。她用浓重的伦敦东区口音对我说："有火吗？"我们仍在角色之中，没有出戏，对她说："我们忙着呢！我们在想办法去抢劫。你在干扰我们，女士。"我想，这就是我这辈子一直听人谈论的伦敦的高级剧院吗？但这时，剧院保安已经轻轻抓住了她的胳膊，推着她沿走道离开了。

有时，观众并不能马上理解自己究竟看到了什么，他们需要时间消化和吸收。这是我从《美国野牛》和《疤面煞星》学到的道理。刚上映时，《疤面煞星》是失败的——并非票房上，而是评论上、艺术上、精神上。

在纽约举办的首映式上，人们纷纷退场。我从百老汇的《美国野牛》舞台下场后，直接去了在萨迪餐厅举办的《疤面煞星》映后派对。不管是谁选的宾客名单，显然都误算了，因为在座的都是高雅的上流人士，他们都完全进入了僵尸模式。我进去的时候，丽莎·名内利向我走来。她甚至都没看过这部电影——她只是来参加派对——她说："这些人刚看了你的电影，你到底对他们做了什么？"我说："我只是个演员，丽莎。你该问科学家。"我和查理偷偷溜到萨迪餐厅的后面，这时艾迪·墨菲一脸灿烂的笑容，从那群冷漠无情的面孔中走了出来。他直接走到我面前说："阿尔，电影太棒了！"他给了我一个拥抱。我想他是全场唯一理解并欣赏那部电影的人。

我们这些《疤面煞星》剧组的人好几天都深受打击。奥利佛·斯通独自一人和普通观众一起在时代广场的一家影院看了这部电影，然后兴奋地汇报观众的反应。"你知道怎么着吗，阿尔？"他告诉我，"简直混乱至极，他们在走道上跳舞。"他似乎早预料到了这样的两极化反应，布莱恩·德·帕尔玛却非常失望，马蒂·布雷格曼也是。我头晕目眩。我不断自问，为什么得到的是这样的回应？连续好几周，一些世界知名大导——甚至包括吕美特——都对我大加指责，说这部电影有多糟。米洛斯·福尔曼对我说："你都拍过《热天午后》了，现在却拍了一部这样的电影？你是怎么做到的？"沃伦·比蒂较有同情心，他告诉我："你知道，《雌雄大盗》的口碑发酵也非常缓慢。给它点时间，阿尔。"他是对的。

当你对某事充满信心时，批评有时更容易接受。拍电影时，这类事情就会发生。有些电影会引发争议，被一部分公众谴责，我无论如何都无法理解，为什么其中一部分就能流传下来，享受第二次生命。就我来说，我之前从未在报纸上看到黑色粗体的大写字母打出"帕西诺的《疤面煞星》遭遇惨败"这样的标题，直到我在《美国野牛》演出后台从一位见到我激动不已的女士那里看到。她想要我的签名，却拿了那张报纸让我签。好吧，如果那样的标题都不能让你的脑子一跳一跳地疼，那我不知道还有什么东西能做到了。但这个女人根本不在乎那篇评论，她能预见未来。

"洛基"鲍尔和我都获得了金球奖提名，但《疤面煞星》没能得到奥斯卡的关注。布莱恩·德·帕尔玛为这部电影所做的令人难以置信的工作，再怎么说都不为过，他为这部电影做了详细的安排，为它注入了如此充沛的能量和影响力。他把这部作品做到了极致。为什么他没能因此获奖，我永远都想不明白。奥斯卡公布提名名单时，我正在旧金山的柯伦剧院演《美国野牛》，在那里，我们有骑马的警察帮助管理每场演出后等待的人。那一天，我在《疤面煞星》的表演和剧组其余所有人的贡献都没有得到提名，一群粉丝在下午场演出结束后赶来，走过警察，将自制的奥斯卡奖杯送给我，以弥补这一明显的过失。它看起来就像真正的奥斯卡奖杯，只是更大。我觉得这是一种合适的奖励，一个来自大众的奖杯，我一直把它保存到今天。

《疤面煞星》刚上映时不被主流看好这一点，我不知道剧组的人为何会感到惊讶。整部电影是对20世纪80年代的公然控诉，与社会现状，即南希·里根发起的"对毒品说不"运动和当时的主流话语背道而驰。当然，它也不符合好莱坞的模式。

随着时间的推移，《疤面煞星》受到了嘻哈一代的支持，他们认同托尼·蒙塔纳的神话，赋予了其可信度。你不可能忘记，托尼·蒙塔纳像希腊神话中的伊卡洛斯般飞向太阳，越飞越高直至最终爆炸坠落。说唱艺人及其粉丝都很喜欢这部电影，他们理解它，也接受了其中的隐喻。他们认为这部电影是一个寓言，这个故事讲述的是当你被教导生命廉价且可有可无时，你该如何看待这个世界。他们是这部电影最终成功的催化剂和跳板，因为他们接受之后，全世界都开始为此埋单。

各行各业的人都开始关注这部电影。有些是低收入人群，有些则是精英。大学生、监牢囚犯、职业运动员，各种人都有。这部电影成了逆主流文化，托尼·蒙塔纳的传奇传遍全世界。托尼·蒙塔纳让人们突破自我和困境——突破你的窠臼，突破你被教导要过的生活。这段旅程中有甜蜜的部分，因此那些真正出身于影片所描绘的世界的人，那些真正经历过那个世界并存活的人，会对此产生共鸣。他们了解这出戏剧中的玩笑。

2018年，《疤面煞星》首映三十五周年，我们在曼哈顿的灯塔剧院举办了一场盛大的重聚活动。那是我最后一次见到马蒂·布雷格曼，他当时已经九十二岁，坐着轮椅，几周后他就去世了。全场座无虚席，有数千名观众，其中绝大多数之前已看过这部电影，但从未在大银幕上观看。我也邀请了一些我知道并非这部作品影迷的朋友。我爱这些人，我钦佩且尊重他们，他们仍是我的朋友。我告诉他们："我希望你们能和观众一起观看。"我没小题大做。我说："就看一眼。就当是为了我。"

当影片呈现在美丽的大银幕上时，它就像被抛上了平流层。它的宏大和壮观清晰可见，就连德·帕尔马也对它有了更多感受。提醒你一下，我那些之前并不喜欢《疤面煞星》的朋友，看完后并没有说这是他们看过的最好的电影。但他们看到了，这是一部丰富的电影。他们接受了其中的精神，我知道当他们和观众一起观看时，他们就会接受的。他们能够得以理解笑点在哪里，微妙之处在哪里，戏剧性又在哪里。哦，这里是这个意思啊。在某种程度上，观众是他们的字幕，为他们提供电影的内在语言。

直到今天，它依然是我拍过的最重要的电影。后续市场至今仍在为我带来收入，我可以靠它生活。我是说，如果我像普通人那样生活，是可以的。这么说吧，它的确有贡献。

我想就算他们让《疤面煞星》明天才上映，也会引发同样的反应，掀起同样的争议。它实在是太难以应对了，无需更多解释。

结束了

It's Over

我出局了，我的电影职业生涯结束了。我通过一个又一个角色所累积起来的东西，在短短几年时间里荡然无存。每一次连续的失败都像一个更沉的砝码压在我的胸口。我开始质疑自己所做事情的本质和原因。我感觉自己被困住了，创造力枯竭，离当初想要成为演员的初衷越来越远。

所以我便退出了。没有通知，没有声明，我只是不再接电影角色。我不在乎。我说，这样挺好。我仍有许多事情值得感恩。我有纽约，我有朋友，我可以整天读戏剧剧本，我还是可以选择自己要做什么。但在电影方面，我已经完了。

我在退出时犯了几个错。一个是，我以为只要我想，随时都能回来。但人们接受你离开的速度远比你想象的更快。一旦被淘汰，你就出局了，如果你看起来并不想复出，情况就更是如此。

退出前，我在英国拍电影《革命》。在诺福克郡，我每天都在农场醒来。我在离伦敦一百英里的地方，远离任何有家的感觉的地方。那地方并不豪华，只是英国乡村的一座有些破旧的村舍。吱吱呀呀的地板迎接着我的每一步，还有大量的二手家具。但那也自有其魅力。我喜欢在阳光和牲畜的叫声中醒来。马、牛，该死的鹅，不过马和牛还是可爱的。

我来这里是为了逃避。《疤面煞星》的反响并没能让我感到特别温暖，凯瑟琳和我也分了手，那对我们两个都非常艰难。我需要一些东西来帮我远离那一切——正好有一些电影项目的邀请，而这一部给我提供了某种类似休假的机会。我当时的心态是，已经知道我不再渴望干这一行。

我不知道《革命》这部电影出了什么问题。有时只是因为一贯的那些问题。我必须承认，我喜欢导演休·赫德森，这位英国电影人刚凭借《烈火战车》获得奥斯卡奖。他在和我谈起这个项目时，口才相当有说服力。《革命》讲述的是，一个饱经生活沧桑的男人，在美国宣布脱离英国独立的那一天，带着年少的儿子来到纽约的故事。赫德森承诺要生动且不伤感地再现殖民地生活，我就剧本与查理进行了长时间的讨论，他鼓励我出演。

休是那种只按自己的喜好创作的艺术家。他仍处于"我能做任何事"的狂喜阶段，对工作人员提出了很多要求，将诺福克郡的一个朴素广场改造成了1776年的华尔街，在英国乡村建造了一整座军队营地。这些开支给负责投资的英国金冠电影公司造成了巨大的经济压力，休也让我非常辛苦，他派我追赶马车、推重型机械，还让我把扮演我儿子的小演员扛在肩上几个小时。

他们终于剪出粗剪版给我看后，我说："休，这还没准备好。其中有伟大之处，但如果就这样上映，结果不会好。"他似乎明白需要做些改动，我们讨论过增加旁白，但给他的时间只有那么多。华纳兄弟公司希望影片能在12月上映，这样就有参选奥斯卡的资格。制片厂利用我当时的名气开展了一场宣传活动，他们用我的脸来卖这部电影。当你看到海报时，你能看见的只有我的脸，以及那副茫然又震惊的表情。我看到后心想，这不能反映这部电影。遗憾的是，结果证明这部电影是一场灾难。

除了把我赶出电影业之外，《革命》还毁掉了一位伟大导演的职业生涯。休·赫德森是位才华横溢的艺术家，但他因为固守自我而隔绝了其他人，这部电影失败后，业界将矛头指向了他。之后，他的事业一落千丈。这部电影的失败对我们两个的影响都持续了很久，也让金冠电影公司一蹶不振。

《革命》上映后的二十年里，休·赫德森和我一直在合力继续寻找更多改进的途径，加入我们认为缺失的东西，在能够删减的地方进行删减。我们自筹资金，我还请朋友写了一些旁白。休去世后，新剪辑的版本《革命：再访》在圣莫尼卡的航空剧院为几百名观众举行了一次特别放映会。当你在那么大的银幕上，在音响效果那么出色的影院里观看这部电影时，你会发现一位伟大的导演正在尝试一些不可思议的东西。这些新的变化让《革命：再访》变得更容易让人接受，并且让观众产生了一定程度的共鸣，这在四十年前是不曾做到的，那都要归功于旁白和剪辑。在航空剧院的美丽大银幕上，新版本确实很好看。

在我们这一行，你有时会撞上这些墙壁。这是你在高空行走的钢丝。做这行是有风险的——冒险的话，你可能会跌落，然后你必须决定是否要爬起来。

似乎每一次我把某样东西带给公众，带给商业世界，我都会因此被审视、被贬低。我在那个赛场上感到迷失，所以我试着待在我的舒适区内，专注于我在演员工作室已经起步并且感到愉悦的作品。我依然需要尝试，所以开始拍摄那些作品——拍摄那些关于我喜欢的东西、能引发我强烈感受的电影。这是一种让自己脚踏实地，回归表演本质的方式。但我能拍摄这些电影而不被世人所知的唯一方法就是私下拍摄。

有人会告诉我："别花你的钱拍自己的电影。这是第一要点。别被自己的储备搞嗨过了头。"有些人就是这么谨慎，他们性格如此。但马蒂·布雷格曼给了一些我听过的最好的建议："你做这种事可不能进行大制作——而是要小制作。"你不要把自己都还没弄清楚的那些最艰难、最复杂的想法，还没理顺的疙瘩，放进一部别人付你百万美元片酬的电影里。你要把这些想法和外界的期望及评判剥离开来——把它们装进一个名为"遗产"的口袋里，然后希望终有一天会有人捡起它，打开来看里面都有些什么。不过要是用自己的钱去做，最后可能就会破产。我的一个朋友曾对我说："你在干什么呢，阿尔？你要变成一个外外百老汇电影明星了。那是一个自相矛盾的词。"但没关系。如果我是个画家，这可能只是我的众多素描作品之一，是一种练习，我从中能学到作为演员不曾学到的电影制作的基础知识。我太老了，去不了电影学院，也不打算上大学——我不需要那些学分。我只是在玩创意，并不打算将其搬上大舞台。事实上，我不打算将其搬上任何舞台，这只是我为自己找到的一个出口。

有时候，你必须在远离商业压力和首周末票房要求的环境下做事，我之前对这些完全不了解。但随着年岁渐长，我有时会问自己，我一共有多少幻想？查理和我讨论过，当你进入坟墓之时，你的幻想会从你长眠的盒子里钻出来，在你的墓碑上盘旋，然后蒸发在空中。它们是最后消失的。

当我远离商业工作后，我又回到了那些早在我进入好莱坞之前就感兴趣的戏剧和想法之中。年轻时我曾着迷于希思科特·威廉姆斯的独幕剧《区域歧视》。现在，人到中年，它又把我带回了曾经的波西米亚岁月，回到了我年少刚前往格林威治村时曾经激励我的那些精神之中。那时我在生活剧团和其他表演空间演出，并不曾意识到它对我的启发有多大，我想再次探索这种启发，做出总结后重新上路。

威廉姆斯写这出戏时年仅二十一岁。其对白之野蛮，措辞之汹涌，让我永远无法忘怀："成名是最大的耻辱，因为上帝知道你是谁。上帝知道你是谁？"这出戏的情节非常简单：两个在犬类赛事中押注的虚无主义赌徒走进一家酒吧，在那里遇到了一个名人，是一个他们都相识的演员。一番闲聊和搞笑台词之后，他们步行送演员回家，这时气氛开始发生变化，变得危险起来。一个赌徒说了一段独白，他宣称这个演员在街上就看见了自己，却假装不认识。两人将演员放倒在地，开始踢打，虽然没有杀死他，但在他的脸上划了一条口子。这个记号具有象征意义——他们用这种方式表示，我们来过，我们存在。

《区域歧视》是一个关于身份和嫉妒的故事。它讲述的是我们当中那些需要被看见的人，以及这种需求如何让人们产生嫉妒之心。希思科特表示，这出戏在那些自觉属于边缘群体的观众之中唤起了共鸣。他写这出戏的时候还只是个孩子，他不知为何却理解那一点，并且在戏中很好地表达了出来。观众可能很难接受这些观点。

我在出演电影版之前就看过《区域歧视》的演出。在我首次登陆百老汇演出之前，就读过这出戏。我在舞台上演这出戏是在第一次获得托尼奖之后，当时我们没能把这出戏的要点表达清楚。观众的反应非常糟糕。我猜如果有足够多的人签署请愿书，他们可能会把我们赶出纽约。但伟大的乔恩·沃伊特看到了这出戏，给了我们一千美元，让我们再演一周。他当时刚刚成为电影明星，在我眼里，他成了一个感情非常深厚的朋友。所以我知道，我必须自己把《区域歧视》拍成电影。它所表达的一切都在成为现实。

我所熟悉的希思科特是个精力充沛、感情强烈的知识分子，他毕业于牛津大学，是个美丽的诗人和画家，政治上是个彻头彻尾的无政府主义者。他是我的英国版本的克里夫。他喜欢表演魔术。他住在一座树屋里，约会过模特简·诗琳普顿。我跟他一起在伦敦街头漫步，他拎着两个购物袋，天知道里面装的是什么。我们在某家小众餐厅坐下来喝茶时，遇到了鲁道夫·努里耶夫，他可能是有史以来最伟大的芭蕾舞者，他告诉我们他非常喜欢《疤面煞星》。那对我是个鼓舞——我需要那样的反馈。那番话让我熬过了在英国逗留的整个期间。

几年后，希思科特在电影《魔鬼代言人》中为我提供了帮助。他为我所扮演的魔鬼一角撰写了对白，比如我谈论律师和对冲基金的这句台词："他们每一个都准备狠狠踩踏上帝的弃儿星球，然后舔干净自己的手指，伸向他们闪亮干净的赛博键盘，计算自己的计酬工时。"我把这句台词提交给好莱坞，你猜怎么着？他们完全接受。于是希思科特想在字幕中署名——只是提一下，当然不是作为主要编剧，但这对好莱坞是不可接受的。所以我自掏腰包付钱给希思科特，这自然可以接受，而且完全值得。

《区域歧视》在亚特兰大拍摄了几周，导演是大卫·惠勒，主要演员有我、保罗·吉尔福伊尔、约瑟夫·梅赫尔和迈克尔·希金斯。完成后，我们向自己欣赏的人播映了这部影片。我们在伦敦举办了一场盛大的艺术家和文学家晚宴，包括汤姆·斯托帕德和戴维·黑尔在内的宾客都围坐在一张长桌旁。在这之前，哈罗德·品特已经看过两遍这部作品，他坐在桌子主位上，想和大家说话时，就按一个小铃，所有人便都安静下来。"每隔一段时间，"他说，"我们就会看到一些不一样的东西。我们接触到了电影中的艺术。"我只错愕地坐在那里。希思科特也在场，摆弄着一枚硬币，没有抬头看任何人，扮演着害羞的天才。他曾被描绘为品特的门徒，但真的与文学偶像共处一室，我猜这一切对他却太过沉重。

我为伟大的演员兼电影制作人伊莲·梅放映过这部电影，她对我说："我非常喜欢。但千万别给公众展映。你不知道你的名气。你不理解，你不理解人们如何看待你的名气。你必须意识到这一点。"她是对的。你太出名了，不适合做这类事。你必须小心，因为你会吓到观众。别把它拿到剧院放映。

我给曼哈顿下城的独立电影导演乔纳斯·梅卡斯看了,他在他的经典电影资料馆播映了《区域歧视》,并且稍显乐观地告诉我,我会为此获得奥斯卡奖。我一直给《村声》报纸的影评人安德鲁·萨里斯打电话,请他来观看这部电影。他说:"别烦我了,阿尔。我已经看了三遍了。我已经告诉过你我的想法了。只管把这东西放出来吧。"我试图获取向更多观众放映的信心。我从未得到。

我逐渐意识到,当我做自己的事情时,没有人会捧场。我从小受到的先锋影响从未离开我的大脑。当我只剩自己时,那种思路似乎就会冒出来。这是个缺点,人们满怀期望而来,却带着愤怒离场。《区域歧视》是对我以及我就其中话题的观点的具体蒸馏,其酒精度足有75度,对有些人来说可能有点高。

在我制作自己的电影之前,我根本不在乎电影的具体制作过程。我只是一个演员。就像我有个朋友经常这样形容他自己的那样:"我只是想摆脱演艺圈。"幸运的是,一些出色的同伴和合作者听到了我的求助呼声,加入了我的疯狂征程。我对剪辑师产生了好感和敬意,见证了一部电影出现问题后,经过重新编排又突然焕发生机时,剪辑师在这个过程中所发挥的变革性力量。

我一直在剪辑《区域歧视》。我们在平板控制台上使用16毫米胶片,将其穿过斯坦贝克剪辑机进行编辑。我们总是在等待拷贝胶片,或者将胶片装入机器。当我在布莱尔大厦四处闲坐,漫步到其他剪辑室时,我遇到了许多伟大的电影艺术家,比如马丁·斯科塞斯长期合作的录音师斯吉普·里埃弗塞，还有作曲家霍华德·肖和埃尔默·伯恩斯坦，他们都是奥斯卡奖得主，似乎负责创作了好莱坞半数的配乐。

然后有一天，我又去了另一个剪辑区，我听到了那个声音。我听到了在《教父》片场听过的那个笑声，那时我们不得不说服自己，我们并没走到职业生涯的生死边缘。我看到了那个微笑，它让我在无止境的试镜中确信我是安全的，有人会保护我，还有那双曾经凝视我、了解我的眼睛。那是黛安·基顿，在制作自己的电影。

我一直都喜欢女人，但从很小的时候，我在她们面前就很害羞。我不会向她们求爱，我不会追求她们。女人要么回应你，要么就不，如果她们不对我主动，那我就有点不愿意再次尝试了。但这次碰到黛安，事情变得不一样了。我们一直有一种默契。她理解我对事情的看法，有人懂我，这让我感到很欣慰。所以我就去找她了。我们一起消磨时间，几个月后，我们决定在一起。我们找到了合适的节奏和温度。

黛安当时的工作非常稳定，拍的都是商业性很强的电影。她主演的《婴儿热》大获成功。伴侣比我成功，这并没有让我感到害怕或威胁。我并没有特别大的动力去重操旧业或者改变自己的工作方式。我只是希望黛安能享受她的工作，而她的确做到了。她会离开几周去拍电影，我则待在家里阅读剧本。我知道她是一个怎样的艺术家，我欣赏她作为演员、歌手、作家和摄影师的才华。她经常亲昵地逗我，叫我"意大利懒鬼"——这是一个针对意大利人的老旧蔑称——这很能让我发笑。但她非常支持《区域歧视》，觉得它对我有益，也知道我为什么需要拍这部作品。

黛安认识了我的几位近亲，她被抚养我长大的外祖母迷住了，开始为外祖母拍摄一部纪录片。我的外祖母出生在纽约，但她的家族来自那不勒斯。她金发碧眼，因此开口说意大利语会吓你一跳。她很古怪，也许是我认识的最离经叛道的人，是她抚养了小阿尔。这或许能说明为什么有一次我们去探望她时，她拿出一个牛皮纸信封塞到我手里。"拿着。"她对我说。我打开信封，里面有七百美元。我在经济上帮助她已经有好些年了，所以没能理解她这么做的原因。"我不需要钱。"我告诉她。但外婆坚持要给我。"拿着，"她说，"给自己买几件新衣服吧，我拜托你。"她一直不懂我的穿衣风格，甚至在第一次看我演完《印度人想要布朗克斯》之后，她就说过——我引用她的原话——"你就不能换身衣服穿吗"？这一次，不管我怎么说，外婆都不肯收回信封，所以我就悄悄把它留在了她的电视机柜上。黛安为此非常愉快，外婆那些对事情让人难以捉摸的看法几乎总使她愉快。家人就是这样：你已经习惯了他们，虽然你已经对他们见怪不怪，但其他人可能成为他们的镜子。你会重新发现他们的迷人魅力。

我带黛安去参加了我父亲在洛杉矶的最近一次婚礼。父亲是个非常聪明和神通广大的人，在西柯汶纳开办了自己的酒吧、餐厅和夜店，名字叫——还能叫什么呢？——帕西诺家。当有人对我说："他是想打着你的名字做生意。"我就说："嘿，傻瓜——我的姓氏继承自他啊。那首先是他的姓，他想怎么用就怎么用。"那场婚礼是个名副其实的熔炉。我是说，这才叫多样性——你从没见过这么多人、这么多孩子，各种类型的都有，我父亲之前婚姻带来的我所有的同父异母的弟弟和妹妹都在。这个男人喜欢确定的关系。他一共结过五次婚。我呢，连一次都没有。我猜我们父子俩通过这种方式取得了平衡。

黛安在加利福尼亚有座房子，我喜欢那里。我会以困倦、伤感的状态进出，但一切都挺好。也许那就是我命中注定要做的事，回望我在成名之前的人生，并将生活用于阅读、思考、散步和交谈。在纽约，我可以像往常一样漫步穿过中央公园，我发现随着时间的推移，路上看我的人越来越少。我花了一段时间才习惯，但其中有一些东西让我感到平静。

有一天，我在中央公园散步，感觉像自然万物般自由自在之际，有人朝我走来，我以为他可能是想向我问路。

"嘿，阿尔！"他说话的样子友好又熟悉，"你都去哪儿了？"

我看着他，想弄清是不是我认识的某个熟人，但想不起他的脸。

"银幕上，"他说，"我都好久没看到你的电影了。我们需要你啊。我们需要你，兄弟。"

那个人并非唯一让我注意到这一点的人。有一天，玛尔特·克勒尔来纽约看我，在中央公园的另一条小路上，她也提到这事。总是发生在中央公园，这里真是个好地方。她说："你得回去重新工作。那才是你。"她的表达比我现在的描述要多一分巧妙和睿智，我听懂了，但我感觉还不到时候。我太幸福了。

我想我已经很久没做过大多数观众都能观看的电影了。我感激这些人的表达。我的缺席不仅被一些人注意到了，还真切地影响了他们的生活，这让我颇感新奇，因为我感觉很舒服，真的很舒服。我觉得自己可以自由自在地参与、涉猎、游历，吸收所有发生在我身上的事，这些想法已经被我搁置了像是有二十年之久。现在，当我回望那段时光，我很感动，也很怀念。它让我摆脱了我并不真正喜欢的领域。和黛安在一起起到了很大的帮助，那让我感到平静和舒适。我找到了那种能让人与世界一同感受和思考的舒适感。我享受着继续这段实验之旅的自由，只要我想，我不用背负满足任何人期待的压力，只需要关注自己的期望。不过，在这件事上，我很快就没有选择了。

不知为何，我破产了。我抬头一看，我没钱了。我可以说我被占了便宜，我可以怪我的会计师。我可以怪马蒂·布雷格曼，他帮我采取了某种避税策略，结果出了问题。我可以怪自己，这意味着我必须为自己的行为负责。不管怎样，我看了看我的橱柜，里面空无一物。银行账户里有大概九万美元，除此无他。我有自己的生活方式。我在乡下有个家，我不想放弃。我只花不挣，只出不进。我想有个词能形容那种状况。

我甚至无法解释我为什么不在乎钱。我从来就不是一个物质至上的人。我不知道这种思想从何而来。我和所有人一样欣赏生活中的美好，如果有人为我提供一顿美食或一个头等舱座位，我不会拒绝，但切身实地地为自己追求那些，那就要另当别论了。

我享受和黛安在一起的生活，我享受不被关注的日子。但她能察觉到我在金钱上遇到了麻烦。我只好告诉她发生了什么。我说：

"我遇到了麻烦。"她带我去纽约见我的律师。

我的艺人律师是个可爱的家伙,名叫阿瑟·克莱恩。他邀请我和黛安在他的办公室落座,那里采用的是传统风格的装饰,有家庭照和棒球纪念品。阿瑟解释说我已经破产了,原因是资产管理不当。我知道这件事与他无关,但他的话对我来说像是耳边风。

然而,黛安却非常生气。她从座位上站起身,开始质问他:"怎么会发生这种事?"阿瑟支支吾吾地说:"嗯,你知道,有这方面和那方面的问题。"

黛安暴跳如雷。她走到阿瑟面前,面对面地直视着他。她把他逼到办公室的角落,指着我说:"你知道他是谁吗?"

他说:"嗯,你知道的。"

她几乎是抓着他的衣襟说:"别,告诉我他是谁。"阿瑟刚想张口,黛安又打断他:"对,你想告诉我:'啊,他是个艺术家。'错。他,是,一个白痴。"

我只干站在那里。我能说什么?

黛安继续说:"他是个无知的人。在这方面,你必须关照他。"

她指的是在我的财务状况方面——这贯穿我的出身,我的成长,我的早年人生,在那之前的岁月。她是对的。我不明白金钱的运作方式,就像我不明白一份职业该如何建立,那是我不懂的一门语言。

那我现在该怎么办?就算必须重新开始一切,我也并不介意。我有支持,我有朋友,我有查理。我一直都知道我有能力回去工作,因为在远离电影的那四年里,我也在不断地收到戏约。一直在陪伴和推动我的那样东西,要追溯到我踏上演员艺廊的舞台,参与演出斯特林堡的《债权人》的那个夜晚。在那个时刻，我对自己说，我现在可以做任何事。我不必富有，不必成功，不必成名。我知道我有这个能力，关键在于做这件事的欲望。无论如何，它都将服务于我。当你有欲望时，你就会找到方法。我会等，我会找到我的人。

戴安甚至更加热切地鼓励我。她对我说："你打算怎么做？整天消沉吗？你打算回到格林威治村，待在房间里做你的小件艺术品吗？那就是你的打算吗？拜托，阿尔，你已经不在60年代了。你觉得你是谁？没有回头路了。你已经有钱太久了。"

在戴安的激励下，我开始重新投身电影业。我给自己找了个经纪人，虽然他帮不了我多少，但他至少尽力了。他带我去洛杉矶见那里的一家制片厂的负责人。我们驶过一扇宏伟的安全门，进入停车场，被带进这位负责人的办公室。你感觉得出，光是屈尊见我，对这个人来说就已经算是付出了极大的努力。他迟到了，让我们在一个外间——甚至不是他的内室——等了四十五分钟后，他才露面。到这时为止，我已经获得过五项奥斯卡提名，但我的经纪人表现得像是我在寻求施舍。我想问他，你不会碰巧也带了帽子来，好四处传递收取打赏吧？

介绍和寒暄环节一过，我就开始向这位制片厂负责人讲述我的想法。但我能感觉到，他坐在我头顶的云层中，散发着居高临下和不屑一顾的气场。我说我想根据戏剧《K2》改编一部电影，讲的是两个登山者的故事，动人又精彩。我认为它具备改编出一部伟大探险电影的条件。

这番话收获的回应是一个心不在焉的表情。

我对他说："我在想，也许我可以和丹尼斯·奎德一起演。"

"不，不，就此打住。"他答道。他非常坚定和直接："他的档期是满的。"

于是我开始阐述一个关于埃德蒙·基恩的想法，他是19世纪初英国的一位传奇演员，基于他疯狂的人生以及发生在他身上的每一件事，我觉得可以拍出一部精彩、有趣、悲惨的电影。我解释说，市面上有基恩的传记和根据他的经历改编的戏剧，我很乐意拿给这位执行官，以便他进一步了解基恩的才华和人生有多么疯狂。那位执行官依然沉默地看着我，好像我是什么麻风康复者，要在他面前释放传染源。你知道，有些人会用不动声色的方式来表明自己的态度。不过说实在的，从我走进他的办公室的那一刻起，我就知道事情不会顺利。那是我第一次也是最后一次像那样跟人见面。在有商人在的生意场合，我从来都找不到能表达自我的语言。那一切对我都是陌生的。

我两手空空地回到纽约。黛安不知从哪里给我找到了一些东西。她是个勤奋的人，她找到一个剧本，扔到了我的身上。"读一下吧，这就是你要拍的电影。"

所以我就读了起来。是理查德·普赖斯的剧本，讲述的是一个资深警探的故事，他酗酒多年，自觉怀才不遇，对一直从事的工作失去了全部热情。我已经能感觉到我和这个家伙的联系。他调查一桩谋杀案，事件却演变成一起连环谋杀，调查期间，他发现自己爱上了一个可能是头号嫌疑人的女人。剧本名为《午夜惊情》。读完后，我抬头看着黛安说："我想我能演这个。"

她说："你最好演。"

但有一个问题，还有一个演员也喜欢这个剧本——他表达过主演的兴趣，现在却一直拖着不拍。不等我认真思考下一步该怎么做，我的肌肉记忆就启动了，我发现我在给马蒂·布雷格曼打电话。

自《疤面煞星》之后，马蒂和我已经好几年不曾一起拍电影，但他知道我有财务问题。他知道我为什么回来工作：金钱。他为我提供的财富建议正是我需要金钱的原因之一。但当我们开始谈论生意时，我们又回到了以往熟悉的节奏。我说："嘿，伙计，想制作《午夜惊情》吗？"他花时间读完后，表示同意："没错，这东西对你有好处。"我说："但它还在别人手里。"他简单地说："交给我来处理。"

就像变魔术一样，马蒂·布雷格曼接手了这个项目，《午夜惊情》变成了我们的。他就是所谓的协调者。和往常一样，还有一些遗留问题有待解决。制片厂聘请了一位从电视台挑选的导演，他们觉得他会是下一个热门人物。他来到我在乡下的家，告诉我："我听说你是个麻烦制造者。"他不是在套近乎，他想在我们开始之前先定好规矩。他是个笨蛋。"你知道我喜欢按照一定的方式来工作。"他说。我说："你用什么方式工作我都没意见。我不在乎。"他放松一些之后，就说会在电影里用我。但不等我知道这家伙的名字，我们的大佬就把他赶走了。他出局了。

我对布雷格曼说："你干了什么？你炒了那家伙？"他说："对，我找来了哈罗德·贝克尔。"贝克尔拍过一些很棒的惊悚片，比如

《田园劫》。我后来发现，他真的是个很聪明的好导演。我们成了好朋友。我需要他的支持，因为我已经有四年没这样拍过电影了。

那年夏天，我们在多伦多拍摄《午夜惊情》。虽然我也曾在其他电影中演过浪漫戏份，但这部电影以一段悠长、缓慢的性爱场景而闻名，在那场戏中，艾伦·巴金将我按在墙上，在我们两个角色开始做爱之前，她先给我来了一场类似搜身的检查。那场戏由贝克尔精心设计。

我一般不演裸露的性爱戏，我想很多演员也不喜欢演，那可能成为某种接近色情片的东西。在电影《郎心似铁》中，伊丽莎白·泰勒和蒙哥马利·克利夫特无须裸露身体也能让全场观众神魂颠倒，但我意识到，抱怨我们已不再处于那类电影的年代是无济于事的。

《午夜惊情》的确是一部优秀的好莱坞电影，一部商业电影，是对哈罗德·贝克尔专业能力的一次展示。影片成立的基础非常薄弱。故事的叙述有几处纰漏——一些前后矛盾的小细节，不过我不会告诉你从哪里找起。对于理查德·詹金斯和约翰·古德曼等演员来说，这部作品是一个很大的推动力，他们当时还没有那么广为人知。艾伦·巴金从感官和艺术角度都让银幕为之炸开，多么精彩的表演。我很幸运能参与其中。

这部电影毫无来由地就赚了一亿美元。这是很长时间里，我第一次参演一部卖座电影。我没有赚到多少钱，因为我没有得力的后台，其实就是说我根本没有后台。他们知道我已经停工四年，所以没必要给我太高的待遇。那些人知道你已经失势。不过我从身无分文回到了筹码充实的阶段。我又有了很多拍电影的机会，甚至自己制作和执导了几部电影。正如我在好莱坞所发现的那般，有时候不需要某个东西才是得到它的最佳方法。

正当自觉出局时

Just When I Thought I Was Out

我可能不是维多利亚的秘密的品牌模特，但我知道怎样在镜头前摆姿势。《人物》杂志的摄影师把我当成非常娇嫩的婴儿那般对待，快门咔嚓响起，闪光灯啪啪闪烁。"给我搞怪的感觉，帕西诺先生。"咔嚓。"给我忧郁，帕西诺先生。"啪！"淘气。""腼腆。""好了，现在我们来大头朝下拍摄。"我满足了他们要求的每一个姿势和表情。我在地板上翻滚，像没有对手的摔跤手。我非常乐意配合。这是一个信号，代表着世界的变化有多快，若干年前，《人物》杂志刚刚创刊，恰逢《夕阳之恋》上映，他们请我拍摄封面，我拒绝了。于是，他们就刨出了狗仔队拍的我和玛尔特·克勒尔的照片，印在杂志封面上，还配了一个俗不可耐的封面标题："搭档也是她戏外的情人"。现在，十五年过去了，他们不仅要把我的优雅照片放在封面，还要给我配一个与众不同的隆重头衔。肯定不是"在世最性感男人"，而是类似的冠冕堂皇的美好称号。说起适者生存：我熬过了旧日岁月，现在迎来了新的时代。我已做好准备。

1990年，我还在《午夜惊情》的大卖势头上。在那次封面照拍摄现场，他们拿我大做文章，因为《教父3》即将上映。这一传奇的电影系列将我从默默无闻的状态中拉出来，和狮群一起被扔进了竞技场。在第二部，似乎当时也是最后一部上映超过十五年后，第三部即将推出。弗朗西斯·福特·科波拉回来了，我回来了，迈克尔·柯里昂也将回来。

然后，《人物》杂志的编辑看了《教父3》，结果你自然能猜到，我被从杂志封面上撤下来了。我没得到任何报道。封面照被取消了，拍完即死。拍摄的照片被拒绝发表。我本来享有红毯待遇，一眨眼的工夫就没了。我在镜头前，像卡夫卡小说中的那个人变成昆虫一样蠕动的全部时间都白费了。

然而，之前在好莱坞眼中几乎被淘汰的我，当时正迎来众所周知的回归。你知道人之常情——每个人都喜欢看你从高处跌落，但如果有他们更想看的东西，那就是重回巅峰的故事。也许是我愚蠢的自尊心作祟，我并不觉得那是重返巅峰，尽管这件事被夸大成了那副模样。我只是回来工作而已。

以《午夜惊情》开端的回归差一点被《教父3》所扼杀。观众对它有意见，但在接下来的四部电影中，我发现自己变了个人。我变得成熟了。在那段时间的最后，我已经准备好不再回避过去，稍稍放下戒备，接受我在早年成功岁月一直回避的赞美和认可。

沃伦·比蒂完全懂得该怎么与我交谈。他在拍一部根据连载漫画《至尊神探》改编的电影，想找个人来扮演反派，一个名叫"大男孩"阿方斯·卡普里切的自负黑帮老大，他说服了我。他是我的好朋友，也是一个伟大的艺术家，是我认识的最聪明的人，与此同时，他也有办法得到他想要的东西。他先是问我对某事的看法，我觉得谁适合演这个角色？我认识的人有谁能演这个角色吗？我提了一些名字。接着他说出了关键问题："你来怎么样，阿尔？"我觉得那才是他一开始想问的问题，所以我答应了。

《至尊神探》很棒，跟沃伦一起工作完全是一种享受，因为他会任由你尽情发挥。他掌舵的时候，你想拍多少条都可以，他对事物的感觉非常准确。他总能让你看起来更好——你知道你不会出错。《至尊神探》是一部美丽的电影，理查德·希尔伯特的制作设计和维托里奥·斯托拉罗的摄影为这部电影赋予了活力。我感觉自己重燃欲望，想发挥想象力，创作一个有真实身份的角色。我对这个家伙有自己的想法。他们叫他大男孩是因为他有象皮病，他的部分身体肿得离谱。过大的双手，突出的下巴，球根状的鼻子。化妆师小约翰·卡廖内和我一起尝试了各种造型设计，然后拿给沃伦看。我一度显得非常怪异，沃伦让我稍微收一收。

这部电影是我短暂的喜剧生涯之作。大男孩非常有趣，不断错用世界历史上伟大领袖的名言。"人无计划不算人——尼采。"他把格伦妮·海德利绑在一组巨大的发条齿轮上，那组齿轮马上就要把她压死，他却非常严肃地断然宣告："你难道看不出我爱你吗？"这类台词有些是即兴发挥，有些是我和朋友弗雷德·金博尔、乔·欣迪一起想出来的。在这个角色里，我玩得开心极了。我在桌子上跳舞，还对麦当娜动粗——只有一点点，只是爱的拍拍。

当时，漫画和连环画角色改编电影的时代才刚刚开始，这部作品没能吸引年轻观众。它很有娱乐性，也赚了钱，但没能发挥出它所宣称的票房潜力。它有智慧，有深度。我甚至没计较这个角色是不是主角，我从中得到了快乐。它还让我获得了奥斯卡提名——十多年后的又一次。但我可能提到过，我那年拍摄的电影不止那一部。

当我第一次受邀在《教父2》中重演迈克尔·柯里昂这个角色时，我对是否出演很纠结，而且不断推翻自己。第三部则不同，这次的选择再简单不过。我破产了，弗朗西斯破产了，我俩都需要面包。而且我认为，在上一部电影故事发生大概二十年后——也差不多就是我上次扮演这个角色二十年后——再去寻找迈克尔，这将是一个有趣的挑战。值得称赞的是，科波拉和马里奥·普佐写了一个我认为非常好的剧本。迈克尔去了梵蒂冈，调查罗伯特·杜瓦尔所扮演的汤姆·哈根被谋杀的案件。

在电影结尾，迈克尔将在教堂楼梯上遇刺。他滚下台阶，摔在下面的地上。他的前妻凯冲了上去。她看着他的脸，问："迈克尔，你要死了吗？你会死吗？"迈克尔抬头看着她，说："不。"之后他就死了。精彩的结局。这是对《教父》第一部的精彩回溯，迈克尔在对凯的最后一个谎言中结束了自己的生命。

问题很快就来了。罗伯特·杜瓦尔有问题，他不想拍这部电影。这种事常有。在第二部中，扮演克莱门扎的理查德·卡斯特尔诺就没有回归。我和理查德谈过，几乎是恳求他来演，因为他把那个角色演得那么棒，但他拒绝了。具体原因我一直没得到答案，我也一直都不知道杜瓦尔为什么不想再演。无论如何，他的缺席对第三部是个巨大遗憾。影片有那么多内容都围绕着他的角色展开，没有他，我们都不知道该怎么办。弗朗西斯和马里奥不得不重新组织故事，不过他们都是出色的作家，改动了整个剧本。就连我非常喜欢的那个结局也必须拿掉——取而代之的是，迈克尔将会老死，孤独一人，在他的女儿玛丽因原本针对他的暗杀行动被杀死之后。

原本要演玛丽的是薇诺娜·瑞德，但她抵达罗马后精疲力竭，几近崩溃。索菲亚·科波拉最终接演了这个角色。她很年轻，只有十九岁，她不是一个经验丰富的演员，不过后来我们发现她是个才华横溢的导演。剧组其他成员在尝试寻找正确路径的同时，我们也在消化全新的剧本。伟大的演员安迪·加西亚扮演大哥逊尼的私生子文森特。他是个强悍的大帅哥，打个响指就能搞定一个女人。现在他想追老板的女儿。更重要的是，她是他的堂妹。你觉得迈克尔·柯里昂会允许那种事发生吗？

但针对第三部的最大批评在于迈克尔的赎罪追求。我想观众并不希望迈克尔在影片中为自己的罪过寻求宽恕。他们希望迈克尔继续做迈克尔。他们想要的是教父，那才是我们爱他的原因所在，对吗？我们在第二部结尾看到的迈克尔已经被石头包裹了。在我看来，第三部是他努力挣脱束缚的过程，他想找到办法，走出近乎精神创伤的麻木状态。

他在第三部中有一句差不多已经成为谚语的台词，人们至今仍然记得，他说："就在我以为自己已经脱身时，他们又把我拉了回来。"这句话概括了迈克尔摆脱那种状态，那束缚他的枷锁的需求。

伊莱·瓦拉赫和我经常玩纸牌游戏，晚上我们会在拍摄地西西里的宏伟古老建筑的台阶上玩。乔治·汉密尔顿在影片中的角色是汤姆·哈根的代替，他是我所认识的最伟大的人物之一，拍摄期间一次假期，他带我去了伦敦。我在一个酒店躺了四天，好撑过流感，只有几个晚上出去和乔治一起狂欢。我们去了一些豪华赌场玩轮盘赌，彻夜跳舞。我像个被放出宿舍楼的大学生。

返回罗马后，我到奇里奇塔拍摄基地的露天片场休息，因为还没开始拍我的戏。我一个人在那里，感到一股沮丧向我袭来，我称之为意大利忧郁。我觉得自己像是在迈克尔这个角色中徘徊，有点儿丧失了往常演电影时的欲望。那可能是我抑郁的根源，我在寻找一种重振热情和精神的方法。

我想起多年前在波士顿演出《理查三世》时的情景，当时我想卸掉《教父》第一部所带来的重担，那段经历对我起到了很大的帮助作用。关于莎士比亚，以及他的作品之于演员的意义，我感觉我有话想说。我对《理查三世》这部作品有自己的理解，我可以通过它来探索我的感受。我想提出一些很简单的问题，比如：莎士比亚是谁？莎士比亚的语言是什么？为什么没有更多的美国人去看莎士比亚？为什么很多美国演员——完全具备实力的演员——都拒绝出演莎剧？伟大的英国演员会对我说，他们认为比起英国演员，美国演员更适合莎士比亚的戏剧，在某种程度上美国人更贴合那些作品创作的伊丽莎白时代的精神。

这个想法一直萦绕在我心头，所以我反复想了又想。然后我对自己说，唯一能理清思绪的方法，就是行动起来。把《理查三世》拍成电影，在展示排练和演出过程的中间，不断插入人们——演员、名作家、街头路人——谈论这部作品的小插曲。这是一个以我为中心的大型拼贴作品。我不觉得自己是一名导演或编剧,但我需要表达这一切,甚至光是思考这件事,我就开始振奋起来。我的脸颊又有了血色。如果我记得没错,我看到我的鞋带自己系了起来。整个90年代我都在想这件事。最后,我认定理解它的唯一方法就是走出去,开始拍摄。但这需要等待。

20世纪80年代中期,大卫·马梅的《大亨游戏》首登百老汇时,我曾被邀请扮演其中的杰出房产销售员里奇·罗马。最后出演这个角色的是乔·曼特纳,他凭借在其中的出色表演获得了托尼奖。多年后他们要拍电影版,又找到了我,我很幸运,导演詹姆斯·弗雷也深度参与了选角工作。演员阵容还包括杰克·莱蒙、亚历克·鲍德温、艾伦·阿金、艾德·哈里斯、凯文·史派西和乔纳森·普雷斯,当你身处这样一个团队,你知道你会被照顾得很好。开拍之前,他们给我们三周时间排练,这感觉就像一份礼物,到我们在皇后区开始拍摄时,我们已经表现得天衣无缝。

最近,我给儿子安东看了《大亨游戏》,他的反应全部都是关于电影的语言。他问我:"他是怎么把那么多东西都放进去的?"意思是,他是怎么做到用寥寥数语就传达出如此多的信息、如此多的能量、如此多的热情的?我想,那正是马梅的秘诀。你只管把他写的台词说出来就够了。

在拍摄《闻香识女人》时,导演马丁·布莱斯特总是叫我"黑魔王"。每次我走进片场,他看到我进来就会大喊:"嘿!是黑魔王来了!"在进场之前的时刻,我会在考夫曼·阿斯托利亚制片厂的摄影棚前踱步。当时是冬天,我穿着一件长外套,我会把领子竖起来,在外面寒冷的人行道上来回走动。我是在和自己进行一种私人的手语交流,用手指、手掌、手臂和双腿,按照重复的模式移动。今天,这种行为可能会被描述为强迫症。那是我多年来一直在遵循的一种行为模式,在我整个人生岁月,它都能为我的大脑充电,从我的身体汲取能量。

演员是一群奇怪的人,我们会用这类古怪的仪式来帮助自己缓解紧张。运动员也是如此:棒球运动员有自己的迷信,在面对时速95英里的快速球时,他会用球棍敲击球鞋或者触碰俱乐部屋顶一定的次数。演员也依赖这些迷信,尤其是面对要求很高的角色之时。后来我学会了其他技巧来帮助自己释放内心的压力。但如果你看到我在那些半昏迷状态下游荡时的奇怪模样,你不会说:"看,那是阿尔·帕西诺!"你会说:"那个脚步踉跄的愁苦男人是谁?他需要帮助吗?他在干什么?"我在做的就是努力让自己振作起来,这样我才能站在本垒上,面对那个快速球。

马丁·布莱斯特向我推荐了《闻香识女人》。马丁是个好人,也是个伟大的导演,当时已经拍了《比弗利山超级警探》和《午夜狂奔》。我读了博·古德曼为这部美国翻拍版撰写的新剧本。我一度甚至会大声朗读。这是个好剧本。我做了功课,我做了准备,然后我开始工作。

我没有胆怯,我不觉得无聊,我没有发脾气。但你知道,你内心有个声音会说,我不想做这个,那差不多就是当时我内心的呼声。

我从来都不想演这个电影，我不知道为什么会那样。我喜欢《毒海鸳鸯》。我当时年轻、快活。我不太清楚我在做什么，但我像是又回到了童年时代，在南布朗克斯的街上蹦来跳去的。我喜欢能和我一起玩的人。我喜欢《热天午后》，因为里面有我很多朋友，虽然我那时喝酒也喝得更凶。我喜欢《疤面煞星》和《至尊神探》。我喜欢我后来拍的一些不那么好的电影，我自欺欺人地认为我能找到方法把它们从糟糕提升到中等。我想我是觉得，在那些马粪中，肯定能找到一点金子。

为了扮演《闻香识女人》的主人公，陆军中校弗兰克·斯莱德，我必须承受许多挑战。这个角色说起话来滔滔不绝，是个名副其实的酒徒，这个酒鬼有十足的暴君做派。他简直是个疯子，还打算自杀。他去纽约的全部目的，就是向人们告别，为此他雇用了一个孩子做助手，那个角色由令人赞叹的克里斯·奥唐纳扮演。但这并不是伤感和自怜之举。斯莱德的决定中有一种冷酷而明确的决心，那种抑郁是沉重的，我想你在杀死自己之前，必须先从精神上、内心里死去。马丁·布莱斯特成功地捕捉到了那一点——他很擅长约束我、调节我的表演，他真是个很好的人。在那个角色上，我有时的确演过了。我有时太过夸张，我会失控。换了现在我会做得更好。

在准备角色时，我有时会得到一些作为演员能够收获的馈赠，我知道我必须好好利用。其中一件是：一位军官教会了我如何在失明的情况下拆卸和重装点45型手枪，也即盲人该怎么进行操作。有机会你可以试试。我不停地练，一遍又一遍，难得有几次成功时，当我终于把所有部件都组装到位后，他就说："呼——啊。"我看着他说:"什么意思?"他说:"哦,部队里每当有事做成时,我们就会'呼——啊'叫几声。"那像是某种标点符号。我对自己说,我要把它用到电影里,就像当初那个"阿提卡"场景的重现。这些就是演员这一行可能碰到的机会。

杰里·米切尔和保罗·佩利科罗教我跳探戈。我告诉他们,我只想学习如何跳这一支探戈。我不想学习探戈的历史。只须把我在这组镜头中需要掌握的探戈舞步编排出来,我照做便是。帮我编排好,我会跟着你的步骤跳。因为如若不然,三十五年后我可能还在原地,努力学习该怎么跳探戈。天知道我们花了四天时间才拍完电影中的那场戏。

我当然研究过盲人,读了些书,与相关组织合作,了解人们失明后的遭遇,他们如何运用辅助用具,如何与世界接触。但所有演员都会做这些,这是简单的部分。

关于如何找到自己的表演方式,我学到的最好一课可能来自一个三岁的女孩。我对她说:"让爸爸看看你怎么演盲人。给我演个盲人看看。"你立刻就能看到,她在脑海中形成了对该角色的概念,然后演了出来。她只按照自己脑海中的画面演,摆脱了内在的枷锁,用别人想不到的方法表演着。我想,我永远都做不到那一点。所以我最好是找个人来教我。因为她的做法才是正确的。演员们想拥有的正是孩子的天赋,但孩子当然无须解释就能明白。她的表演堪称奇迹。她是我的女儿朱莉。

朱莉·玛丽·帕西诺,我的第一个孩子,出生于1989年10月。虽然我不得不快速适应做父亲的职责,但我真的热爱当父亲。朱莉很小的时候，去西村的小红学舍上学，放学后我会带她去学校街角的一家意大利餐厅。我们坐在外面吃东西，她会告诉我这一天都做了什么。当有人路过，跟我讲话时，她就会钻到桌子下面藏起来。我坐在那里，看着过路的人，说："我能为你做些什么吗？哦对，对，我演了那部电影。"他们都看着朱莉。我说："她很好。别担心。"然后我们会再聊一会儿。我说："非常感谢，再见。"朱莉这才从桌子底下钻出来。她是在用那种方式表达："他们为什么不跟我说话？太失礼了。我不喜欢那样，爸爸。"就像查理和我在酒吧的时候一样，碰到有人因为我是著名影星跟我说话，查理就会说："我也在呢，你们知道吗？"朱莉虽然没说出口，但她就是这个意思。

我在同一年获得了两项奥斯卡提名，《大亨游戏》为我拿到了第七次提名，《闻香识女人》是第八次。我为此感到荣幸和感激，但接着围绕着我的话题发生了变化。我从未获奖，人们开始议论，好像该轮到我了。他们还能拒绝我多少次？

我想了想觉得，是的，我要认真对待这件事。我是该负起一些责任，优雅地迎接这个时刻了。

我雇了一个了不起的公关，名叫帕特·金斯利。我以前从未请过公关。我甚至不知道公关是什么。她对我说："阿尔，去上芭芭拉·沃尔特斯的节目，他们就会给你奥斯卡奖。"我说："我觉得我做不到。我上次上那种节目，人都崩溃了。"我没上过多少电视访谈节目，尤其是在80年代的一次事件之后。当时我在说服之下为《疤面煞星》做了一个晨间谈话节目。但那个家伙一脸不屑，脸白得像鬼魂，问我怎么能拍出《疤面煞星》这样的电影。你试试回应那个问题。我当时好歹保持住了冷静，但现在我开始担心，我怎么应付得来芭芭拉·沃尔特斯？我开始在纽约的公共场合与她见面。我们在一家咖啡馆见面。我在一家汽水简餐店的后面见过她。她非常迷人，我很喜欢她，但她当然是想让我上她的节目。最后我同意了。

一开始，我对访谈的结果感到恐惧。我在那里，又不在那里。我就像一个既躲在幕后又在接受采访的人。我想，你怎么能在脱口秀节目上一言不发呢？但最近我重看那个节目，我意识到我的表现也没那么糟。好吧，我看起来是有点害羞。芭芭拉很优雅，我们起身跳了一支探戈。有很多人观看，我必须得说，我看起来很帅。他们看到，我是一个人，我也说人话。所以那就很好。

为《冲突》出席奥斯卡颁奖典礼那时，我感觉自己格格不入。二十年后再去，我的状态没有丝毫改变，我依然格格不入。我还没有培养出那种自如地接受自己所处位置的能力。最近有人告诉我，杰克·凯鲁亚克曾为自己的名气感到非常尴尬。他的想法一定很复杂，但我一直在想，这种情况可能对我也适用。我喜欢听凯鲁亚克的故事，因为如果像他那样的人都有那种感觉，那我的状态就添了一丝可信度。

当他们念出我和其他获得最佳男主角提名的演员的名字时，我坐在那里目光呆滞、表情麻木。但就在他们宣布获奖者是我的同时，我有一种预感，这一次他们终于要选我了。我仰起头，一声叹息。这是我八次提名后第一次最终获奖——就在当晚的早些时候，我又遭遇了第七次落选——因此，当我站在舞台上时，我用朋友给我的一句建议作为获奖演说的开场。我说:"好吧,你们打断了我连续落败的机会。"那句话引来笑声,但其中有真话的成分。看到全场观众起立为我鼓掌,那一刻真的很震撼,我由衷地感激。

我确保自己感谢了我在剧组的同事,包括马丁·布莱斯特、博·古德曼、克里斯·奥唐纳,还有李·斯特拉斯伯格和查理·劳顿等长期以来的表演导师。我谈及我所参与的"南布朗"组织,这是一个旨在改善南布朗克斯区生活的组织,里面的一个女孩告诉我,我激励了她,只因为我们来自同一个街区。我给了其他人激励——听起来如何?之后我就不知道该说什么了。我于是就拿着我的奖杯离开了舞台,芭芭拉·史翠珊当时就站在舞台一侧。她对我做了个OK的手势,说:"我投了你一票,阿尔。"我说:"谢谢,芭芭拉。"

有人在赢得奥斯卡奖后,当晚剩余时间都会狂欢,从一个庆祝会跳到另一个。我当然也想那样,但我不被允许。马蒂·布雷格曼为我准备了一架私人飞机,因为第二天早上我就得赶到纽约拍摄《情枭的黎明》。(每隔一段时间,布雷格曼就会跳出来扫兴。他在这方面有诀窍。)所以我只能直接离开奥斯卡颁奖典礼,去赶我的飞机。

我直接上了车,前往机场,抵达后我被送上了前往纽约的飞机。完全没有我想象中的余晖。但我独自在那架大飞机上,只有我和我的奥斯卡奖杯,我能应对这份孤独。就和从前一样,在雨中拉着那辆装满《演艺界》杂志的红色手推车,沿第七大道一路前行,大口痛饮基安蒂葡萄酒,高声歌唱:"我感觉好极了/我有一瓶葡萄酒。"

但那一刻在飞机上,有一种感觉涌上心头,类似于小时候刚刚进演员工作室时的感受：我站在地铁站台上，走进到站的列车，转身看着车门关闭。我看着自己在地铁车窗中的影子，心想，我是个演员，我是演员工作室的成员。独自坐在那架飞机上时，我感受到一种决心。这是一份厚礼，很难用语言来形容，因为你感受到的东西太多太多。我猜这就是所谓的对自己感觉满意——你有点不明来由，但就是感觉如此。这就是我心中想象的，在蒙托克角乘滑翔翼从悬崖跳下的感觉——你在空中飞了那么久，终于着陆时你感觉到一种舒适，庆幸飞行时间没有持续太长。当你刚获得奥斯卡奖时，所到之处人们都知道你完成了一件特别的事情，他们给你的那种待遇大约会持续一周。我想那就是我们设置母亲节或父亲节这类假期的原因。我们需要被人拍拍后背，经历了那么多，我们需要一些有价值的时刻。当你思考生活能提供什么时，可能比我聪明的人为我们大家指定了这些掌声时刻。"嘿，干得漂亮。""啊，生日快乐。"他们边说边捏着你的脸颊，"你在人间坚持了很久，你还能走路呢，看看你。"或者，在父亲节这天对你说："谢谢，你是个好爸爸。"我记得我把那句话贴在了我的一个孩子送我的奥斯卡奖杯缩小版模型上。那些举动帮我们度过一个夜晚——或者说度过一生。

日薪四十美元（甜甜圈管饱）

Forty Dollars a Day (and All the Donuts You Can Eat)

入行二十五年后获得奥斯卡奖会发生什么？老实说，没发生多少事。我并不清楚它是如何改变你的地位的。我收获的关注主要来自街头，经常有人向我道贺。经济上的影响是有的——拍电影的片酬确实会提高。但拍电影的邀请和机会已经有不少了，而且还在不断涌来，所以我继续做之前在做的事就好：扮演我有感觉的角色。在接下来的几年里，我努力出演了《盗火线》《忠奸人》《魔鬼代言人》《挑战星期天》和《惊曝内幕》等电影，这些作品受到广泛关注，让我得到了更多的奥斯卡提名，有机会与更伟大的导演合作。

获奖之后我拍的这些电影中，第一部是《情枭的黎明》，是马蒂·布雷格曼的特别制作。我回到熟悉的地方，在纽约拍摄，同我信任的制片人马蒂以及伟大的导演布莱恩·德·帕尔玛重聚；这也是我第一次跟西恩·潘和佩内洛普·安·米勒合作，他们都很出色。对于我、马蒂和布莱恩来说，这是《疤面煞星》之后的一次小型重聚，但我们并不想重复那部电影的做法，从角色本身来说，卡利托·布里甘特也和托尼·蒙塔纳相去甚远。他不嗑药。他不会情绪失控。他很冷静。他最后是被自己个性中的一个致命缺陷所击垮的，他对一个本不该手下留情的对手心软了。

我一共和马蒂·布雷格曼拍摄了五部电影：《冲突》《热天午后》《疤面煞星》《午夜惊情》《情枭的黎明》。五部都很成功，但《情枭的黎明》是我们合作的最后一部电影。这一次我们没有分手，没有争吵；我们只是走向了各自不同的道路。他有他想追求的目标，我也有我的。马蒂过去经常这样推销我："你想要一部成功的电影吗？让帕西诺举枪出现在海报上。"他也经常说："阿尔·帕西诺是我认识的最聪明的家伙——但得给他十分钟反应时间。"布雷格曼了解我。他知道我是什么样的演员，知道我想成为什么样的演员。我当然也演过其他类型的角色，虽然你看到我在扮演使我成名的一些角色时举着枪，但那些电影讲述的都是不同类型的故事，他们也都是不同的角色。

到了这个阶段，我发自内心地感觉到，必须是饰演我之前没演过的角色，我才会再拍黑帮片。几年后我拍摄的《忠奸人》就是如此。我的角色"老左"鲁杰罗是黑手党的一个正式成员，那可不是件小事。不过老左在组织中地位较低，无望继续高升。卡利托·布里甘特也是帮派成员，是街头混混，但卡利托是个浪漫主义者，一个局外人。老左这个角色身上有一种近乎悲情的气质，我想这是我之前从没演过的。

我有差不多二十年时间没看过《忠奸人》了，最近重看，我对它的动人程度感到惊讶。我们的导演迈克·内威尔知道他想如何讲述唐尼和老左这两个人物之间的关系，他们如何成为朋友，之后又如何反目成仇。在那个年代，讲兄弟情的电影已经不再流行，但我认为迈克聚焦那段关系中的变化是明智的,因为说到底,是这段关系成就了这部电影。

《忠奸人》是在纽约的严寒季节用几周时间拍完的,我们有一帮出色的伙伴,包括迈克尔·马德森、詹姆斯·拉索、布鲁诺·柯比,导演内威尔是英国人,每次听到他用英国口音说"Maff—ia"(黑手党)这个词,他们仨都会笑翻。不过让整个片场气氛愉快的人是约翰尼·德普,他非常风趣,很快就跟我成了朋友。他有时会看着我说:"阿尔,你知道你是疯子对吧?我是说,你知道你是公认的疯子吧?"我说:"是吗?你也差不多吧。"如果我们是同一所公立学校年龄相同的同学,校方肯定不会允许我们同班。他本质上就是成年后的克里夫。我们互相逗笑,就像两个学步儿童。我们对事物的看法非常相似。在有的人身上就是会发生这种事,一旦发生,你就再也不想和他们分离。

之前的一年,我拍了《盗火线》,那是我与迈克尔·曼合作的第一部电影。在这部电影中,我扮演一个警察,洛杉矶警督,名叫文森特·汉纳。作为一个人,汉纳有他自己的问题,个人生活中的问题。他情绪多变,急躁,容易发狂。他还会吸食少量可卡因,我整个角色差不多都是根据这一点构建的。有场戏拍我进入一个俱乐部,你会看到我演的角色在进门前吸了一口可卡因。出于某种原因,迈克尔没把那场戏放进电影。那其实解释了角色的很多行为,少了那个解释,我看得出我的表演会在某些方面显得过火。如果观众能看到一两个汉纳吸毒的时刻,我想他们会更容易理解我的表演。不过即使没有这些,其生活的强度——汉纳如何干他的职业工作,他处理事情的方式——也允许他呈现出那种能量。这能量几乎是他作为警探的一种技巧，对他是有效的。

《盗火线》对我是一部特别的电影，因为在这里，我才终于第一次和罗伯特·德尼罗在银幕上一起表演（不同于《教父2》，当时我们两个虽然都出演了，但没有任何对手戏）。这是一个激动人心的机会，我们能够巩固曾共有的悠久历史，虽然其中有些并不完全受我们掌控。

我仍记得多年前初遇鲍勃*的情景，当时吉尔·克莱伯勒和我在格林威治村同居。我们横穿14街时碰到几个她认识的人。其中一个年轻人身上有种不凡的力量。他给人一种距离感——他不直视你的眼睛——但他散发出一种魅力。那就是鲍勃。吉尔把我介绍给他，告诉我说他是个伟大的演员。我知道他有那种天赋——光是路上遇到，我都看得出来。他似乎知道我之前参与的一些舞台作品。我们握手，互相祝福，然后各自走路。

之后的岁月里，鲍勃成了我的挚友。他一直都很支持我，我向他提出的要求他没有一个没满足的。吉尔是对的，他是个伟大的演员。鲍勃和我通过电影而联系在一起——电影点燃了他，给了他表达的媒介和工具，我们两个都对电影中的艺术感到共鸣。我们在应对成功和名气的挣扎中走到一起，我们经常同时经历这些事——尤其是在年轻的时候，那时一切都是崭新的。

此外，我们的各个方面都会被比较，被放在一起，被当成竞争

---

* 鲍勃是罗伯特的昵称。

对手，这一切都是因为我们是差不多同一时间出现在舞台上的演员，姓氏都以元音结尾。虽然我们有一些共同点，但我们也是最不相同的两个人。

我们之间存在竞争，一定存在。尤其是当接到的邀约相似之时：那些角色可能会邀请我们中的任意一个，而我们任意一个都有能力演。竞争就在这种时候，也仅限这种时候。

同样的情况也发生在我和另一位演员身上，在我开始从事电影工作时，我和达斯汀·霍夫曼也有过此类经历。我不敢拿自己跟他比较，我十分喜爱他在《毕业生》中的表演，也喜爱他在《午夜牛郎》中扮演的拉佐·里佐。我一直认为达斯汀是个才华横溢的演员，但我感受不到我们有相似之处。

我记得在我成名之前，我只见过达斯汀一次，是在纽约街头。他当时和妻子带着一条大狗出门，人们纷纷上前向他求取签名，我跟他打了个招呼。我说我是演员工作室的成员，他对我很友善。他继续签名，还对我说："别担心——这很快也会发生在你身上。"我不知道我是否对此高兴，不过他那样说很亲切。

著名影评人宝琳·凯尔曾说，我受过达斯汀·霍夫曼的影响。事实上她对我在《冲突》中的表演的评价是，我和达斯汀·霍夫曼"经常难以区分"。空气中一定弥漫着某种东西，因为各种比较纷至沓来。到了后来，我非常喜欢的戏剧制作人兼导演亚历山大·H.科恩建议达斯汀和我到麦迪逊广场花园碰个头，打一场拳击赛，他是认真的。但我对科恩说："我就直接跟你说吧：达斯汀会打败我。他经常锻炼。他会把我打晕。"我想亚历山大最好是请梅丽尔·斯特里普来跟我打。但我又有点担心。我去,如果她赢了怎么办?幸运的是,那场拳赛从未开启。

70年代有一段时间,达斯汀·霍夫曼、罗伯特·德尼罗和我被视作一个群体,是一群可以互相代替的演员。杰克·尼科尔森这样的演员则不同,罗伯特·雷德福也是独立的。虽然我们全都被认为是能够拍成电影并且卖出票房的演员,但鲍勃、达斯汀和我被视作三个取得成功的纽约演员——虽然达斯汀在洛杉矶长大,但我们都是在纽约成长、成熟起来的。这是某些演员身上的标签。

多年来,如果有机会,我和鲍勃都会想办法寻求合作,但似乎始终找不到合适的项目。鲍勃被选中参演贝纳尔多·贝托鲁奇的《一九零零》时,他打电话给我,说想跟我合作。鲍勃一直在鼓励我。他说:"来吧,来吧,我们一起演这些角色。"但你知道最终结果——我进入了一贯的模式。我说:"鲍勃,我做不到。我跟角色建立不了联系。我不理解这个故事。我不知道该怎么做。"

当迈克尔·曼拿着《盗火线》的剧本找到鲍勃和我时,他说我们可以从警察汉纳和匪徒麦考利两个主角中自行挑选想演的角色。最后正巧,鲍勃想演匪徒,我想演警察。

开始做拍摄准备时,大部分时间我都在想,我该怎么做?我该怎么演这个角色?然后我们进行了剧本朗读,我、鲍勃、方·基默、乔恩·沃伊特和其他许多优秀演员围坐在桌边。鲍勃扮演的角色拥有真正的巨大能量,但我能看出,他的表演相对从容、低调、紧张和孤独。那太美了。我知道我会朝另一个方向走。

迈克尔·曼之所以挑选我和鲍勃,是因为他不想要两个一样的人——他想要一种对比。他为影片中途的一场戏增添了紧张氛围，在那场戏中，我们一起坐在餐厅里，第一次交谈。

到了要拍摄那场餐厅戏时，鲍勃不想排练。我心想：他是对的。我们抵达片场，我们直接开始。我们没想过这事，也没有任何讨论——戏就在那里。鲍勃那样做实在是太明智了。

从我在《教父3》的片场第一次产生想法到现在，《寻找理查三世》已经一步步成为现实，我得以按照自己一直以来梦想的方式去做。我用自己的资金，所以不用向任何人交代，无须遵守投资人为回本所设定的各种规则。艺术电影是一场赌博，你不能指望收回投资，也不用在亏本时感到沮丧。它们不是出于商业目的制作，它们服务的是不同类型的观众。

老实说，我拍这部电影有一部分原因是想驱除某些东西，比如我在百老汇演《理查三世》遭到恶评时的感受，当时评论家说我让这个国家的莎士比亚戏剧演出水准倒退了五十年。还有一部分原因是出于对奥逊·威尔斯等艺术家的钦佩，他是电影这一媒介的真正天才。他在他的职业生涯中做到了一切，他一生都在组装电影，一直在努力募资拍摄电影，但从未得到应有的关注。我从来不敢将自己与威尔斯相提并论，但我受到了他的启发，我愿意相信，我在制作《寻找理查三世》时有过一次名副其实的威尔斯式的经历。在创作、执导和主演一部电影的过程中——同时还要拍摄几部商业电影——需要有精湛的周旋舞技，演员在不同的时间进进出出，需要想方设法来协调。我们在世界各地拍摄。

老好人阿尔。

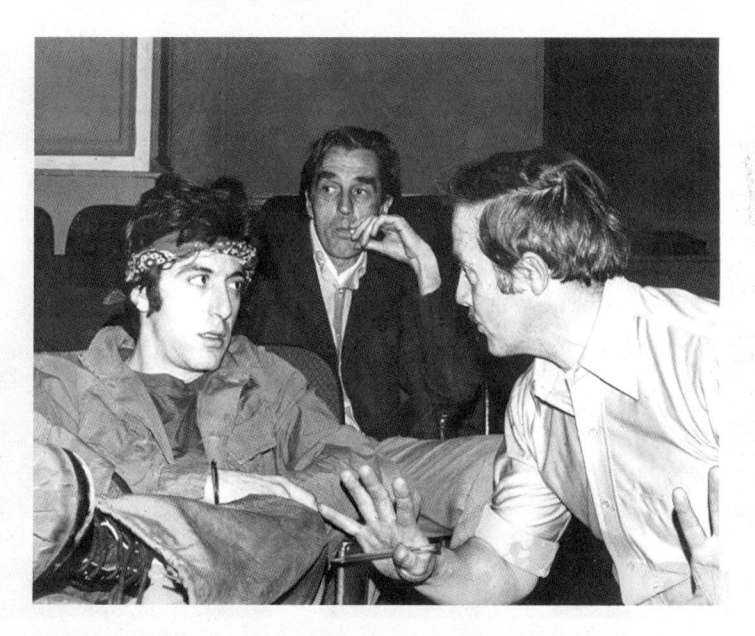

和大卫·惠勒在《帕夫洛·赫梅尔的基础训练》的排练现场。查理·劳顿总是支持我。

《美国野牛》。不必祈祷了,评论不会改变的。

《伸张正义》。我想退出这部电影!

托尼·蒙塔纳更内敛的一面。我看到一线希望。

我猜我和米歇尔·菲佛之间的确有化学反应。出色的选角。

《疤面煞星》。嘿,我看着像是在玩儿真的。

和伊丽莎白·泰勒。我爱这个女孩！她是最棒的。

《革命》，和德克斯特·弗莱彻。一对父子的生存之战。

《午夜惊情》，和艾伦·巴金。我即将被拒。你能猜到原因吗？

在罗马拍摄《教父3》。我们可以笑。其余人却都得工作。

和黛安·基顿在《午夜惊情》首映式。至少她为典礼精心装扮了。

《至尊神探》。得有人来教教麦当娜怎么跳舞。

和苏珊娜·伯蒂什在广场圆圈剧院的《莎乐美》演出现场。我喜欢穿这套戏服,尤其喜欢这款唇膏。

《大亨游戏》。杰克·莱蒙去哪儿了?他一般都在场的。

和加布里埃尔·安瓦尔跳探戈。别自欺欺人了——是她在带我跳。

《闻香识女人》。我猜我就是喜欢穿制服。不过奖章多过头了。

终于,我能退出这一行了。

《寻找理查三世》。你拍到那个镜头了吗?我没法儿再来一遍了,我们得往下拍。

和鲍勃·德尼罗在《盗火线》中。我俩之间只隔一张桌子。

在托尼·库什纳的杰作《天使在美国》中扮演罗伊·科恩。

和约翰尼·德普在《忠奸人》中，他是我童年伙伴克里夫的成年版。

2003年和马蒂·布雷格曼。没有这个穿西装的男人就没有帕西诺。

我和杰克·科沃基恩,他是我在《死亡医生》中扮演的角色原型。我爱这个人,他是我见过的最拥护生命的人。

和莉莉·拉贝为"公园里的莎士比亚"项目出演《威尼斯商人》。难以想象,但莉莉是我人生挚爱之一的女儿。

《王尔德的莎乐美》,和杰西卡·查斯坦。她的演艺事业这时才刚刚开始。

和大卫·马梅。他总想抢到我前面。

海伦·米伦和我在《菲尔·斯派特》里。人们想知道我为什么炒了我的发型师。行吧,睁大眼睛自己看。

看到这张照片,我着实
被我自己吓到了。

《好莱坞往事》,和我的两位好友利奥及布拉德。我想他们把我错认成别的
某个人了。

为《爱尔兰人》走红毯，和鲍勃·德尼罗及马蒂·斯科塞斯。我们在接受采访，但我们为什么唱起来了？

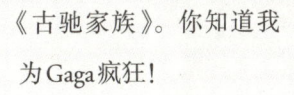

《古驰家族》。你知道我为Gaga疯狂！

一切都好。我和我的孩子们在一起。

看看是谁准备好拍特写了。

我制作《寻找理查三世》是在《情枭的黎明》拍摄期间，之后又延续到了《盗火线》的拍摄期间。迈克尔·曼以他特别的慷慨精神和不可思议的智慧，将剧组部分成员借给我使用——他甚至连眼睛都没眨一下，就那么简单。多么慷慨的姿态，我永远不会忘记。我挑选拍摄地点，我挑选演员，我倾注了所有的心血。我白天拍这部电影，晚上拍另一部。然后第二天我回到片场，重复同样的模式。我会坐在我在洛杉矶租的房屋的泳池边，反复推敲《寻找理查三世》的场景构建，制订战斗计划，整理脑海中的想法。有时我就等着去拍摄地，到达之后再想办法。在这个过程中，我得出结论，导演比演员更疯狂，我想我自己就是个例子。

这一切让我精神振奋。你在主动做一件事，而不必坐在那里等着别人叫你去拍摄，你会因此而产生一种能量。当你在观看《寻找理查三世》时，你看到的其实是我在表演的过程中同时弄清该如何执导一场戏。摄像机在拍摄，场景在发展，我在其中表演，我也在执导，我从画面中跳出来，让摄影师推进镜头，同时我还要像三垒教练一样用手势和姿态来协调其他演员的动作。表演和导演工作像龙卷风一样持续进行着，我喜欢待在由此创造出的风暴眼的平静之中。

有一天，在拍摄《寻找理查三世》时，我带着演员和剧组人员去了修道院博物馆和圣约翰大教堂，在那里遇到了杰出的高空走钢丝表演艺术家菲利普·帕特，他的手臂像钢索一样，整个人非常强壮。他曾沿着高空钢丝从街对面的一栋楼走到了大教堂的屋顶，全程都在一百五十英尺高的空中，而且完全没有防护网。记住这一点。

我本想过把我的演员带到大教堂的屋顶，但接着我看到上面都是鸽子的排泄物，我听说那有剧毒。片场也有人这样说。

当我把这件事告诉菲利普后，他说："那又怎么样？就算是毒药又怎么样？如果有演员死了，那他是为他的艺术而死。"

我说："为艺术而死？现实中，我不会这样做。但从隐喻角度，我愿意。"

我们最终为理查三世的哥哥克拉伦斯的谋杀场景找到了拍摄地点，那里没有遍地的鸽粪。那里并非圣约翰大教堂这样宏伟的建筑——并未让我觉得自己置身于米开朗琪罗的世界，置身一个你觉得能做任何事的环境。我认为那是莎士比亚应该属于的世界。但我们在东区的上城找到了另一个地方，那里实际上更好。现在我们能杀死克拉伦斯了。教堂的管理人很和善，让我在那里免费拍摄。在纽约拍摄那些中世纪的场景实在是令人难忘。纽约已经给了我那么多，现在甚至又给了我更多，这我永远不会忘记。

《寻找理查三世》的制作对我来说意义非凡。我从未如此快乐。我实现了一个个人理想。当它完成时，经过四年时间的完全沉浸式创作，我们必须把它卖出去。哦，那就是问题所在。老天啊，我要面对什么啊，我来到了一个新世界。我对其中的迂回曲折做好准备了吗？不可能。我过去在这一行一直依靠经纪人、经理人和制片人。而且这是一部艺术电影——我知道那很难卖。马蒂·布雷格曼，你在哪里？帮帮我！

确实有几个人想从我手里买下它，至少能把我投入的资金还给我。所以我卖了，这就意味着把我的控制权也卖了。这部电影到了福克斯探照灯影业的汤姆·罗斯曼手中，这是二十世纪福克斯公司的独立分支，制作过一些非常棒的电影。汤姆·罗斯曼刚买下它，就被提拔为二十世纪福克斯的负责人，飞走了，再也联系不上，也不再负责我的电影。那真是一个巨大的损失——他别无选择，只能离开，我当然也为他的升职感到高兴。他们让谁接替了他的位置？我不会透露他的名字。如果他读到这本书，他知道我在说他。我看了他一眼，发现我其实认识他。他是我演过的一出戏的舞台经理。他仍然不知道自己在做什么。

我和探照灯影业通过几次电话，有次坐飞机刚好碰到他们的一个负责人，一个高管，我和他讨论了这部电影。我被告知《寻找理查三世》不能获得奥斯卡提名，因为它既不是一部纯粹的纪录片，也不是传统的故事片，所以无法归类。我想告诉你西德尼·吕美特曾经明确地对我说过的一句话：如果你拍了它，把它记录在胶片上，那它就是一部电影。如果它有从A到B的发展过程，那它就是电影。如果它有话想说，那它就是电影。我知道纪录片和故事片有区别。好吧，这部电影两边都沾点边。所以起诉我吧。朝我开枪吧。在这个城市，你做不了任何不一样的东西。我由此学到了一点，又忘记了一点，然后继续前进。为搞砸了莎士比亚的戏而哭泣是没有用的。

在营销的过程中，一切都分崩离析了。尽管这部作品是我的想法，我本人导演、编剧和制作，但我还是没办法倾尽全力去推销。年轻时，我卖过盲人包装的肥皂。我在布朗克斯挨家挨户地上门推销，时不时地能卖出一块。那是穷人在向更穷的人推销。我记得有一次，开门的是个女人，我向她进行肥皂推销。我看得出来，她的眼神跃跃欲试。我没有利用那次机会，我一直为此有点懊悔。但销售是一项很难的工作，我没能坚持多久。

我们不得不为这部电影举办一次市场调研放映会。现在来看的不只我的朋友了，来的都是完全的陌生人，他们被选中，是作为可能会欣赏我这部疯狂作品的潜在观众。我不知道他们期待看到什么。对于这部我投入了如此多时间与精力的作品，如果他们的反应是发出嘘声呢？如果他们看完就走呢？那么我只能想，我的电影真的很糟。

我坐在那里，希望电影在从剪辑室送到放映影院的途中，能以某种方式奇迹般地发生一些改动，让它变得更好。观众会从座位上起立喝彩。这时我有了一个更好的主意，我要阻止观众进场。接着我想，不，我不能那么做，但是你知道我能做什么吗？我可以告诉他们："谢谢你们来，但这其实并不是什么正式的作品。我就是想试试手。我只是个演员，想看看自己能不能做出点什么来，这部作品可能并不合你们的胃口。所以，如果你们愿意，就留下来看看，不愿意也完全没关系。"至少这些抽筋似的想法让我咯咯笑了起来。

我在我经纪人的放映室里放映了这部电影，那是一个较大的空间，我经常在那里放映帕索里尼和维斯康蒂的电影，我觉得那些电影都非常好，值得观看，能让人们进入其中的世界，看到他们平常看不到的东西。

在《寻找理查三世》的一次放映会上，来了一个四十多岁的女士。我想，她应该是一位教师；她很有魅力，散发着智慧和优雅的气质。她看完了整部电影，最后，她哭了。我坐在那里，等待着，很好奇。她说："我从没想过我能理解莎士比亚，但现在我理解了。"她有一种恍然大悟的感觉。像是在说，我不相信我还有那部分能力。她是个受过教育的人，对待莎士比亚的作品，可能一辈子都持有固定的态度。她对其漠不关心，可能还说服自己要持轻蔑态度。她之所以感动落泪，是因为她既为自己感到高兴，又为自己可能在人生的某些时刻错过了莎士比亚而感到不安。

《寻找理查三世》收获了一些认可，但坦率来说，它没能有更大的成就，这刺伤了我。那不只是一种失望，它还影响了我的生活。在生活中，你可能会遇到这样的情况，你明明做得还不错，却遭到了拒绝，这让你过去所有的成功全都黯然失色。我当时并没正视那种失望，因为在事情发生的时候，我实在是无力接受。

许多年后，为了离前妻和孩子们更近，我从纽约搬到了洛杉矶，有一次我到租住的房子隔壁参加派对。那家的女主人有点自命不凡，但了解她之后，我发现她总的来说是个非常正派的人。有天晚上，她家来了很多名人和在好莱坞地位很高的知名制片人。我见了其中一些，发现没有人知道《寻找理查三世》这部电影。我自编、自导、自演了一部电影，演员阵容囊括了许多伟大的英国艺术家和美国演员，他们都在银幕上展现了各自的天赋。美国导演协会为它颁发了最佳导演奖，《纽约时报》将其评为年度十佳电影之一。但在这个派对上，没有一个人知道这部电影。他们不只是没看过，他们甚至从来没听说过。

在那个问题上，我甚至可以上升到哲学高度。让我更难以接受的是，我在那里见到一个曾经称这部电影为杰作的朋友，这时他甚至不愿承认看过它，就像承认这件事会在某些层面上损害他的形象。我想用手肘轻推他说："嘿，伙计，承认吧！你知道这部电影。"但他一个字都没说，在那个派对上，在那个好莱坞的圈子里。在那样的场合，你得顺应潮流。我花了很长时间才明白这一点。我不是要妖魔化这种情况，我现在更理解这种做法了。我想或许我可以自己去拿那部电影的拷贝，当场在那个女人的家里放映，但那时我家还有几个学步儿童要照顾。

《寻找理查三世》之后，我差不多有十年没再碰过莎士比亚，直至在2004年上映的电影版《威尼斯商人》中扮演夏洛克。我认为导演迈克尔·莱德福拍过一些真正的好电影。制作人巴里·奈维迪与马龙·白兰度和约翰尼·德普合作了另一个项目后，带着这部电影找到了我。我能感觉到巴里头脑聪明，对演员和电影这一艺术形式有着与生俱来的理解力。他和马龙·白兰度很熟，他说是马龙推荐他让我来扮演夏洛克这个角色的。马龙是怎么看出我有那个能力的，我永远都不可能知道。但我读到电影剧本后，只说："我看出来了，我知道该怎么演。我演。"我们意识到时间紧迫，于是就将演员团队召集到纽约，我在那里有个阁楼空间能用作排练室，我们结成了一个紧密的团队。我们能够围绕着这部剧作进行创作，诠释它，找到我们将在其中扮演的那个世界。我们都很感谢那段经历，它给了我们自由和理解的空间，而这是任何一部电影都非常需要的，尤其是莎士比亚作品改编的电影。

我知道达斯汀·霍夫曼在百老汇和伦敦扮演过夏洛克，不过

《威尼斯商人》最突出的特点在于它被视作反犹的耻辱之作。这一恶名可以追溯到四百多年前其创作之时，并且一路流传至今。但我们作为观众已经发生改变。这部戏剧在某种程度上适应了现代精神。我们在观看时，能够理解夏洛克所遭受的偏见，许多人都能从他的经历中获得共鸣。我不是犹太人，但从我的角度来看，我认为夏洛克是一个被贬斥到贫民窟的人，他遭遇了偏执狂的虐待。他们猜疑他，唾弃他，不仅如此，还偷走了他心爱的女儿，那是他在这个世上仅剩的所有。然而，他的身上有一种尊贵的气度。由于所受的遭遇，他觉得自己是正义的。他不是伊阿古，不是理查三世，不是莎士比亚笔下的其他恶棍。他身上有一丝英雄气概。他是一个幸存者。我认为我们今天的世界容得下这样的人物，拍摄这样一部电影是有价值的。

我觉得我们这版《威尼斯商人》是一部相当不错的莎士比亚电影，它得到了犹太人群的支持。我从来不觉得它被索尼影业当权者接受，他们都很害怕夏洛克这个角色会引发争议。他们为不会发生的事情做了准备——抗议从未发生。他们在第三大道的一家影院举行了首映式，我参加了，但你甚至几乎看不见宣传。他们肯定是想把它藏起来。这太虚伪了，我很难过。我在那一刻反应过来，发行人员不打算支持这部电影，不过我被告知它的票房非常好，是最赚钱的莎士比亚电影之一。

我后来又演了几次夏洛克。我为"公园里的莎士比亚"项目演过他，后来又在百老汇演过，两次导演都是丹尼尔·苏利万。我们这两个版本尤其动人的地方在于夏洛克的圆顶小帽被扔到地上的那一刻——他们把他头上的小帽扯下来，然后将他放进洗礼盆，在他被迫改宗后为他洗礼，让他成为一名天主教徒。之后他们又将他拽了出来，浑身湿透的他回到圆顶小帽那里，捡起它，轻蔑地将其按在头上。观众看到这里经常欢呼。那个爆发之举很可能会让他丧命，但你能看到他不服从的态度。我认为那是丹尼尔·苏利万为这次改编增添的精彩片段之一，也是我想再度出演的原因。

我花了好几个月的时间才完成这次演出——先是排练了几个月，虽然这时我已经拍过一个电影版，也在中央公园演过一个戏剧版。我相信和这个角色度过的那些时间让我受益匪浅，那赋予了我一定程度的自由，也让我获得了托尼奖的提名，实在是收获良多。当我长时间扮演一个角色时，我能够在自己的内心中找到相应的角色。

我现在依然愿意再演夏洛克，也许可以去英国演。夏洛克是一个属于伟大演员的角色——正是这个角色让传奇人物埃德蒙·基恩打响了名声。他演夏洛克时，人们都惊呆了，他们甚至在演出期间跑出剧院，到街头招揽路人进场见证他的表演。

我记得我在乔纳森·普雷斯扮演的哈姆雷特身上看到的那种爆发力。当他演到哈姆雷特看到父亲鬼魂的那场戏时，在这版制作中，哈姆雷特看到的父亲的鬼魂是从他自己身体里走出来的。那一时刻的招魂效果足以让你从座位上站起身来。乔纳森一人分饰两角，父亲鬼魂的声音在他体内，通过哈姆雷特之口传出。我亲眼见证了那一切，他将莎士比亚的戏剧演到了极致，你能感觉到观众都被恐惧的氛围所笼罩了。我被演员演技所能抵达的极限迷住了。他不需要超速驾车冲撞其他车辆，也不需要电影式的爆炸场景。他不需要超人的斗篷，只靠他自己——他在莎士比亚的文字中翱翔。

你能想象他排练的场景吗？"嘿，我有个主意：我们让哈姆雷特扮演他父亲的角色，用他的肚子来为他的父亲发声如何？他把自己的父亲反刍出来。""哇哦，我想试试，伙计，我们看看会发生什么。"

演出结束后我去后台看乔纳森。我问他："你是怎么做到把这样的表演一周演八次的？"他羞涩地笑着说："没关系——我们只演七次。"

明白我的意思了吗？演员啊，伙计——没有什么能比得上演员。不管在当时还是现在，他们都是最伟大的人类。我知道人们说他们是疯子，以自我为中心，诸如此类。我们甚至指责他们自恋。多么无礼。你是说关注自我利益的人就是自恋狂吗？别逗我了——所有人都符合那种描述。和两百年前一样，演员都是要命的疯子，都是快活的狂人。是的，是有一些精英加入了演员队伍，但请记住，他们也是疯子。

最后，我因为在百老汇扮演夏洛克而获得了托尼奖提名，并且和吉尔·克莱伯勒的女儿莉莉·拉贝演了对手戏。莉莉是个出色的演员，能和从前恋人的孩子合作，实在是令人激动。莉莉和我合作时，我们确实有点父女交流的感觉。我的确有那种感觉，那很棒，她作为演员也很棒。在那出戏的制作过程中，我们因为癌症而失去了吉尔，这真令人悲伤，整个演出过程中我们都很悲伤。

你总能交到新朋友

You Can Always Buy New Friends

2001年一开始就很精彩。比佛莉·德安姬罗和我生了一对异卵双胞胎,一个男孩一个女孩。我一共有三个孩子:这时刚出生的安东和奥莉薇亚,还有已经十几岁的女儿朱莉。怎么可能不开心呢?

比佛莉和我的问题在于要在哪里生活。她的生活几乎都在洛杉矶。纽约是我家,我一直想留在那里。我的精神科医生提醒我不要搬去洛杉矶。但我还是去了。

六十出头的我在一个新的城市开始了新的生活。我完全不熟悉洛杉矶的城市布局,我不理解那里的社交圈。我们说好,我可以尽可能地多回纽约。

在洛杉矶,我带着两个小家伙搬了几次家,只是想弄明白住在哪里好。我们搬出了一个又一个出租屋。比佛莉和我一直在努力应对,想在没有对方的情况下抚养我们的孩子。我们安排过探视,或者孩子跟父母中的一方或另一方生活一段时间,直到最后我们达成协议,平分监护权。尽管如此,我的工作偶尔还是会让我离开他们。想想孩子们的经历,他们最后能成长得这么好,我很感恩。他们并不总能从我这里得到想要或应得的关注,虽然我已经尽可能多地和他们相处，但家庭一旦破裂，情况总是更加艰难。我现在是明白了这一点，但真希望我当时就知道。

洛杉矶与纽约非常不同，纽约人在纽约以外的任何地方都是异类。洛杉矶的人际交往更多，它有一种社区的氛围，但要遵守一些特定的规则，取决于你生活在哪片郊区。比弗利山庄很大，但里面有些街区类似乡村俱乐部——大型的俱乐部，有派对和晚宴，你差不多只能在黑暗中摸索前进。起初，我很害怕一个人出门，因为我总是迷路，找不到回家的路。不过，洛杉矶很多地方都很宜人，人们待人热情，我很幸运找到了一些自己喜欢的人。我的好朋友哈罗德·贝克尔和他的妻子住在洛杉矶，他们对我总是很亲切，哈罗德还带我逛过这座城市。

查理也住在那里，主要是因为天气有利于他的多发性硬化症，他和彭妮都在做演员指导的工作。他们合作过的演员有些已经成名，有些还在苦苦挣扎，那份工作一直是他们生活方式的一部分。他们住在圣莫尼卡，我后来才知道那里跟我所住的比弗利山庄差别很大。我刚到洛杉矶时四处游走不定，有时我会去市中心，在那里见到一些画家和其他艺术家。我很好奇这座城市在20世纪20、30年代的模样。我听过一些故事，也能瞥见一些旧世界的影子，但大部分东西都已消失无踪。剩下的只有林立的高楼，繁忙的车流，让人哪里也不想去。我开始思考，我怎么能在这里生活呢？

洛杉矶在某些层面有点像是一座地方城市。它的地方色彩和其他城市一样，其基本身份都由工作来源所定义。在洛杉矶，工作来源是电影业。这是一座工业城市,而这里的工业就是演艺行业。你永远都无法远离你的同行,而且有些人对你的评价不仅在于你的工作成果,还在于你多年来所累积的名声。

我花了一段时间才感受到好莱坞的回报。在某些地方,你必须小心谨慎,因为你能够分辨,他们赖以维系的货币就是八卦。你得到的只有泡沫,只有浮在表面的奶油,但杯中并没有卡布奇诺。大概是在二十年前,我去参加过哈罗德·贝克尔的生日派对。我看着时钟,好像是晚上十点,但所有人都已经离开了。我说:"哈罗德,这些人去哪儿了?发生了什么?"

他说:"哦,你知道,这里是好莱坞。"

"什么意思?好莱坞怎么了?跟这有什么关系?"

他说:"到了晚上十点,他们就不想继续逗留了。他们不想喝醉后在错误的人面前说错话。"

"哦,是吗?"我说。

几周后,我参加了另一个派对,是奥斯卡颁奖典礼后的一个活动,地点在世纪城的一套公寓里,好莱坞的天际线一览无余。那是个非常高档的地方,所有人都在。我真的很开心,现场有许多有趣的人可以交谈。我那晚还见到了奥普拉·温弗瑞。我正要跟一个朋友离开时,看到一个我认识的女人——是个演员,还是个相当不错的演员——正端着酒杯在哭。我忍不住问她:"怎么了?你还好吗?"她泪眼蒙眬地看着我说:"我想我说错话了,在错误的人面前。"她可能怠慢了某个有能力改变她一生的人。那种情况下,人可能会感到紧张,不敢说话。如果你跟某人交谈时还要掂量措辞,那么就做不到自然。我看着这个哭泣的女人，很同情她，我心想，这种感觉真奇怪。

最糟的是你得罪了评论家，谁知道你是怎么得罪的呢？我倾向于远离任何有权势的人。如果你因为不想伤害某人的感情而自我审查要说的话，那我可以接受。但当你因为不想危及工作或事业而自我审查，我得说，那就丧失了作为人类的体验。如果你作假，怎么可能交到真朋友？

有一次，我碰到一个在好莱坞经营大生意的家伙。说他是制片人等于是在贬低他——他是所有一切的负责人。我之前从没见过他，因为我很少去好莱坞，不知道他是谁。老实说，在洛杉矶，我从来都不知道我是在和谁说话，除非是在电影里见过的人。

有天晚上，我在餐厅玩闹时碰到这个人。我已不再喝酒，但心里仍有疯狂的一面，像往常一样靠抛硬币随机决定事情。我有点玩嗨了，和不同的人打趣应对，连自己都感到惊讶，年过六十的我还有这一面。我跟他只是偶然碰到，并不知道他是谁。但我和这位大人物度过了一段非常快乐的时光，我那晚的表现欲特别强。我并没有刻意努力，有时不努力才是最好的方式。就像《送冰的人来了》里的希基说的："我会觉得很自由，想要小小地庆祝一下。"我觉得这家伙很有意思。

几天后，我接到经纪人的电话。他告诉我，某某人此刻想在他位于好莱坞高空的办公室见我——那天晚上他和你在一起，他觉得你很搞笑。我想，认真的吗？我可不是按别人的需要搞笑的那种人。只管去问我的操控者——有时我就是做不到。我为什么要见这个家伙？我可不希望他是想找我再去场景重现。

与此同时，我找到了在洛杉矶享受生活的方式。我有朋友，生活还不错。我说，我不想只在这里混日子。板式网球打打也就差不多了。生活花费了我很大一笔钱——我的员工队伍在壮大，我要照顾两个家，要负担我的公寓、一个办公室，还要负责孩子们的家用。我每个月要花三四十万美元，这是很大的一笔钱，况且我想保持活跃，所以时不时会拍些电影。

我拍了《十三罗汉》，这是一部系列电影之一，有强大的明星阵容和伟大的导演史蒂文·索德伯格，所以我知道我是在一个很好的团队之中。我喜欢乔治·克鲁尼、布拉德·皮特、唐·钱德尔、马特·达蒙和所有其他的伙伴。这真是一群非常优秀的人，我很开心。但我对这部电影一无所知。查理说剧本很好，所以我只是尽自己的职责。我有很多事情要处理，但我们得去拉斯维加斯拍几天，于是我问道："我能当天返回洛杉矶吗？"我有孩子，我想回家陪伴他们。我当时以为我有足够的精力来做这件事。

我忙得团团转，要照顾孩子、努力维持我的工作生活、应对一直如影随形的常规混乱。我好像一直在奔跑，就要撞墙了。对于人类的悲惨命运，我还能说什么呢？我想起贝托尔特·布莱希特在一个静谧夏夜对我说过的话，当时我们两个坐在一个情侣秋千上。我们都有点嗨，半夜里在那里荡起了秋千，远处在举行派对。

他说："你知道人类的问题是什么吗，阿尔？"

我说："不知道，告诉我。我想知道。"

他说:"人类太坚韧了,人类活得太久。"

"嘿,贝托尔特,你介意我窃取那句话,等哪天把它用在书里吗?"

他说:"请便。反正你我又没有真的见过面。我死在东柏林,而你当时还是南布朗克斯的一个少年。"

"行吧,谢谢你的贡献。现在你能把那个刚才跟我一起荡情侣秋千的女孩叫回来吗?你能把她找回来吗?"

"当然了,孩子,我还有东西要写。"

他走开的时候,我喊道:"你能给我写出戏吗?"我想他应该没听见。

我想我有点跑偏了。我猜我需要有只五百磅的大猩猩来把我拉回正轨。那是查理以前经常对我说的话:60年代,我们走在纽约街头,沿着人行道和桥梁行走,精力充沛,像两个任性的流浪汉在为马拉松做训练,同时喋喋不休地背诵迪伦·托马斯或艾伦·金斯伯格的诗句,或者唱着我最爱的歌《铃儿响叮当》。他会说:"我们需要有只五百磅的大猩猩来把你拴住,因为你的精力太旺盛了。"我总是精力充沛,这是个优点。我在智力上欠缺的,都用精力做出了弥补。

来到洛杉矶后,我依然需要满足自己的艺术冲动,我重新感受到了那种需要。于是我开始制作另一部我自己的电影,和《寻找理查三世》一脉相承。这一次,我把目光投向了一部一直都很吸引我的戏剧,我曾在广场圆圈剧院演过它——奥斯卡·王尔德的《莎乐美》。我很喜欢王尔德,也喜欢这部剧,所以我开启了一段持续将近十年的《王尔德的莎乐美》电影创作之旅,它探讨了奥斯卡·王尔德的一生,晚上我在舞台上演出《莎乐美》,白天则在摄影棚里拍摄这部戏剧的另一个版本。

《王尔德的莎乐美》讲述了许多我当时的生活中发生的事,当时我正在养育孩子,适应这个新的城市。《威尼斯商人》的制片人巴里·奈维迪这时搬来洛杉矶了。他是个很棒的合作伙伴,他性格开朗,对电影非常了解。他也足够疯狂,能接纳我以及我对奥斯卡·王尔德的热情。我花了很长时间在洛杉矶拍摄这部电影,其间也在演其他电影。我一边兼顾很多事情,一边还要抚养孩子,事实上孩子们也出现在这部电影中。

我有幸遇到了一个伟大的演员,即杰西卡·查斯坦,她扮演莎乐美。当时她刚从茱莉亚学院毕业不久,是个天才。她刚开始试镜,我就看到了她的天赋。我对制片人罗伯特·福克斯说:"我是在做梦吗?"拍摄电影版的所有疑虑全都消散了。我知道这就是将要扮演莎乐美的演员。

参与《王尔德的莎乐美》这部影片对我意义深远。你可以把它当成一部家庭电影,但我不在乎别人怎么看。我很享受与王尔德的剧作玩耍的过程,并在这部电影中投入了大笔资金。我们用了好几年时间来制作,上映前还办过私人放映会。我为查尔斯王子放映过,他非常喜欢,旧金山还为我们举办了名为"王尔德的莎乐美日"的纪念活动,并在卡斯特罗剧院举办了一场特别放映会。这部电影的制作过程有些混乱,可能也没得到应有的回报,但我很高兴能拍摄它。这部作品跟《区域歧视》《寻找理查三世》《中国咖啡》属于同一类型。它们都不是以营利为目的的电影——除了项目本身,它们无关于任何事。我喜欢这种私密性,你直接把它们放在小银幕上放映,给五六十个观众看。这是最接近剧场的东西。

除了为《王尔德的莎乐美》投入的资金,我还到处撒钱,因为我有。至少我以为我有。我的会计一直为我鼓劲。我做了很多对金钱一无所知又很愚蠢的人会做的事。我七岁的女儿有个同学,她的父亲是演员,需要钱。我说:"没问题,你需要多少?"我给了他六万五千美元,没指望任何回报。我经常那么做。我这么做不是为了展示我的慷慨,我只是觉得我有很多东西能给予别人。对我来说,这就像你玩大富翁玩赢了。这不是真实的。对我来说,这一切都不真实。但它是真实的。我就要发现这一点了。

我当时的会计有很多名人客户,我开始收到警告,说他不值得信任。

2011年,我坐在我在比弗利山庄租住的房子的客厅里,查看我的财务状况,我很少这么做。我花了一大笔钱在山庄租了一座豪华的大房子,因为我总觉得在这里只是暂时的,我很快会搬到别的地方,或者做些不同的事。但我当然没有,不知怎么,我就已经在这里租住了二十年。你不需要当会计也能意识到,这是对金钱的严重浪费,但我的会计却没有指出这一点,这应该是个信号。

到这个时候,当我真的开始起疑时,我的骗子会计没有亲自上门来见我。他本来也很少亲自出动,总是派他的部下来。每当面对我没有概念或者了解不多的东西时,我总是很不自在。我坐在桌边,翻看各种文件，会计师的代表人坐在我身后。我说："真了不得。我有很多钱。"

那段时间我工作不多，刚带家人去欧洲旅行。我知道我花了很多钱，因为我带着孩子、他们的保姆还有其他几个人，乘坐一架华丽的湾流G550公务机从洛杉矶去了伦敦、丹麦，然后又回到洛杉矶。孩子们去玩的时候，我在为电影《死亡医生》中的杰克·科沃基恩一角做开拍前准备。我在伦敦的多切斯特酒店租了一整层楼，那里成了我们的总部，我们每天都从那里出发，去孩子们想去的景点。我们飞去了乐高积木的故乡丹麦比隆，因为我的儿子和女儿都很喜欢乐高。我们甚至住在乐高乐园的酒店，那里的一切都是用乐高积木做的。没看过乐高积木拼成的蒙娜丽莎，你就不算活过。那才叫真正的极致。我这么做只是因为我能做到，孩子们也乐在其中。

现在，我回到了比弗利山庄的家里，坐在那张桌子旁边，我在想，我明明花了这么多钱，怎么回到家里却发现钱比出门时更多呢？我觉得这很有趣。于是我就对那个会计说了一句话。我是在称赞他。这就是赚钱吧？我不知道。我没有投资任何东西。我看着他，说："哇哦，太酷了。"我注意到他脸上的表情，那是一个让我永远难忘的表情。他抬起了右边的眉毛，幅度很小，就像有人走过去对他说："你的眉毛还能像以前那样抬起来吗？嘿，萨姆，你能再抬一次给我看吗？"

我心想，事情很简单。清晰明了。我就是知道了。时间停止。我完蛋了。我陷入了无法逃脱的困境。他的眉毛又落了下来，我说："嘿，谢谢你。"他是个有点孩子气的快活的小伙子，拿着账本就走

268

了。我现在该怎么办？

我知道有事情不对劲，但我不知道糟糕到什么程度，也不知道发生了什么。第二天，我找了一位在洛杉矶的律师，说："我想我可能有大麻烦了。我就是有种预感。"我把故事告诉了他。他听我说完，看了我的几个账户，说："我认识一个在纽约为洛克菲勒家族工作的人，我想你应该去见一见。"于是我就去纽约见了这个人。他叫谢尔比·戈德格拉布——多么适合会计师的一个名字。他说话的方式让我觉得很舒服，我知道他也喜欢我。他说："我想见见你的会计师。"他见了我的会计，然后找到我说："阿尔，你得离开他。他不仅是个骗子，他还很傲慢。"

我才认识谢尔比一周左右，但他说："我喜欢你。我不想看到你最后沦落到在卡内基音乐厅门口卖铅笔。"我开始大笑。我说："那个画面真有趣。"他的表情变得严肃起来，用老柯里昂的眼神瞪着我："我没开玩笑。"

接着谢尔比告诉我："别担心，阿尔。你出门会赚到更多的钱，你会交到新朋友。"我永远都忘不了那些话。

我破产了。我本来有五千万美元，然后突然就一无所有了。我有资产，但没有钱。在这一行，你因为一部电影赚了一千万美元，但拿不到一千万。因为除去律师、经纪人、公关和政府的费用后，就没有一千万了，能到你口袋的只有四百五十万。你的生活费用却高于这个数字，因为你过得太奢侈。你就是这样没钱的。这种情况非常怪异。你赚的钱越多，拥有的却越少。马蒂·布雷格曼就是这么告诉我的。

我花了什么钱，钱都花到哪儿去了，所有支出简直像是一个疯狂的蒙太奇剪辑画面。大门完全敞开，我不认识的人在靠我生活。感觉就像是："快来，大伙儿都来！阿尔有钱，他不在乎钱！"而就算我被诈骗成那样，最后我还欠着给别人钱带来的赠与税。虽然我只有两辆车，却不知情地养着十六辆车，外加二十三部我根本不知道的手机。园艺师年薪四十万美元，提醒你一下，是一座我甚至根本没在住的房子的园艺美化费。这些我都没有夸张。我还可以继续罗列下去。我甚至没有在自己的支票上签名——都是那个会计签的，我完全没有过问。我没看，他也没告知我有多少钱，钱都花在了哪里，我也没有追踪谁得到了什么。整件事都像是在说：我们就哄这个蠢演员高兴好了，只需要让他继续工作，那样我们就有收获。结果证明这个家伙甚至也没买职业责任保险，所以我都没办法起诉他拿回点什么。

金钱只是伴随着成功而来的所有事物中的一件。我并不想了解金钱，因为我不想觉得我必须学习算术。我太老了，要花费太多时间。我觉得我做不到。

但我从未绝望。我记得我说过："好吧，我还活着。"这件事中有某种东西让我有一种释放的感觉。在我头脑的某个部分，我觉得我是被包围着我的这种生活方式利用了。我享受其中，仿佛我是一个比实际情况富有很多的人。我当时的女朋友露西拉非常支持我，很多朋友和身边的人也非常支持我。我进入了一种求生模式，这是我能做到的。生活培养了我求生的能力。那要做什么呢？去工作啊。

这时，我已年届七十。我不再是年轻小伙，不再像从前那样靠演电影就能赚到那么多钱。从前习惯的高片酬已经一去不复返。钟摆早已摆动，我发现要为自己找到合适的角色变难了。我想这是所有演员都会遇到的情况——随着年龄的增长，适合的角色越来越少。我必须有什么角色就演什么角色。

我不得不改变预算。我有两套房子，于是就卖了一套。我以前从来不拍广告，最后还是拍了一支由巴瑞·莱文森为我执导的咖啡广告。这个广告在澳大利亚投放，在那边重播了几次，赚了很多钱。在拍摄那支广告期间，我发现他们逮捕了我的会计，控诉他经营庞氏骗局。他被判入狱七年半。这事上了新闻，不过传播范围很小：时代不同了，案情没像前些年的伯纳德·麦道夫案那样受人关注。我也尽量保持沉默。对于名人来说，几乎没有更糟糕的事：除了死亡，就是破产了。

开讲座是我的另一大收获。过去，我经常去大学跟孩子们交流，从某种层面来说，其实就是去现场为他们表演。我会给他们讲一些我的生活故事，听他们向我提问。我会把喜欢的作家、编剧和诗人的作品搬上舞台。我会演一些独白，背一些诗歌。我喜欢那么做，那是一种与我关心的观众的交流。分享这些东西的感觉很好，这让我回到了剧院。我不收报酬，我只是这样做。

现在，既然我破产了，我想，那我们为什么不继续做下去呢？我可以去更多地方举办这类讲座。不一定是大学——我知道还有更广阔的市场。所以我开始四处游历。我发现这很有用。有观众捧场，因为我还有知名度。我会放映个人作品剪辑，然后出场与采访人交谈，讲故事。这很有娱乐性，观众喜欢听。我会朗读莎士比亚、尤金·奥尼尔和其他剧作家的作品,然后进行即兴问答。观众会提出非常有意思的问题,我发现我也很喜欢谈论过去。这些讲座为我带来了丰厚的报酬——如果我一个月办一次,那酬劳够我当月花费。那的确是一种谋生的方法。

在我破产之前,如果一个角色能打动我,让我觉得我能为其增添光彩,我才会接演。《十三罗汉》的效果就很好。我还演了《88分钟》,结果是场灾难。接着我和鲍勃·德尼罗拍了《火线特攻》,也不太行。但我演这些电影的时候,我都以为我有钱,所以我不是为了钱才拍的。我是真的觉得它们可能会是好作品。

《杰克与吉尔》是我破产后拍的第一部电影。说实在的,我接演是因为没有别的选择。亚当·桑德勒要我,他们为此付了我很多钱。所以我就去拍了,这对我有帮助。我爱亚当,他是个很棒的合作伙伴,也成了我的挚友。他碰巧也是个好演员,是个了不起的人。

之后我演了许多参差不齐的奇怪角色。我喜欢其中的《低入尘埃》,因为是和巴瑞·莱文森搭档。这部电影改编自菲利普·罗斯的小说,我在纽约的一个派对上见过罗斯。我看到罗斯坐在一张椅子上,看我的表情非常严肃。我说:"嘿,罗斯先生,我是阿尔·帕西诺。"他的表情让我难以忘怀。他用冷漠无情的声音说:"我,知道,你是谁。"我暗自心想,是啊,我很有名,他在电影中见过我。也许他看过《教父》,我不知道。但我爱他的小说,是他的忠实粉丝,所以一直对着他喋喋不休。我说:"我在拍一部根据你的小说《低入尘埃》改编的电影。这部作品非常有趣。"他用和刚才同样肃穆的声音说:"它,并不,有趣。"我说:"对,我知道,并不是真的有趣。不过为了消化沉重的戏份,有时需要一点幽默。"他又说:"它,并不,有趣。"我说:"当然,好吧,你是对的。"于是我就出门退到了街上。

他跟我交流的时候如此阴森,奇怪一词远不足以形容。我最近才想起来,在那之前我曾见过他。应该是90年代的什么时候,我在伦敦曾跟罗斯和克莱尔·布鲁姆共进晚餐,就我们三个,那时他们还是夫妻。有时候是会碰到这种安排的饭局——某个认识我的人问我:"哦,你想见见菲利普·罗斯吗?"我不记得我们当时聊过什么——我完全忘了。我觉得他们两个都是非常有趣的人,我也喜欢他们的作品。那天晚上怎么可能无聊呢?但十五年后,我却说"嘿,伙计,很高兴见到你",就像我不认识他似的。难怪他会是那样的一副表情,我那是在侮辱他啊。一个正常的人怎么可能像那样对人全无印象?我现在不喝酒了,所以没有借口可找,但我想有时候我可能就是掉线了吧。

巴瑞·莱文森是我的朋友,和他合作《低入尘埃》非常愉快。我们还请了巴克·亨利跟他一起编剧。我们有出色的演员格蕾塔·葛韦格和黛安·韦斯特,还有后来去世的令人惊叹的查尔斯·格罗丁。我们拍这部电影只花了两百万。我们拍得很快。

我还演了《曼戈霍恩》,因为有很多人推荐它的导演大卫·戈登·格林。他在好莱坞的某个圈子里很红。拍《曼戈霍恩》最好的体验是我去了得克萨斯州的奥斯汀,和泰伦斯·马力克共进晚餐,他是有史以来最伟大的电影人之一。大卫·戈登·格林是个很好的工作伙伴，但我看完成片后给他写了上百封电邮。最初同意加入这个项目时，我觉得剧本中有一些很好的东西，尤其是结尾的方式，那也是我最初决定加入的主要原因。但他不仅改了电影的结局，还完全删掉了剧本中相关的内容，所以现在的结局完全不同。我为此给他写了一封又一封的邮件，但他不肯听。这种事也是有的。

拍摄《曼戈霍恩》的一个收获是让我认识了哈莫尼·科林，他在其中扮演了一个角色。哈莫尼简直就是个魔术师。他刚好是约瑟夫·蔡金的外甥，约瑟夫·蔡金曾在生活剧团制作的《接头人》中担任主演，还创办了开放剧场，这是曼哈顿一个很棒的实验团体，在60年代、70年代非常兴盛。我是约瑟夫的忠实粉丝，哈莫尼也让我着迷。我们有场戏发生在赌场和游乐场之间的一个十字路口。哈莫尼为他在影片中的角色开始即兴表演——他演了十分钟，简直超凡脱俗。我一边演着自己的角色，一边好奇他会在哪里落脚。我感觉自己像是在倾听詹姆斯·乔伊斯的语言，或者是在观看罗宾·威廉姆斯的表演。我简直难以相信这个人怎么能这样滔滔不绝。我知道那段素材肯定还在某个角落，但就像我们原本拍摄的那个电影结局，它最后也没有出现在成片中。

我还拍了些电影，完全没有赚到多少钱。我这样一个人，损失了所有的金钱，拍电影却没在赚钱，而我本该努力赚钱的。然而当时的我并没有那样的机会。我的确总能接到片约。其中的一些电影取得了成功，另一些则没能做到。我得到了跟好朋友合作的机会，比如认识多年的费舍·史蒂芬斯。费舍导演了我的《兄弟出头天》，我们合作得很开心；这部电影有潜力，但没能成功。然后还有《丹尼·科林斯》，这是我最爱的作品之一，让我有机会和克里斯托弗·普卢默再度合作，其余演员还包括我一直都很欣赏的安妮特·贝宁、詹妮弗·加纳，以及我的朋友鲍比·坎纳瓦尔。丹·福格尔曼写这部戏时心里想的形象就是我，他是个非常可爱、才华横溢的人。我们都觉得这部作品有机会。我当然很享受那次拍摄经历，每次看到电视上播放它，我都很兴奋。我拍过的许多电影都有火花，我们都希望火能烧得再旺一点。它们可能没抵达我其他一些作品的高度，但我还是想对它们点头致敬，因为是它们帮助我度过了这些年。

当我实在缺钱时，我还拍过一些非常糟糕的电影，名字就不提了，只是为了赚钱。我知道它们很烂，但我说服自己，我可以通过某种方法将它们的水准提升到普通。然后我开始把自己的钱投进这些项目——拍摄结束后，他们已经进入后期制作环节，想看看是否有什么办法能让影片体面一些。他们告诉我："哦，我们没钱再请剪辑师了。"没关系，我来付钱。就这样，我开始为不该我管的东西付钱。你以为我会学乖，但我就是这么不经思考。如果我拍一部电影，那至少要让它达到C-的水平，而不是F+。让我们确保它不会将我送进电影监狱。

我知道我还可以回百老汇，上台表演。这样做也就意味着要离开洛杉矶，离开我的孩子们。但我在洛杉矶演不了这类戏剧，在我真正想去的外外外百老汇又挣不到这样的钱。奇怪的是，当我最需要钱的时候，我却答应在舞台上免费出演《威尼斯商人》，因为那属于"公园里的莎士比亚"项目——是伟大的乔·帕普的创意。我明确地知道，如果能把《威尼斯商人》演成功，那它一定能上百老汇。事实证明，演出效果不错，我喜欢每晚在中央公园的舞台演出。我喜欢在那里为市民免费演出。

我演的是夏洛克这个角色，做了些改编，以适应我们在公园的演出。我有伟大的导演丹尼尔·苏利万，他带领我完成了重重挑战。从前的抱负又回来了。夜复一夜，我出现在舞台上，说："今晚，我将扮演这个角色，我将在不知下一步要做什么的情况下扮演这个角色。"我会说我的台词，但不知道接下来其他演员会说什么，台词会自然而然地脱口而出。我持续不断地表演。我充满活力，随时准备好投入那个环境。这将改变我的表演方式，让我的神经、身体和筋骨向生活敞开——几乎像是即兴创作，只不过用的是莎士比亚的精彩台词。

我有时失败，但那本来就是我的突破性尝试，那是让失败也如此激动人心的原因。我能成功吗？我能抵达吗？我能达到前一天晚上观众起立鼓掌的境界吗？我能再次获得那种回应吗？挑战，挑战，再挑战，那就是我热爱剧院的原因。一切都在你的掌控之中，你掌握着主动。我不能说我大获成功，但时不时地，这个项目能为这个角色带来一种不同的生命力——就像我在狂热时幻想过的老埃德蒙·基恩的演出。那是别样的体验，在那个舞台上，在星空、宇宙和行星之下。想着，哇，我一生中竟然能有几次这样的经历——我曾经接近圣杯。当这出戏从公园搬到百老汇时，那些重复表演的经历让我更加出色。我得到了托尼奖提名，但我知道我仍可以在那个角色上做得更好，走得更远，那就是努力的意义所在。当丹尼尔·苏利万说，这出戏在室内的演出效果甚至更震撼时，我非常高兴。

几年后，我又回到了百老汇，这次是演《大亨游戏》的舞台剧版，我知道我失败了。我跟一群了不起的家伙一起工作，但我排练的时间不够。在电影版中，我扮演里基·罗马，在舞台上我则扮演谢利·莱文。现在我必须从头学习。我不知道如果我坚持演上二十年，我是否能真正地演好谢利·莱文这个角色。这是大卫·马梅写的对白，有时我说到某段话记不起词，就换成自己的词。可怜的演员们每晚都得配合我演不同的东西，但他们跟我处得很好，总能平稳落地。我和他们中的几个关系很好，他们是你想要拥有的那种朋友。观众似乎也很喜欢，而评论家就是评论家那样。

我的确喜欢在戏剧舞台上冒险。深入演出之后，我扮演谢利·莱文时，实际上是在角色中跳舞——四处摇摆，时不时地还会来一个小小的滑步。我好奇这灵感是从何而来。后来，演出季结束后我想起这件事才意识到，嘿，我爸爸可是舞厅舞者。他还因为跳舞得过奖，你猜还有什么？我爸爸是个销售员，顶级的那种，就和谢利·莱文曾经一样。所以我是无意识地演了一个会跳舞的销售员。有些东西经由我表达了出来。

几年后，我又回到百老汇，出演马梅的另一部作品。这部剧作名叫《中国娃娃》，之前从未公演，并且不幸的是，到我们开演时，作品尚未全部完成。我们始终未能把第二幕调顺。这其实是一部独角戏——有第二个角色，由克里斯托弗·邓汉扮演，他是个出色的演员，也是个很好的人，跟他相处和合作都很棒。但在将近两个小时的时间里，只有我一个人在舞台上说那些台词。如果我能把这部戏连演六个月，那我就能够记住那些词——它们会直接成为我的一部分。但我没有那么多时间。

所以我要告诉你一个秘密，这是我在演艺生涯中最新发现的最棒的东西。它就是提词器。你将提词器小心地放在舞台上，为你提供台词文本。需要一点时间适应，但如果你了解角色，已经研究过人物，懂得从你体内表达出来的东西是什么，你就能开始真正地释放，利用那个浑蛋提示的台词。

以前，他们会在舞台下面安排一个人，如果演员漏了一句词，他们就大喊着提醒——这些人其实就被称作提词员。这是一种古老的安排，莎士比亚时代就有。我敢肯定，即便是在那个时代，他们在演出前一晚也可能拿到新改的台词。你难道想象不出来吗？舞台上那个家伙在说，"生存，还是——"他会拖长音，直到听见地板附近传来的提示音才继续说，"死亡。"或许那句词中的停顿就是那样来的。

所以在演《中国娃娃》时，我让他们有策略地在舞台上放满提词器。现在我才明白，马龙为什么要在电影布景里到处贴上写有台词的橡木标贴。这是自《印度人想要布朗克斯》以来，我第一次真的不知道每晚要说什么台词——我直接登台，看看上面写着什么。哈利路亚，哈利路亚，我终于回到了那里。当时我几乎是被扔出去，被媒体生吞活剥。但我知道我一定能演好这个角色，第六、第七、第八周之后，我拐过弯来了。戏剧开始时，我进入那个世界，进入我最爱的那个地方，在那里我不知道我要说什么，也不知道下一步要做什么，但我还是抵达了。尽管我说的是戏中的台词，提醒你一下，是大卫·马梅的台词，但它们都是我自己的。

你对此有什么想法呢，斯坦尼斯拉夫斯基先生？你该对现在的表演系学生说什么呢？直接登台，完全不知道要演什么，但或许他们还是能演好？一些人来到后台，被刚才看到的表演震惊了。他们无比惊叹，尤其是在听到这出戏以及我的表演的糟糕传闻之后。我站在那里，微笑着看着他们，我知道我做到了。好吧，我并不是每晚都能发挥到最高水平——我也明白这一点。但每周应该有两次，我都能精准地呈现。在这出戏遭到如此冷遇后，看到观众那样的反应真是太好了。

你必须明白，为了理解我的角色，我会吃透剧本，一遍又一遍地反复琢磨。在持续几周的排练中，我在不断消化，然后每晚演出。当我上台后，所有东西都在我体内的某处，我把它们丢开，直接跟着提词器走。直接上台，摆脱台词的束缚，这样会容易一点。

但在百老汇演《中国娃娃》很难，因为他们已经认定了我演不好。有时，当你声名大噪后，你在人们的心目中已经和许多作品画了等号，但不是你上周刚演的新角色。你被附加了许多你并不真正拥有的东西。你的名气和作为演员的天赋被夸大了。这让你想要学习罗马皇帝马可·奥勒留，他乘坐战车时会派一个人站在身边，当人群为他欢呼时，那个人就提醒他："记住，你只是一个普通人类。你只是一个普通人类。"

有时，电影明星在戏剧舞台失败过一两次后，就不会再回来，因为这是现场演出，需要你投入很多精力。当你受尽嘲讽和谩骂时，你还要上台，夜复一夜地演出。演《中国娃娃》时，我已年近八十，但还是要面对那一切。就像鲍勃·德尼罗在《愤怒的公牛》中所说，舒格·雷·罗宾逊打得他遍体鳞伤、血流不止，但就是打不倒他，他说："你从未击败我。"在我的内心中，也一直有那样一种感觉，有时我必须小心照看。但我也知道，面对那种错误评判，依然取得成功，这是多么令人欣慰的一件事——宣告你们都看错我了，我会活下去——那也是激励我在《中国娃娃》项目取得成功的真正动力。我依然站在这里。

十五岁那年，在表演艺术高中，我在学校制作的莫斯·哈特20世纪40年代的旧作《照亮天空》中演过主角制片人西德尼·布莱克，这也是让山姆·莱文最早成名的角色。我认为我成功运用了一种我一直在努力追求的信念来扮演那个角色。我在钢丝上，而我是一只蝴蝶，往上飞，往上飞，飞向远方，飞向那个我称之为涅槃的地方。神把它赐予你。神说你可以去那里。为什么？因为你有翅膀。你不知道你有翅膀，直至神让你注意到它们。正如米开朗琪罗所说："主啊，请帮我摆脱自我的束缚，好让我能取悦于你。"

我们是人类。我们并未和天上的诸神在一起。各种琐事朝我们袭来——所有蛛网都在阻挡我们的路途。但当那些烟消云散，当你飞起来，宝贝，没有什么比这种感觉更爽——至少就我有过的体验而言。我的表演有一半是成功的，大约还有一半不那么成功，其中有一些该被丢进厕所。但我只是个普通人。

现在，听我说——我要动感情了。我想说，总有一天我要到天上去演那部伟大的百老汇戏剧。之前我接受电视节目《演员工作室》的访谈时，詹姆斯·里普顿问我："你觉得上帝在天堂的珍珠门前会说什么？"我说："我希望他说，明天下午三点开始排练。"

神秘之国

The Undiscovered Country

现在是我每天下午在街区散步的时间。他们说这是一项很好的锻炼,我这个年纪的人应该多锻炼。于是我戴上墨镜,塞上耳机。我穿着一件旧大衣,白发遮住了整张脸。我走在街头,像一只北极熊,但天气其实已经暖起来了。我是濒危物种,我濒临灭绝。

行走间我在思考下一步该做什么。我的世界正在朝我压缩,选择越来越少。我想把《李尔王》改编成电影。我有制片人,我有导演,我有编剧,剧本已经打磨了一年。主演有我。这本来应该已足够。但这是一个很具雄心的改编,那就需要钱。

因为是在比弗利山庄散步,我走了大约十步就被人注意到了。街对面一群人从我身边路过,认出了我。我戴着棒球帽、墨镜和耳机,你们是怎么认出来的?你们值得一个奖杯。因为,确实,我是阿尔·帕西诺,但我同时也是另一个人。

女儿莉薇八岁前后,有一次我开车接她和哥哥安东放学回家,她问我:"爸爸,你是阿尔·帕西诺吗?"我说:"对啊,我两者都是。我既是爸爸,也是阿尔·帕西诺。你没看到我有两个脑袋吗?你同时拥有这两个人,宝贝。他们两个都是你的。"

她笑了，开始朗读一个儿童故事，我一边开车一边想，这故事真好。我问她："你从哪儿读到的这个故事？"这时安东张口说："这不是书里的故事——是她自己写的。"那一刻我知道了，我的女儿会写作。我其实一直都知道。

现在我走在街上，想着必须去见一些高官，好促成一部电影。以前在这种时刻我往往都会联系马蒂·布雷格曼。他是协调人、斡旋人、经理人。但现在我没有他了。就像那句台词说的，一个接一个地，我们的老朋友都走了。

我要靠自己完成这个电影项目。我感觉我的内心有一团火，因为我知道我找到了适合自己的东西，终于找到了。我感觉我的人生时钟好像倒流了几十年。如果你也是这种类型的人，这些事情就能让我们坚持下去——实际上是这些激情项目让我们活了下来。

就像贝蒂·戴维斯过去常说的："如果剧本好，导演好，那他们就不必付你钱。"你知道吗？她是对的。我进入表演行业从来不是为钱，破产期间除外。当时我为钱演戏。要知道我的金酸梅提名比奥斯卡要多。

我早上醒来，入睡时我感觉都很正常。那么，半夜里发生了什么，让我浑身骨头酸痛，看不清东西？我知道如果我等的时间够长，比如几个小时，我的腿就会恢复知觉，我的左臂就可以稍微伸展一下。我的脑袋会清醒。我的视力会好一点。可能是因为年龄吧，我得有一百零三岁了。我的眼皮第一次出现情况，是在我十九岁时，当时我住在刚租的公寓，在11街和A大道的交叉路口。那里就像是东村的垃圾堆。有天早上我在厨房醒来——因为床就在厨房——我睁开眼睛，环顾小公寓的四周——看着面向街道的窗户，看着床，看着冰箱，看着常年放在厨房里的浴缸，心想：我怎么看不见了呢？不管是因为什么，我都希望症状赶快消失，在那个时候，我的视力一般很快就能恢复正常。但那天我看不见，现在也是。后来我才知道，我有角膜上皮营养不良症——这是一种跟角膜有关的眼疾，而且会随着年龄的增长逐渐恶化。现在，我每天醒来都要经历这种感觉。

我必须说，我瘦了一些，感觉变好了。你会觉得，我是因为长得好看，才敢穿得这么破烂。我只能说是用所剩无多的颜值弥补了穿着的糟糕。几年前，我在百老汇演一出戏，有一天我到剧场时迟到了。那群狗娘养的当然在舞台入口拍到了我戴兜帽的样子。我当时的状态甚至都不能说一般——我简直糟透了。我弯着腰，抬头看着他们，就和你在街上看到的乞讨者无异。我拎着两个小的购物袋，里面装着什么，我永远都记不得。人们可能会想，这该死的家伙是个守财奴。他现在变成这样了？他把钱放在袋子里。他兑现支票，然后把钱装在袋子里。他是百老汇收入最高的戏剧演员。但他就那个鬼样子？演员协会要把我赶出工会了。

人们走过来问我："啊，我能跟你合个影吗？"我说："当然，来吧，可以。"他们只是看到你很出名。他们看不到你的样子像是被丢进了垃圾堆。

就在前几天，我听到一位年长的著名演员在一个电视访谈中偶然提到："我对保持年轻的外表没有兴趣。"但我只想说："那是因为你已不再年轻，笨蛋。"他说他不想看起来年轻？嘿，伙计，你根本没有发言权。你已不再年轻，不管你怎么做。

我一直很回避"职业生涯"这个词。但它似乎避无可避。我的确有一整段职业生涯。

长期从事表演职业，其中一个要求就是你要适应自己的年龄。许多演员的职业生涯都因为年龄而终断了。你会在电视上看到他们的身影——在过去，年长的明星会转向电视，然后开自己的个人节目。芭芭拉·斯坦威克、琼·克劳馥和贝蒂·戴维斯等巨星都做过电视节目。

我也拍过一些电视节目，有过一些非常美好的经验。我在电视剧《天使在美国》中演过罗伊·科恩，这部剧的编剧是托尼·库什纳，导演是迈克·尼科尔斯，他们是我合作过的最棒的两个伙伴。我为大卫·威尔演过《纳粹猎人》，我为大卫·马梅扮演过菲尔·斯派特，为巴瑞·莱文森扮演过杰克·科沃基恩和乔·帕特诺。这些都是很棒的角色。我的这些表演得到了赞誉和认可，我甚至获得了两次艾美奖。在准备扮演杰克·科沃基恩时，我认识了他本人，那对我是一次非同一般的经历。我在底特律跟他相处过一段时间，他是我认识的前三聪明的人之一。他还是我认识的最拥护生命的人——在真正的战场上，他会输入死去士兵的血液，准备拯救活着的人。他甚至用自己的身体做过这种实验，为此得了肝炎。他坚信自己所做的一切。杰克是个名副其实的狂热分子，属于那种会走极端的人——那就是他的行事风格，他为此入狱八年。

我喜欢科沃基恩的机智。他们对他的处理让我心碎。有一次我终于问出口："嘿，你进过监狱。那是什么感觉？你还记得什么？"他说："我记得鼾声。"那句话让我停止了追问。

我一直以为他在监狱里的生活会像你在《阿尔卡特兹的养鸟人》中所见的，在那部电影中，伯特·兰卡斯特在他孤独的单人牢室中度过了终身刑期。我记得我看过伯特·兰卡斯特的另一部电影，他演一个老爷爷。我小时候觉得伯特·兰卡斯特是个神气活现的演员，几乎无所不能，但晚年他在银幕上扮演老爷爷时，却一副虚弱、衰老、奄奄一息的样子。我想，我有一天也会变成那样吗？

《教父2》之后，李·斯特拉斯伯格作为演员被注意到了，收到许多戏约。我记得我曾对他说："他们总是让你演老人，但你很年轻。"我的意思是，他的精神很年轻，他可以扮演其他能体现精神势头的角色——但事实上，他做不到。他年纪大了，所以只能演老人角色，可能比他的实际年龄还老的角色。

19世纪的巨星，与莎拉·伯恩哈特并称最伟大女演员的埃莱奥诺拉·杜塞，六十岁时还曾在舞台上扮演朱丽叶——而朱丽叶应该只有十三岁。伟大的伊恩·麦克莱恩八十岁还在电影里扮演哈姆雷特，我为他鼓掌。绝大多数人都建议等你活得足够长久后再去演哈姆雷特，我认为伊恩尤其了解那部戏剧的智慧。我相信他的做法，期待看到这部电影。但人的确必须适应自己的年龄，那是可悲的事实。

现在照镜子，我看到有个东西在回望我，像是一匹龇牙狂吼的老狼，带着满头的白发，我问："那还是你吗，阿尔？"苍老的细节清晰可见。

不管我瘦到多苗条，我的头顶还是有一大堆白发。那是一个致命的暴露点。不管我在哪里，只要照相机按下快门，你看到的都是白发，而且做我们这行的绝大多数人都注意到了。我并不觉得人会丧失自己的活力。你只会失去曾经的容颜。

我一直想演拿破仑，甚至一度斯坦利·库布里克也想找我演，但一直未能实现。后来我终于拿到威廉·马斯特罗西蒙写的一个剧本。剧本设定在拿破仑的晚年，在他被流放并且丧失所有权力之后，但那时我已经太老，演不了那个角色。我知道我能演好拿破仑这个角色——很少有剧本角色像马斯特罗西蒙的这版拿破仑一样，能让我融入其中并且获得理解。那是个伟大的角色，但所有的流媒体公司都拒绝了，理由是这个剧本太过复杂，但我知道其实是因为我的年龄。我很遗憾没能出演，但这个角色实在太好了，希望有其他幸运的演员能够出演。

好了，我是一个时间所剩无多的人，我们面对现实吧。我们所有人的生命都有限。但是我的时间更有限。有了这样的视角，你的世界就改变了。你在四十七岁时不可能了解这一点。你可以试着想象，但你无法感受。那就是这件事让人孤独的原因所在。

现在，我必须非常认真地思考我的遗产问题，那意味着我必须向那些比我聪明得多的人寻求建议。我这一生中，从来没有任何人给我留下任何东西。从来没有过遗嘱这种东西。在我的成长环境中，也从来没有过银行账户这种东西，这些东西在我的家庭根本就不存在。

我对那些东西意味着什么毫无概念，除非我碰巧演了一出和它们有关的戏剧，或者在小说中读到时。我记得我是在《卡拉马佐夫兄弟》中读到过。除此以外，我在生活中从未想过这些事情。如果有人去世，你就能得到某些遗产，我对此毫无概念。你怎么可能从来不想那些问题？像那样不想这些问题地活着，这里面有一种纯粹性。死亡并不意味着你会继承什么遗产。死亡的全部意义就在于，你会失去某个人；你对此会有怎样的感受，都取决于去世的人。有的人是一粒盐，有的人去世后，你会觉得你的器官缺了一部分。

我问自己，你怎么可能变老了，却感觉不到自己是个老人？我不知道我是怎么走到这里的。有很多年过八十的人都不知道自己是怎么活到八十岁的。难道我控制自己吃某些食物，或做某些事了吗？我度过了饱受蹂躏的一生。我知道，如果我当时继续酗酒和用药，那我可能在二十五年前就死了。名望和财富会改变你个人生活的一切，它要求某种类型的调整。我记得在很久以前，当我还在为出名而苦恼时，李·斯特拉斯伯格告诉过我："亲爱的，你必须适应。"如果我当时就有现在的认知，那我可能会问："你是说一直吗？你是说，比如，每过个两三年，就得重新适应一次吗？"

成名确实会改变你的生活——各种刺激开始像雪崩一般向你袭来。有的好，有的坏，有的丑恶，绝大多数人都难以承受。因此很多人求助于毒品和酒精，来帮助抵御那些刺激，尤其是对年轻成名的人来说。大多数人的脸皮都不够厚，无法承受所有关于他们的谎言和猜测。就像布莱希特在他的戏剧《在城市丛林中》说过的那样："在自然状态下，人类皮肤对于这个世界来说的确过薄了。所以人们小心照料，让它长得更厚。"直到最后，他哪怕撞到东西也不会感觉到疼痛。

有了名就有了钱，有了钱就有了官司，但有了钱也就有了好医生，如果你想活得长久，好医生能派上用场。我知道一些富人，他们最好的朋友就是医生，他们确保自己和医生成为最好的朋友。半夜里他们打电话说："嘿，医生，我好像无法呼吸了。"或者，"我的胸口不受控制了。"接电话的人昏昏欲睡地说："我马上过去。"他们说："不，我不是要你过来。只是想问，我现在该做什么？""看看你演的老电影怎么样？你有录像。看一会儿，然后把头放在枕头上，也许你会打瞌睡。我大概七小时后过去。"

我在七十岁的最后几年发现，人必须照顾好自己。我的颈部动脉动过手术，医生伤到了我的神经，我的一条声带无法使用了。那条动脉被清理畅通了，但那条声带却瘫痪了大约一年。作为一个靠声音吃饭的演员，那是你不想陷入的局面。现场表演是不可能了，你需要有足够的声音。在一条声带无法工作的情况下，我被困住了。

一个医生说："它可能无法恢复了。我们可以做植入手术。"我说："为什么？"医生向后靠，眉头皱了起来，说："嘿，伙计，我也得吃饭。"我心想，我不希望你或者任何人往我的喉咙里放捕鼠器。拜拜了，医生！我不想再做手术。接着，大概十个月后，我的声带奇迹般地恢复了。那是谁干的？科学家可能会告诉你，我也部分同意：因为我不管不顾地又开始动用嗓音了。我想我的大脑处理了这个问题，因为我整个人生一直在使用我的嗓音。最终，大脑一定发了话，嘿，我们在那下面需要帮助。

我没想过在声带瘫痪时用嗓音能让我好转，我没有那种医学洞见。不过，我确实需要表演。我当时准备在一个讲座上表演莎士比亚的《裘力斯·凯撒》，演马克·安东尼的那段葬礼演说。我同一位古典音乐作曲家合作，他为那次表演配乐，还有一位音响师为这幕戏增添了一些音效，让我们仿佛置身于公元前44年古罗马聚集的人群之中。

每次演讲结束，我都会失声大约五个小时，但我还是会尽量去演。当然，我受损的嗓音不再是观众习惯的样子，我觉得我的表演也并未达到我想要的效果，但嗓音还是恢复了。我想这和我的大脑或者我向上帝的祷告有关，具体是哪种原因，全凭你的选择。

你年轻时对身体的所有虐待，让自己经历的所有事情，最后都会回来报复你。我的外公总是这样和我说。在你还是年轻演员时，你总是会在戏里说："来吧，来真的，打我。我能承受。"嗯，现在我正在为那句话付出代价。

我看着汤姆·克鲁斯，他能在帝国大厦上跳跃，甚至都不需要穿超人的斗篷。他直接本人在现场完成这一切。醒醒啊，阿尔，那个家伙，汤姆·克鲁斯，可比你年轻二十岁哪。我记得二十年前，我也能把两个学步儿童扛在肩膀上，在曼哈顿的河滨公园到处跑。但变化是渐进的，当你年过七十，一切就不一样了，八十之后又再度改变。世界看你的方式也将永远改变。

但是，我依然想要继续。当时钟不再嘀嗒作响时，我会停下来的。但据我所知，我的时钟仍在转动。我依然有做这件事的需要。不是执导电影，不是去修道院跟修道士混在一起。我还没到那一步。

我想做的是，继续寻找一个我能深入挖掘的源泉，一个我能扮演的角色，一部我能有幸找到的伟大作品。

只要我有那种感觉，我怎么可能不坚持？正如威廉·布莱克告诉我们的那样，如果愚人坚持自身的愚行，那他终有一天会变得明智。那正是我的动力。欲望是驱使你行动和做事的动力，关键不只在于健康，而在于欲望。

有一次，YouTube上莫名其妙地报道了我的死讯，那真是让人毛骨悚然。另一方面，我确实"死"过一次。事情发生在新冠肺炎疫情暴发之初，我第一次感染之时。我发了高烧，开始出现脱水症状，于是我请护士来我家给我静脉输液。负责扎针和控制输液袋的人非常友好。我想，天哪，我喜欢这个家伙。如果我能记住他的名字就好了。

接下来我所记得的就是，意识消失了。没有任何记忆。

接着我睁开眼睛，我的客厅里有六名护理人员和两名医生，都穿着防护服，看起来像是从外太空来的。我家门外有辆救护车。帮我做静脉输液的那个人告诉我的助理迈克尔，我没有脉搏了，于是迈克尔就打了911报警电话。

我接受了单克隆抗体、类固醇等治疗——全部都在家里进行，因为我没办法去医院，这是真话。我挺过来了，几天后我就能正常生活了。但我相信那天我经历了死亡。

现在回想起来，我依然不寒而栗。这就是我们要去的地方吗？无处存在？一无所有？"那从来不曾有一个旅人回来过的神秘之国"，正如哈姆雷特所说？但是，我回来了，我可以告诉你，那里什么都没有，只有结束。苏格拉底说死亡是无梦的深眠。他说如果真是那样，他会很高兴，但如果不是那样，他会更高兴，因为他想看看他会发现什么——他的好奇心将得到满足。你有过彻夜无梦的睡眠经历吗？如果死亡就是那样，我也很高兴，不过，我绝对更想要一个不同的结局。

我经常会幻想在棺材中醒来。那会怎样？不是做梦，只是幻想。我只要愿意，随时都能幻想——我只是不建议这么做。那或许会是地狱：不是在烈火和硫黄中，目睹你认识的人在燃烧，把地狱换成就在棺材里如何，独自一人，爬不出来。也许火葬才是应有的方式，我还没想好。

我知道我对上帝的精神信仰帮助我渡过了许多难关，但我必须说，我也从爱因斯坦的言论中得到了些许安慰，我倾向于同意那句话："我信仰斯宾诺莎的上帝，一个以存在事物的有序和谐来示现的神，而非那个会干涉人类命运和行为的上帝。"据说爱因斯坦在即将进入永无乡时，曾对一个朋友说："在时空连续体中再见吧。"我希望有一个时空连续体。我意识离开人间时的那种平静令人惊叹，它如此简单。你在这里，然后你就不在了。真正的益处在于，你不必受苦。在你不知情的时候就结束了。你以为你至少会得到一个提醒——没有的。当有人中枪、残疾或发生车祸时，也会发生这种情况。

很多有过濒死体验的人都说看到了一条隧道，尽头是一道光。他们说的是他们的所见。我不知道，也许他们是在撒谎，想引起关注。人是很有趣的。又或者跟我们的大脑结构有关。我计算了一番——迈克尔叫了救护车，医生穿着"宇航服"赶到——那过程肯定超过了三十秒。我可能没死。我可能只是因为血压过低而晕倒了，我可能太过夸张，只因为护士说我没有脉搏。

一件事只是因为你记得它才有意义吗？还是说，它之所以有意义，是因为从某种层面来说，你正在离开它？离开你所有的记忆——离开一切。我猜如果你幸运的话，如果你有一个追悼会什么的，人们对你的记忆会多延续一会儿。但人得生活，他们得往前走。总有一天我会离开，但我有幸参与的一些电影或许能保留下来——或许那些作品能引来一些讨论。或许那正是人们总拿着iPhone（苹果手机）拍照的原因。人们想要被铭记。这就是所谓的永垂不朽。这就是山洞中的那个手印，那种印记：他们想要让我们知道他们存在过。正如我在别人的追悼会上听到的那样："你不必想念我，只须记住我。"

在《教父2》中扮演我保镖的阿梅里戈·托特是个出色的艺术家，是一位与毕加索相识的雕塑家。他告诉我，去见毕加索时，他伸出手，毕加索只轻轻地握了握。他看着毕加索说："大师，你握手很无力，你怎么了？"毕加索看着他，简单地说："我需要能量。"我现在真的明白了那句话。就是年龄使然。你知道他为什么需要能量吗？因为他一直将能量运用到了最后一刻，他不想浪费任何一滴。他走到画布前——嗖。他用尽了能量。阿梅里戈告诉我这个故事时，我明白了一部分。但谁能感同身受呢？以我当时的年纪是无法做到的。

奇怪的是，现在的我比以前更加出名——以一种不同的方式出名，不是因为我的作品，而是因为我和不同人物的关系，以及我在某些作品中露面，还有我在好莱坞的生活。我很幸运，从《好莱坞往事》开始，我连续参演的三部电影都以不同的方式产生了真正的影响。我参演《好莱坞往事》并未获得很高的片酬，但我得以和昆汀·塔伦蒂诺、莱昂纳多·迪卡普里奥、布拉德·皮特、玛格特·罗比合作，而且我的确喜欢那个角色。那才是我接演的原因，但我对我的律师说："没拿到钱我怎么演？"这让我想起当初必须为《印度人想要布朗克斯》试镜的时候。律师说："你就演吧。"我和莱昂纳多有场二十一页长的戏，我们一起排练。莱昂纳多有一大段独白，他演得非常棒，道尽了这个产业在1969年该说的所有。但电影有自己的节奏，塔伦蒂诺制作完成后，那场戏只剩大约两分钟。我并不是在因此责备他，他这么做肯定有他的理由。

我认为《好莱坞往事》是一部伟大的电影，光是能够参演这件事本身就让我感到某种荣誉。接着是《爱尔兰人》。鲍勃·德尼罗和斯科塞斯几年前就找过我，谈论他们想做的事，我全力支持。后来终于有了剧本，于是我就去拍了。我扮演一个重要角色，为此获得了奥斯卡提名，与布拉德·皮特、乔·佩西、安东尼·霍普金斯和汤姆·汉克斯同台竞争。和这些家伙在一起，那天晚上我没有任何障碍就接受了我的败者身份。

因《爱尔兰人》获得提名时，我带着孩子们去了奥斯卡颁奖典礼。还有什么比那更好的事？他们只允许一位嘉宾坐在我身边，所以我的儿子和大女儿在剧场顶层四处活动，对典礼发表自己的评论，邪恶又有趣。我了解他俩，当他们聚在一起时，那场面就是谷仓舞会。他们朝下面的我们挥手。我的小女儿珍惜典礼的每分每秒，我们和其他提名者一起坐在前排，她坐在我的身边，开心极了。她在现场看到了所有她喜爱的演员和歌手，他们的名字我都记不住。她甚至会跳起来拥抱他们，如此激情洋溢。我永远忘不了那一幕，那是我唯一一次在奥斯卡颁奖典礼上感到自在。

但我又回到了那个环境。我受到人们的关注。接下来，我就演了《古驰家族》，这是一部热门影片，演员包括亚当·德赖弗、Lady Gaga、杰瑞德·莱托，还有我亲爱的朋友杰瑞米·艾恩斯。它得到的评论不及另外两部，但票房很好。此外，这部电影的导演是史上最伟大的导演之一，雷德利·斯科特，我真的很喜欢他，他才华横溢，与他合作非常有趣。

在写作这本书时，我对自己又多了一些了解。我开始看清，我这个人用一个词来形容就是，自由不羁。查理以前经常叫我"狂野的老古板"，我现在真的明白了。

客观来说，我从来不知道自己究竟在做什么。就这么简单。从一件事到另一件事，我永远不会吸取教训，这是我的问题，又或者说是我的天赋。我不会学习教训。我是第一个举手说"我不懂"的人。谁会想要沉湎于假装无所不知呢？什么知识？我知道什么值得我坐下来叼着烟斗阐述的事吗？我不是苏格拉底。

我是个演员。这是我的工作，有时我足够幸运，能找到适合的角色，有机会表达一些东西，把工作干好，感觉像是创造了一些什么。那样的机会现在还是有的。曾经在表演艺术高中念书的那个十四岁男孩，他在戏剧《照亮天空》中冲破了那扇门，那绝对是我实实在在做过的事,但我做的时候完全不知道自己在做什么,甚至不知道那是一种表达方式,那真是太奇妙了。在演斯特林堡的《债权人》时,我感受到了自己与世界的关系。我感觉自己打开了视域,透过表演的棱镜伸向了其他领域。通过这种发现——这的确是一种发现——老实说,我感到这种关系比我能解释的要更深刻一些。我想要尽可能地弄清它,因为它改变了我的生活,那就是它的影响所在。我有了这样的顿悟。这并不意味着我是个伟大的演员或者别的什么,我只是觉得,表演能让我活下去。

我上一次获得托尼奖是因为《帕夫洛·赫梅尔的基础训练》。获奖第二天晚上,我在这部戏中演出,查理坐在观众席上。演出结束后,我看到了他,我问:"我说,查尔,你觉得怎么样?"他说:"哇哦,你演得真像个托尼奖得主。"这句话刺伤了我。他是在说,我不是在演这个角色,我是在演托尼奖得主,就跟炫耀差不多。就像小时候我有次对外公说,我告发了一个在课堂上不守纪律的同学,外公对我说:"这么说,你是只告密老鼠咯?"

现在你可以在网上开大师表演班赚很多钱。我从来没做过,因为我不知道我能为哪个演员提供什么有用建议——和生活中的很多事情一样,表演是非常私人的事。如果我必须说,那我可能会建议,你就一遍又一遍地去演,直到角色通过某种方式深入你的内心。希望你能做到,但说实在的,大部分时间都不行。我还想说一点,这听起来可能很简单,却是事实:相信你所讲的故事,就像它真的在发生一样。最后,我对老查尔斯·布考斯基墓碑上的铭文深有感触:不要试着做事。我真的觉得我知道他在说什么。

哪有胜利可言？挺住就是一切

Who Speaks of Triumph? To Endure Is Everything

在90年代，我曾受邀去参加一次盛会，那是为导演协会举办的一次颁奖典礼，我被安排为弗朗西斯·福特·科波拉做一段演讲。我们在一个有着高耸天花板和高雅装饰的大厅中央，我看到有个和我年纪相仿的人在那里忙碌，是个杂工或者服务员。他推着一辆满载餐盘的手推车，身穿这份工作要求的类似迷你燕尾服的制服。我不知道他的职位是什么，但我知道他的名字：他是我在南布朗克斯的旧友，名叫马蒂·P。我一看到他的脸，上次看到他的记忆就全部涌上心头。那是四十多年前的事了——我们当时十一二岁，我脑中出现了相同的一张脸，但更年轻，而且写满恐惧，当时我对他喊："跳！跳！快点，我们得走了！"他必须用最快的速度从一家商店的屋顶上跳下来，赶在警察追上我们之前。

马蒂·P和我还有帮派其他成员都站在那个屋顶上。它到地面的高度相对来说较矮，比廉租公寓楼要矮得多，上去较简单。我们享受高处的自由，像鸽群一般在那里玩耍，抽点小烟，喝点小酒。但是，克里夫往下扔了一个足有一袋土豆那么大的水球。球结结实实地砸在一辆过路警车的发动机罩上——砰！——我们只得快速跳下屋顶躲避那些警察。马蒂·P似乎不敢跳,我大喊着让他跳,他最后也的确跳了。一旦逃进最近的巷道,我们就能逃脱——他们永远别想找到我们。

那一刻,从前住同一个街区的两个小伙伴在颁奖大厅,打量着彼此。我们的生活状况已经相去甚远——我是著名演员,他是杂工,但这并不改变我们的感情,为什么要改变?虽然他不是克里夫、布鲁斯和皮蒂,但他确实勾起了我的回忆。

今天,我发现自己陷入了那段时光的记忆,我总忍不住回想早年的生活。我从没想过我还会回忆那些经历,更没想到我会越来越多地为它们灌注如此正面的能量。

比如,有一次,应该是70年代的某个时间,我在李·斯特拉斯伯格位于中央公园西路的美丽公寓中和他谈话,周日他会给我们播放托斯卡尼尼指挥的排练,或者莎拉·伯恩哈特主演的《费德尔》,又或者是卡鲁索在1907年第一次录制唱片的录像。在观看期间,李突然问我:"我一直在想小时候生活过的老街区,就在下东区曼哈顿大桥下面。你愿意陪我过去看看吗?"我说:"当然。你想什么时候去都行。"

我们从来没去。没等我们过去,他就去世了。现在,我也有一种感觉,在南布朗克斯,在我以前的据点,有一些东西在等待我。

人到了一定年纪,就会有一种奇怪的感觉,记忆不经许可就会在眼前闪现。近来,我很想返回从前生活过的街区,但最后我想,那里能代表我成长环境的东西已经一无所剩了。我所谈论的那个世界不会复现。

从那个地方，那个年代，那种心境中幸存下来的，只有这些故事了。或许那正是我写这本书的原因。我想回家。这些回忆不断把我带回我喜欢的地方。回首那时的生活，我觉得自己很幸运。那种生活给人以满足感，那种生活中蕴含着希望。在我的脑海中，我又回到了年轻时的布朗克斯街区，我看着那些店铺，还有那些人。我看到和我一起长大的男孩们，我们一起爬上横跨174街大桥正面的大梁，俯瞰布朗克斯河的一小片河面。我们坐在那里，双腿悬在大桥入口上方的大梁上晃荡，司机从下方经过，抬头看我们，认为这些孩子完全疯了。你必须了解那有多危险。我得百日咳的时候，妈妈经常带我去那座桥。有人告诉她，亲近水面对我很重要。我想他们说的是海面，但我们只有布朗克斯河。

我能看到自己在布赖恩特大道和174街交叉路口的街角市场分拣水果。我当时十二三岁，在上学，但母亲那时没有工作，所以周末我必须自己去帮忙挣点钱。克里夫和其他家伙去荷兰人之家或者其他地方冒险时会路过水果店，他们会冲我吹口哨，大喊："嘿，桑尼小子！给我扔个苹果！你在里面待着干什么，老兄？出来跟我们走！"

水果店老板会注意到我的朋友们在冲我大喊大叫。我的伙伴们让他很烦恼。有一天，他把我拉到一边，说："我想跟你谈点事。"他拉来一个要装水果的箱子，拿出一支大铅笔，开始给我画东西。是一张地图，上面有条路，分岔后通往两个方向。我看着他的画，他对我说："你看，这就是生活。看这里，道路分岔的地方，有这条路，还有那条路。"他说"那条路"时加重了语气，给人以不祥感。

他说："我看见你正沿着那条路往前走。那是一条错路。"

他就像是变成了帕特·奥布莱恩在20世纪30年代某部电影中的角色，一个无聊的街头老牧师，他让詹姆斯·卡格尼改过自新、遵守规则，否则卡格尼的结局就是坐电椅。我只想往他嘴里塞一个苹果，然后回去分拣莴苣和黄瓜。他是个老实工作的人，这很好，而且他的用意也是好的，但他偏在我十二岁半的时候教我该如何生活。我只想熬过这一天而已。我看着时钟，直至到点去见我那些被你拒绝的朋友，和他们在一起我才拥有生活和乐趣，以及——猜猜还有什么——该死的未来。我可不想死的时候手里还攥着一块腐烂的水果，你却在目空一切地谈论，只要我按你说的做，生活就能变得多么美好。去死吧，去你的菠萝箱，伙计。当然，这句话没有脱口而出；我只是像大多数孩子一样，学着老样子对他点点头，表示"好的"，但我心里的确是那样想的，然后我辞职了，回到了杂种朋友们的身边。

回想我的过去，我想不出任何能够解释我如何走到今天，拥有今日生活的理由。一定是运气使然。侥幸躲过这一劫，侥幸躲过那一劫。外祖母以前常说："桑尼小子是个幸运的孩子。"外祖父也会突然说："这孩子很有个性。"这些是你会记得的事情。

我知道我不会被困在布赖恩特大道的某个水果店，或者为了维持生计做过的其他零活当中。我仰望着那条每次只要我走近都会对我歌唱的高架铁路。列车高高地开在天上——神啊，多么了不起的发明。当你坐在列车的前部，第一节车厢，站在驾驶座旁边，透过那里的大窗户，你能看到一切。你在高高的空中，凌驾于一切之上，俯视着下方的街道和四散的人群。你变成了列车本身,当你钻出隧道,你会看见天空和大地,你会看见南布朗克斯在你眼前展开,宛如一面巨大的旗帜。你在飞翔。我会想,等等,我们这是在哪儿?哦,那里是旧的公寓楼。那里有晾衣绳——我永远都忘不了那些晾衣绳。所有的孩子都在下面跑来跑去。你能听到他们欢乐的呐喊和回声。我知道我正在回到我的街区,我将满怀回忆。我会像打量喜爱的老朋友那样打量它——它是我曾经属于而后来离开的地方,它不再是我曾经记得的模样。

年轻的时候,你不喜欢回忆——你只谈论昨天或前天。你在后面的生活中慢慢创造回忆。而我呢,我有许多回忆,我不需要古老的建筑或者具体物件来帮我与它们建立联系。有时是一个景象、一种声音或者一种气味,有时只需要一种感觉。我会感到冷,突然之间,我就回到了十九或二十岁,在曼哈顿第十大道的寄宿公寓中冻得瑟瑟发抖,因为我刚刚独自行走在冰天雪地里。我的房间在几层楼上,很小,但有一扇窗户,能看到外面的第十大道上人们在雪中来来往往,那扇小窗户和窗外的风景让房间增添了一种魅力。但我穿的大衣从头湿到了脚。和我所有的衣服一样,大衣是花几块钱在一家旧货商店买的。我湿得不能再湿,累得不能更累,我的二手衣服在滴水,在散架。房间里的暖气片也失控了,冷凝水洒在床上,让我感受不到一点热量。我钻进湿漉漉的被窝,把湿透的外套盖在湿答答的头上,外面雪下个不停,很快就会冻成冰,因为夜越来越冷,路面会打滑,汽车相撞,人行道上泥泞不堪。我将永远湿透,从内到外,当这些想法进入我的脑海时,我睡着了。

第二天早上，我醒了过来，还活着，但头晕目眩。我冻坏了，抖得歇斯底里。我知道我在发烧，我知道我得去医院。我把自己弄去了贝尔维尤医院的急诊室，在他们的诊所里一直等待，二十岁而身心俱疲。

我被带进一个检查室，仍抖个不住，护士举着一些药片，试图向我解释我必须每四小时吃一片。她做着夸张的大动作，语速很慢。"四，小时。"她将四根手指竖在我脸前说。她越是这样，我就显得越笨。我想，是不是什么学校教这些人这么做的？我想象着在一家诊所，他们雇用了伟大的哑剧艺术家马塞尔·马索，来向病人解释护士想要告诉他们的注意事项。她可能觉得我不会说英语，我也就顺着她的思路配合。这里是纽约，大熔炉，她经常碰到来自各个地方的人。如果你像我一样穷，那你就只能去诊所。

然后一位医生走进病房来给我做检查。他说："你的大脑感染了病毒。"

我说："什么？"

他慢慢地说："你，得了，头部感冒。"

我说："头部感冒？"

他无声地看着我，我也看着他，他说："你把头伸到暖气下面就行。"

我说："伸到暖气下面？"

他说："你有没有想过去我们贝尔维尤的门诊看看？"那是个臭名昭著的精神病院。"你得找个人谈谈。你有点过度紧张。"

我想，跟谁谈？我都快死了。

不过，我没去门诊，而是去了表弟马克在西布朗克斯阿灵顿大道高架铁路下方的公寓。表弟马克和他的同居女友照顾我，让我躺在沙发上，我烧到了104华氏度*。我在那里待了几天，直至康复。我不知道我为什么没去外婆家。我猜我去马克那儿是因为他离曼哈顿更近，我像爱亲兄弟一样爱我的表弟。

我似乎总是需要有人照顾我。许多年后，我在东海岸演大卫·马梅的《美国野牛》时，伟大的电影明星伊丽莎白·泰勒也在百老汇演出，我们很快成了朋友。我们会一起度过时间，享受彼此的陪伴。她是个伟大的演员，心地善良，她认识了我生命中的一些人，比如吉姆·波本和吉米·海登。我们无话不谈。我总是问她理查德·伯顿的事，她曾和他结婚两次，理查德·伯顿和马龙都是我最爱的演员，有时她会迁就我，有时又不理我。她是个普通人，是个会走路会说话的宝物。

有一次我们一起出门吃饭，我、她还有吉米·海登，在一家高档餐厅。我知道吉米对伊丽莎白有好感。她的保镖几周前刚结婚，我们都去参加了婚礼。吉米整晚都想接近她，跳舞欢腾。他是个很讨女人欢心的男人。这时我们坐在那家高档餐厅，我看着伊丽莎白中指上的巨大钻戒，她看着我头上缠的扎染印花大手帕。最后她对我说："阿尔，你能把额头上的东西解下来吗？"我用南布朗克斯口音说："等你把手指上那颗闪烁的大石头取下来我就解。我眼睛都快被闪瞎了。"我们大笑，我解了头巾，但她没摘戒指。

---

* 104华氏度相当于40摄氏度。

21世纪初的某个时间，我去她在洛杉矶的家拜访，她家真是美得令人咋舌。我看着那里的墙壁，上面挂满了雷诺阿、马蒂斯和毕加索的画，我心想，这真是个适合居住的好地方。想象一下，每天醒来都能看到这些画，该是多么激励人心。她在纽约的时候，会来我在乡下的住处，我会给她做意大利面。我有个朋友告诉我，她在洛杉矶碰到伊丽莎白·泰勒时，泰勒问起了我："阿尔怎么样？他还好吗？他说他需要人当帮手来着。"我的朋友答道："我想他还不错。我想他已经找到人了。""很好，"她说，"因为那孩子事事都需要有人帮助。"她说得太对了。早在我交上任何名人朋友之前，我就找到了那些愿意帮我的人。

让我震惊的是，一些事情真的发生在我身上，但我甚至已经无法再证明。东34街的那家影院已经不复存在——我在那里当引座员期间，把经典电影《红菱艳》看了不下一百遍。在那家影院，我感觉自己像一个影子，我很享受这样。他们让我穿制服，我不喜欢，但我站在黑暗中仰望银幕。鲁戈夫影院把电影转变成了一种艺术形式，迎合更高阶级的观众。他们主要雇用男性做引座员，女性做收银员。要聘上引座员，你必须长得相对漂亮，那就是要求。如果你像我一样，在这一行干得断断续续，那你就得按他们的要求干活。我可以操作手电筒引座，站在一个地方。这听起来足够简单，但我还是经常被这些地方解雇。

在这些工作之外，我继续尝试表演和角色试镜。有一次，查理和我一起来到格林威治村的哈德森剧院，我被电话叫回这里，不是试一部戏,而是两部戏。我之前就已经为他们读过剧本,两个导演在第一轮试镜中都很喜欢我,所以我觉得我至少能得到一个角色。我怀抱一丝希望。但不知为何,两个角色我都没得到,演员就是会经历那种事。

当时是春天,所以我试镜的时候,查理就在外面等我。我走出大门,他看着我说:"又被拒了吧?"我只是耸耸肩,告诉他两个都没拿下,于是我们往西朝哈德森河走去。查理转身对我说:"阿尔,你似乎并不难过。"我告诉他:"那是他们的损失。"他听到似乎很高兴。他说:"阿尔,你很有勇气。"勇气一定是我求生工具包里的武器,不然我怎么会拥有呢?你不可能在商店买到它。

我真正需要勇气的时刻是从前母亲让我去给她买高洁丝卫生棉条的时候。不知为何,那时的卫生棉条看上去要更大。我记得十岁还是十一岁时有一次帮她去药店购买,当时店里有几个人。开店的人之前就看到过我,我时不时会过来,他说:"你要什么?"我非常平静地小声告诉他:"你知道,每隔一段时间我就感到情绪有些低落。有时,我不知道是怎么了,就开始感到疼痛,我往下看,那里有血。他们告诉我,要买高洁丝用才行。"他瞪着我说:"你给我出去。你知道我们不需要抖机灵的人。"我以为我们会一起大笑,一个男人对另一个男人的那种。但他不是什么随便的男人,他是个药剂师,而我十一岁,在自作聪明。不过我还是买到了高洁丝。

做引座员的时候,我会主动帮朋友们推荐工作。我甚至帮查理拿到了卡内基音乐厅引座员的工作。我们做到了。好吧,我只是个引座员,但这可是卡内基音乐厅。我记得我当时很迷恋在那里上班的一个可爱的女同性恋。我不知道她的人生是怎样的，但我真的喜欢她，只是她似乎对我没有任何兴趣。查理穿上燕尾服后像个大会主持人，他可以是餐厅主事，也可以是奥斯卡颁奖典礼的颁奖人。他有那份威严。有一天他工作时转身对我说："我觉得我年纪太大，不适合干这个。"他离开了。

我努力坚持着。有天晚上，他们在举办牙买加音乐会，我在卡内基音乐厅的楼座上引导观众落座。当然，我给人们带错了座位。我总是觉得，看电影、戏剧或音乐会时，谁会在乎坐在哪里呢？你身在剧院里，你应该观看或倾听。几英寸的距离，在某人前面或后面又有什么影响？反正座位都在斜坡上。你如果想做算术，你跟前排的距离只有几英寸而已。从某些方面来看，最后一排的位置反而更好。

所以我说，为什么不让他们按先来后到呢？但这是卡内基音乐厅，这些人都有票，那才是重点。他们的票是花钱买的，票面上有座位号。他们开始抱怨，很快就开始互相殴打。我想，哇，我都干了什么？我制造了自己的败局和一场小型骚动，因为他们当场就解雇了我。但我是想看那场牙买加音乐会的。

我离开了，再度流落街头，寻找另一份引座员的工作。那个时候，我已经知道我想做什么了，引座员——不，不，是演员。你会觉得，我可能会垂头丧气，因为我频繁被炒，或者我可能会焦虑，担心去哪里找下一份工作。但我总是坚信，总会有一份工作出现——工作只是糊口的工具，在我追求自己真正职业的路上，它们会源源不断地涌现。纽约给予了我很多东西来支持我的梦想。

今天，我没有像这样的记忆了。我现在对任何事情的记忆都不那么清晰了，这并不是因为我患了某种痴呆症。是的，我还活着，但活在一个更容易预测的环境。感谢上帝赐予我孩子——我非常爱他们，正如你看到的那样，我很高兴他们有了各自的生活。一个演员也有自己的生活。因此，对我来说，工作一直就是生活——一种能打开大门，让精神显露的生活。这是一个我能够探访的世界，在其中只要开启想象力，生活就能再一次回到从前的模样：发现、喜悦、陶醉。

为什么这些事情对我来说依然如此清晰呢？我对人生的这段岁月并非没有矛盾的感受。我经常很长时间都是一个人独处。我当然有查理、彭妮和他们的小女儿，但我生活的其余部分是孤独的。查理经常叫我"孤独的松树"。我会在深夜里漫步城市，走在黑暗、寂静的街道上，练习奥尼尔、莎士比亚作品中的独白，一般都是在仓库的后面。纽约给了我凉爽的夜晚，给了我空旷的街道供我练习。我的观众是星辰、房屋和停在附近的汽车。如果有人路过，他们可能会以为我疯了；如果有动物服务组织的人驾车经过，他们可能会把我当成流浪狗，撒网捕走。之后我会返回我在曼哈顿岛平流层某处的房间，独自一人，思考第二天会带来什么。第二天总会带来一些东西。或许是一次新的邂逅，另一份引座员工作，或者我徒步走到下城的华盛顿广场，在那里，查理和我会坐在隆冬的公园长椅上，喝巧福豆的咖啡。也许我会在演员艺廊的舞台上睡觉，就像在演《债权人》时那样，查理早上会在那里等我。还好。一切都很好。

他们有句话说："你不能回头看。"但是，我回头看了，而且我很喜欢。我爱我所见的内容，我爱我存在于世。我看着这个小宝宝，我的儿子罗曼，他最近才来到我的生活中，我说，哇哦，看看你。我每次看到他都会笑出声来。他三四周大时，我会想，他知道什么呢？他就坐在那里。没有人触动过他，影响过他。他就坐在那里。他一切都很顺利。他就像个小佛陀。他的脸要过一阵子才会改变。我们最终都会戴上那副面具，但那面具从何而来呢？它也许源于我们成长岁月里被灌输的陈词滥调，那些错觉和幻象，那些被拧紧又拧开的灯泡。做个好男孩，做个好女孩。而你在婴儿身上能看到这一命运。他不只是一个小小生命——他是一块将会被描绘的画布。如此不同、鲜活和崭新。世界将把它的面孔涂画在作为标本的我们每一个人身上。

我前几天才见过他，但现在他已经四个月大了。现在这个小宝贝在学说话了，他真的很起劲。我不敢相信他竟然说了这么多话。不是说具体的词汇，只是婴儿的咿咿呀呀，但他好像真的有话想说。我想，他在尝试和我对话。他在跟我说话，他在告诉我他来自哪里。他在对我说："爸爸，我去过一个地方，那里很棒。你很快就会去那个地方，你会看到那里有多棒。我还不会说话，但我就是想表达。因为很快我就要学会语言了，而那时我就再也记不起来了。"他想让我好受些，而我想告诉他，谢谢你让我知道一切都会好的。谢谢你，孩子。

我不知道这一切我的小儿子能理解多少。当我试图向年轻人解释在南布朗克斯成长的感受时，我觉得自己就像是在对他们描绘雾都孤儿所处的伦敦，或者桑顿·怀尔德的格罗夫角，或者电影《最后一场电影》中得克萨斯州的那个小镇。我描述的其实并不是布朗克斯本身，也不是纽约；而是一个小小的偏僻世界，一个自成一体的小社区。我不知道在两条街之外的维斯大道或朗费罗大道上做生意的人是谁。我只知道我们的街区。这是马蒂·P在警察能抓住他之前从商店屋顶跳落的世界；这是菲利的世界，如果你还记得他，他安静地坐在屋外的椅子上，坐在他母亲的旁边，这一切都是因为某个恶霸管他叫摇滚哥；这是大块头海米的世界，他被送去了收容机构，再没有人见过他；这是史蒂夫的世界，不管他在那个公交车库遭遇了什么；这是那个身穿套装的奇怪男人的世界，他四处走动，说着："不是你杀时间——是时间杀死你。"我们不曾搭理这些人物，也没有尝试理解他们。他们只是我们街区的固定人物，每个小镇都有这些人的身影。这里可以是美国的任何地方。

　　白原路的高架铁路线下存在一个完整的宇宙，那里离我家不远。那里有理发店，小时候外公会带我去那里理发，因为我还不够大，得踩着一个盒子才能坐上理发椅。在那张椅子上，如果我抬头向左看，能看到高架列车飞驰而过，载着人们往返我们这个小社区。就在街道对面，高架铁路线的下方，有一家小餐馆，20世纪40年代初，我四五岁的时候，母亲带我去看电影时会带我去那里吃饭。我至今仍记得那个小餐馆的温馨环境，里面的墙壁贴着蓝白格纹瓷砖，收音机里传出战时的忧伤歌曲，还有一个漂亮女孩在柜台里忙碌，她一头金发上系着白色丝带，围裙上有个蓝色蝴蝶结，笑容灿烂地看着我。几扇门外就是波士顿路的多佛剧院，母亲和我就在那里看电影。在那个时候，母亲是我的一切。不知为何，她总是有预感，有不一样的事会发生的。

年仅十三岁时，毒品就闯进了克里夫的生活，他似乎从此就开始走向了另一个方向。有一次，我们一群人路过街区的一家鞋店，克里夫突然一脚踢向店面朝向人行道的一个玻璃展示柜。他踢碎了玻璃，一切都凌乱不堪。克里夫拿了一双运动鞋出来，我们全都四散而逃。他动手时，街对面正好有一辆警车。接下来，你知道，我们就开始躲避那些警察，克里夫在我身后，大笑着抓住我的衬衣后摆，拽着我让我无法逃走。我一直都不知道，他这么做是因为兴奋和精力过剩，还是只是嗑嗨了。警车追上我们时，克里夫笑得在地上直打滚，我则举着双手站在那里，他们把我们押回了犯罪现场。

那次磨难之后，我开始怀疑我到底将自己卷进了什么处境。我们都因为那次小型逃亡惹上了许多麻烦。幸好，街区的一些邻居凑钱赔偿了克里夫踢坏的那个展示柜。我当时心想，这种事再也不能发生——那是蓄意破坏，那是犯罪。那是另一个层面的事了。我猜，那件事对我是个打击，其中蕴含的某些东西让我感到不舒服。

与此同时，我还不知道，在这个街区之外，还有一整个广阔的世界。几年之后，当安东·契诃夫的那部戏剧来到这里后，那一天就会到来。这时候，我们还不知道我们很穷，不觉得自己缺少什么。我们拥有彼此，正如詹姆斯·卡格尼在电影《歼匪喋血战》中所说：我们站在世界之巅。我们觉得自己并非一无所有。在我们心中，这甚至不用怀疑。

就我们所知，朋友们和我拥有整个世界。不然你该怎么描绘那些时光呢？在街角晃悠，试着和声歌唱；或者谈论女孩；或者谋划今晚去哪儿玩，明天做什么；或者为洋基队赢得分区冠军而兴奋——毕竟，洋基体育场就在布朗克斯；或者想办法说服巡警给我们弄些劣质酒，那种喝着会让胃撕痛不已，就像喝了航模黏合胶一样的酒；或者盼着偷听那些老成的青少年谈论他们神秘的性爱冒险，那总是让我们听得耳朵直竖。我们没有在学校受过性教育，都是从街头道听途说学会的。生活属于我们。让我们做点什么吧！让我们去某个地方吧！让我们乘坐地铁去下城，或者就趾高气扬地徒步，只要远离克里夫似乎特别迷恋的那些展示柜就行。

到了春末或夏季，太阳下山后，我们就不能再玩棍子球。这就到了我们出去找点麻烦、冒点小险的时候了。也许某个初中里有童子军在集会，我们可以去打断，搞点小破坏，然后被保安追着在走廊里逃窜。我们快速穿梭，躲进黑暗的教室，只想找个地方藏身。那些学校很大，两三层的建筑里到处都是教室，我们觉得很豪华。告诉我，还有什么比被人追着跑更刺激的吗？现在我是不跑了，我的腿已经不能再像那样奔跑。但在那时，我们就像是在球门线上翻滚的近端锋，生活正在把球传给我们。

我和朋友们在紧邻174街的空地上，一天结束时我们总是聚在那里，等待半明半暗的暮色变成黑暗。我们四处胡闹，好奇发生了什么，接下来会怎样。朋友们想让我跟他们一起去别处。但我去不了，今晚不行。克里夫、布鲁斯和皮蒂已经准备出发了，还有几个伙伴跟随一起，但我妈在叫我。我们的窗户不临街，所以我听到的是她在我们公寓楼顶上呼喊的声音。她会爬上楼顶,大声唤我:"嘿,桑尼——快回来,你还没吃饭,快上楼来,我做了晚饭。"她的声音从楼顶传下来,四处都是回声。

克里夫看我的眼神怜悯与羡慕交织。从来没有人在屋顶上喊他,喊皮蒂,喊布鲁斯,或者其他的伙伴。他耸耸肩,说了"你要回的话,那就回吧"之类的话。伙伴们于是就离开,遁入正在降临的黑夜之中。

我是想跟他们一起去的,我希望我们能再次相聚,那样的生活能永远持续下去,因为那是天堂。我想可能是因为我们对彼此心怀的爱,我们互相扶持。但那些家伙都走得过早。他们全都死于毒品。布鲁斯被发现死在路边一家汽车旅馆的地上,他的尸体躺在一个行李袋旁。

他去世时,我已经成为演员了。收到布鲁斯的追悼会消息时,我在工作,于是我去了他下葬的葬礼,在布朗克斯的一处荒凉墓地。那是1月里一个阴云密布的寒冷日子,我抵达时,山坡上只有布鲁斯的母亲和另一个女人站在那里,可能是他母亲的朋友,也可能是他的姨妈,方圆几英里再没有其他人,她们两个只是低头望着布鲁斯装在棺材里的遗体。我跑到他妈妈的身边,我记得她以前经常会拿一小罐巧克力牛奶给小布鲁斯喝,就当着我们所有人的面,拿到街上给他喝。我们只好停止当时玩的游戏,看着她的动作,听着她宣布:"小布鲁斯需要喝牛奶。"我们从来没想过她为什么要这么做。我猜六七岁的时候,有很多事情你都不会费心思去提问。那一刻我看着那位站在儿子墓穴旁的母亲,我给了她一个拥抱。她当然哭得悲痛欲绝，我当时已经有好多年没见过她了。

但是，那位与布鲁斯的母亲在一起的年长女性——姨妈或者表亲——在墓地谈起布鲁斯时却滔滔不绝。她的话不是空泛的浮夸之词，而是有着深刻的洞见，完全击中了我。布鲁斯是和我一起长大的伙伴，如果有人想对我耍狠，他会给我撑腰，60年代我在格林威治村的咖啡馆剧场演的喜剧剧目就是以他的形象为参考。这个女人关于他的发言都是实话。能说出这样的话，这个人一定足够聪明，有足够的阅历，能够理解生活，理解布鲁斯那样的人。我以为我了解布鲁斯，但她只用几句话就向我证明了，我不了解他，我对他的了解不到那个层面。她的话充满智慧，让我浑身发抖。当然，我对其充满敬畏。

皮蒂和克里夫也都在稍早前去世了。皮蒂当时只有十九岁，胳膊上扎着针倒在了下水道里。我没亲眼看到。消息是他一个蓬头垢面的混混毒友告诉我们的，那人傻笑着说："他太贪婪，老兄。贪婪害死人。"

当然还有克里夫，他如此聪明、情感丰富，却硬生生被拦停在了生活途中。有些人是在有所成就之后，因无法承受而死，但他甚至没有达到目的就死了。这令人心碎，因为他的能力如此强大，他不该就这样被简单地一笔勾销。我也没有亲眼看到克里夫离去，我是在街上听说的，就和听说皮蒂去世时一样，也是因为毒品注射。我希望能有某种方式来纪念克里夫。

查理有首诗描绘了克里夫之于我的意义——他写的是他认识的一个士兵，名叫约翰，在一次袭击事件中被军官同伴用手榴弹杀死

了。我想象着有一天我会把这首诗改个名字,放在克里夫的墓碑上。这首诗叫《约翰已死》:

邪恶是
他奋力挣破的
空气的色泽。
　一个区域
一场幽灵般的大火
一棵拖行穿越贫民窟的颠茄
　　他的追寻
总是指向
　　冰封的时刻。

迷失在
他的生死孤露之中
他的夜曲
此刻
已暗如灰烬。

没有一张脸上
读得出新闻
没有人低头

所以，我选择
　　　　在此时
在此地
　　　宣布：
月亮的遗憾
冷土的悲伤

约翰已死。

这首诗写的是约翰，我心里听到的却是克里夫。像克里夫一样的人很多，像他这样的人会一直存在——唤醒生命，摧毁生命，如果你不小心，也会摧毁你。但我爱他。我明白他从未想要伤害任何人。在后来的人生中，我学到了更多，并且幸运地摆脱了克里夫的命运。但我依然能感觉到他。我感觉得到那种伤害，我感觉得到那种浪费，我感受得到这一切。

我记得克里夫漫无目的地扔石头砸到那只松鼠时的情景。他从没想过会砸中，但他就是命中了，他扑倒在地，恳请上帝宽恕，痛哭流涕，然后举行仪式埋葬了那小动物。

他总能在你需要的时候出现。你总能感觉到，那群朋友中的任何一个都愿意为你献出生命。我猜我们就像散兵坑里的士兵——那是一个奇怪的群体。当然，我并不是拿我们与战场上战斗的士兵相比，但我们也有自己的危险处境，我们为彼此提供保护。就像我的棒球手套被抢走后我说过的，但凡布鲁斯、克里夫或者皮蒂在场，那种事都不会发生。那不是基于头脑的关系，而是发自身体和心灵的本能。那并不肤浅，而是源于信任和爱，因为我们在一起的时候，世界更为美好。整个世界存在于我们之中。我们是真正意义上的有生命的人，充满着活力。

　　在此之前，我从未有机会称颂过这群朋友中的任何一个，所以现在或许就是个好机会，让我再给你念一首查理的诗，名叫《当我将死时》。

　　　　当我将死时
　　　　我会死在这里
　　　　在这些廉租公寓楼中

　　　　而月光依旧
　　　　而一个孤独的女人
　　　　用她冻紫的双手
　　　　将白色床单
　　　　高高铺向冬日天空

　　　　黎明将至
　　　　无常的身影
　　　　将从门口显出
　　　　如低语之声。

遮盖巷道的

是鸟群的影子

如沙砾

突然撒在墙上。

更多的人

将走进街巷

飞驰而过——

纵横交错——

匆匆赶路——

一条围巾的尾巴

消散在风中。

  至于我们那个小帮派中的其余人，我只能猜测他们的命运如何。有时我会想，为什么我没有落得那样的结局？为什么我还在这里？全是运气使然吗？因为契诃夫？因为莎士比亚？因为与查理的第一次见面？或是因为我的外公，或是因为我的妈妈，在那座屋顶上，朝下面喊"桑尼小子，你还什么都没吃呢，桌上有晚餐"？是什么让我们坚持下来？幸存的动力从何而来？或许正源于记忆，正如伟大的查理·劳顿曾经告诉我的那般。他那时八十四岁，因多发性硬化症而瘫痪在床，只有一只胳膊能动。他指着他的心脏说："阿尔，你在这里面。别为我担心。我夜里会做梦，我有记忆，我有想象力。

我会没事的。"

查理临终前对我说过的另一句话是:"你是个奇迹,阿尔。你是个奇迹。"他们当中有谁听到过别人说这样的话?当然,我不真的相信。但我知道他在说什么。我的整个人生就是一个几乎不可能成真的梦想。

正如莎士比亚所说,人生是一场梦。我想死亡最悲哀的部分在于,你会失去你的记忆。记忆就像翅膀:它们让你能一直飞翔,就像风中之鸟。如果我足够幸运,如果我能上天堂,那我也许能在那里跟我的母亲团聚。我只想有机会走到她的面前,看着她的眼睛,轻声说:"嘿,妈,看到后来的我了吗?"

致谢
Acknowledgments

当然，我要感谢大卫·伊茨科夫的奉献和能量。是他的鼎力相助和坚持不懈让我转过了我原本不可能转过的拐角。我欠他许多。我的编辑斯科特·莫耶斯是个如此值得信赖的人，他非常正直，充满智慧。在我犹豫不决、反复无常、无法定夺时，他始终支持着我。我能把任何人都逼疯，但斯科特和大卫坚持了下来。我想感谢创新艺人经纪公司的莫利·格利克和乔希·利伯曼，是他们的鼓励和坚守目标的态度让我渡过了难关。写作不是我的第一语言——我需要所有我能获取的帮助，我当然都得到了。我必须特别感谢迈克尔·奎因，他亲力亲为，为这本书贡献了巨大的力量，同时还容忍了我的怪脾气，包括我不定的性情和天生的想躺倒等一切过去的欲望。此外，我还想感谢我的朋友和家人，他们慷慨地读了各个章节，并且给予了我反馈意见。他们给了我所需要的支持，允许我把这些东西写出来。这些热心的人时时给我提醒，没有他们的贡献，就不可能有这本书。

附录1：阿尔·帕西诺出演的电影作品

《处女的烦恼》（*Me, Natalie*, 1970）

《毒海鸳鸯》（*The Panic in Needle Park*, 1971）

《教父》（*The Godfather*, 1972）

《稻草人》（*Scarecrow*, 1973）

《冲突》（*Serpico*, 1973）

《教父2》（*The Godfather Part II*, 1974）

《热天午后》（*Dog Day Afternoon*, 1975）

《夕阳之恋》（*Bobby Deerfield*, 1977）

《伸张正义》（*...And Justice for All*, 1979）

《虎口巡航》（*Cruising*, 1980）

《欢喜冤家》（*Author! Author!*, 1982）

《疤面煞星》（*Scarface*, 1983）

《革命》（*Revolution*, 1985）

《午夜惊情》（*Sea of Love*, 1989）

《区域歧视》（*The Local Stigmatic*, 1990）

《至尊神探》（*Dick Tracy*, 1990）

《教父3》（*The Godfather Part III*, 1990）

《现代爱情故事》(*Frankie and Johnny*, 1991)

《大亨游戏》(*Glengarry Glen Ross*, 1992)

《闻香识女人》(*Scent of a Woman*, 1992)

《情枭的黎明》(*Carlito's Way*, 1993)

《两毛五》(*Two Bits*, 1995)

《盗火线》(*Heat*, 1995)

《市政大厅》(*City Hall*, 1996)

《寻找理查三世》(*Looking for Richard*, 1996)

《忠奸人》(*Donnie Brasco*, 1997)

《魔鬼代言人》(*The Devil's Advocate*, 1997)

《惊曝内幕》(*The Insider*, 1999)

《挑战星期天》(*Any Given Sunday*, 1999)

《中国咖啡》(*Chinese Coffee*, 2000)

《失眠症》(*Insomnia*, 2002)

《西蒙妮》(*S1m0ne*, 2002)

《致命人脉》(*People I Know*, 2002)

《谍海计中计》(*The Recruit*, 2003)

《鸳鸯绑匪》(*Gigli*, 2003)

《威尼斯商人》(*The Merchant of Venice*, 2004)

《利欲两心》(*Two for the Money*, 2005)

《88分钟》(*88 Minutes*, 2007)

《十三罗汉》(*Ocean's Thirteen*, 2007)

《火线特攻》(*Righteous Kill*, 2008)

《死亡医生》(*You Don't Know Jack*, 2010)

《无人之子》(*The Son of No One*, 2011)

《杰克与吉尔》(*Jack and Jill*, 2011)

《兄弟出头天》(*Stand Up Guys*, 2012)

《王尔德的莎乐美》(*Wilde Salomé*, 2013)

《菲尔·斯派特》(*Phil Spector*, 2013)

《曼戈霍恩》(*Manglehorn*, 2014)

《低入尘埃》(*The Humbling*, 2014)

《丹尼·科林斯》(*Danny Collins*, 2015)

《渎职》(*Misconduct*, 2016)

《索马里海盗》(*The Pirates of Somalia*, 2017)

《吊人游戏》(*Hangman*, 2017)

《好莱坞往事》(*Once Upon a Time in Hollywood*, 2019)

《爱尔兰人》(*The Irishman*, 2019)

《美国叛徒：轴心莎莉的审判》(*American Traitor: The Trial of Axis Sally*, 2021)

《古驰家族》(*House of Gucci*, 2021)

《诺克斯离开了》(*Knox Goes Away*, 2023)

《莫迪：疯狂之翼上的三天》(*Modi : Three Days on the Wing of Madness*, 2024)

附录2：图片版权

插页1

p. 1: (top and bottom) Courtesy of Mark Scarola

p. 2: (top and bottom) Courtesy of Mark Scarola

p. 3: (top) ARCHIVIO GBB/Alamy Stock Photo, (bottom) Courtesy of Mark Scarola

p. 4: (top and bottom) Courtesy of Mark Scarola

p. 5: (top) Courtesy of Mark Scarola, (bottom) NYC Department of Records and Information Services, NYC Municipal Archives Collection, Bronx 1940s Tax Photos

p. 6: (top and bottom) Courtesy of Mark Scarola

p. 7: (top and bottom) Courtesy of Mark Scarola

p. 8: (top) [X2010.7.2.5573] Museum of the City of New York, (left) Courtesy of Mark Scarola, (right) Michael E. Avedon

p. 9: (top and bottom) Fred W. McDarrah/MUUS Collection via Getty Images

p. 10: (top) Friedman-Abeles, copyright © NYPL, (bottom) Film Publicity Archive/United Archives via Getty Images

p. 11: (top) Steve Schapiro/Corbis via Getty Images, (bottom)

Silver Screen Collection/Getty Images

p. 12: (top) Imago/Alamy Stock Photo, (bottom) Courtesy of Giovannina Jennifer Bellino

p. 13: (top) Steve Schapiro/Corbis via Getty Images, (bottom) Ron Galella/Ron Galella Collection via Getty Images

p. 14: (top) Paramount Pictures/Courtesy of Getty Images, (left) Jack Mitchell/Getty Images, (bottom) Photo 12/Alamy Stock Photos

p. 15: (top) CBS Photo Archive via Getty Images, (bottom) Steve Schapiro/Corbis via Getty Images

p. 16: (top) Film Publicity Archive/United Archives via Getty Images, (middle) Sunset Boulevard/Corbis via Getty Images

插页2

p. 1: (top) Ron Galella/Ron Galella Collection via Getty Images

p. 2: (top) Donald Cooper/Alamy Stock Photo, (bottom) Columbia Pictures/Sunset Boulevard/Corbis via Getty Images

p. 3: (top) Courtesy Everett Collection, (middle and bottom) Courtesy Everett Collection

p. 4: (top) Jack Buxbaum/J. F. Kennedy Center, (bottom) ©Warner Bros./Courtesy Everett Collection

p. 5: (top) Pictorial Press Ltd./Alamy Stock Photo, (bottom) Steve Schapiro/Corbis via Getty Images

p. 6: (top left) Ron Galella, Ltd./Ron Galella Collection via Getty Images,

(top right) ©Touchstone/Courtesy Everett Collection, (bottom) Anita and Steve Shevett, copyright © NYPL
（页面底图未能联系到摄影师完成清权工作，请摄影师看到后主动联系我们）

p. 7: (top) New Line Cinema/Sunset Boulevard/Corbis via Getty Images, (bottom) PictureLux/The Hollywood Archive/Alamy Stock Photo

p. 8: (top) United Archives GmbH/Alamy Stock Photo, (bottom) HAL GARB/AFP via Getty Images

p. 9: (top) Getty Images, (bottom) ©Warner Bros./Courtesy Everett Collection

p. 10: (top) Album/Alamy Stock Photo, (bottom) Lawrence Schwartzwald/Sygma via Getty Images

p. 11: (top) Christopher Polk/FilmMagic, (bottom) Everett Collection Inc./Alamy Stock Photo

p. 12: (top) Will Ragozzino/Patrick McMullan via Getty Images Patrick McMullan, (bottom) Copyright © Salome Productions LLC

p. 13: (top) WENN Rights Ltd./Alamy Stock Photo, (bottom) Moviestore Collection Ltd./Alamy Stock Photo

p. 14: (top) Paulo Grosby, (bottom) PictureLux/The Hollywood Archive/Alamy Stock Photo

p. 15: (top) NurPhoto SRL/Alamy Stock Photo, (bottom) Independent Photo Agency Srl/Alamy Stock Photo

p. 16: (top and bottom): Courtesy of the author